keys
CHAVES
PARA COMUNIDADES
SUSTENTÁVEIS
EM TODO O PLANETA

além de você e de mim

INSPIRAÇÃO E SABEDORIA PARA CONSTRUIR UMA COMUNIDADE

ORGANIZADORES
Kosha Anja Joubert e Robin Alfred

TRADUTORES
**Bruna Maial
Cristiane Orfaliais
Esther Klausner
Wander Stayner**

Copyright © 2007 Gaia Education

TÍTULO ORIGINAL
Beyond You and Me: Inspirations and Wisdom for Building Community

COORDENAÇÃO EDITORIAL
Laura Di Pietro

PREPARAÇÃO DE TEXTO
Bárbara Borges

CAPA E PROJETO GRÁFICO
Alexandre Pereira

FOTOGRAFIA DE CAPA
Rawpixel/shutterstock.com

DIAGRAMAÇÃO
Tiago Rodrigues | Letra e Imagem

REVISÃO
Bárbara Borges

Este livro atende às normas do Novo Acordo Ortográfico em vigor desde janeiro de 2009.

DADOS INTERNACIONAIS DE CATALOGAÇÃO NA PUBLICAÇÃO (CIP)

C367
    Além de você e de mim : inspiração e sabedoria para construir uma comunidade / organizadores: Kosha Anja Joubert e Robin Alfred ; tradutores: Esther Klausner ... [et al.]. – 1. ed. – Rio de Janeiro : Roça Nova, 2020.
    352 p. ; 23 cm. – (Coleção 4 keys)

    Tradução de: Beyond you and me: inspirations and wisdom for building community.
    Inclui bibliografia.

    ISBN 978-85-62064-23-4

    1. Sustentabilidade. 2. Comunidades – Desenvolvimento. 3. Empreendedorismo – Aspectos sociais. 4. Educação ambiental. I. Joubert, Kosha Anja. II. Alfred, Robin III. Série.

    CDD 307.7

Roberta Maria de O. V. da Costa – Bibliotecária CRB-7 5587

2020

Todos os direitos desta edição reservados
à EDITORA ROÇA NOVA LTDA.
tel +55 21 997860746
contato@rocanova.com.br
www.rocanova.com.br

Introdução à coleção 4Keys

As Quatro Chaves para o Design de Comunidades Sustentáveis

Gaia Education é uma organização internacional fundada por uma equipe de educadores e designers de sustentabilidade, moradores das mais bem-sucedidas iniciativas internacionais de transição e projetos comunitários regenerativos. O círculo de educadores decidiu denominar-se GEESE (que significa textualmente GANSOS e são as iniciais em inglês de Global Ecovillage Educators for a Sustainable Earth), por reconhecer a importância da colaboração e da liderança compartilhada, observadas no comportamento de um bando de gansos voando em formação V.

O mundo hoje é caracterizado por uma forte tensão criativa. Trata-se de uma tensão entre o global e o local. O aspecto global é poderoso e influencia cada vez mais o local, enquanto a tendência crescente reforça a emergência de soluções locais. Adaptados para um mundo de rápidas transformações, os programas do Gaia Education instrumentalizam estudantes com as habilidades práticas e a competência analítica necessárias para redesenhar a presença humana em bairros, municípios, comunidades, organizações, vilas, cidades e até mesmo regiões inteiras.

Oferecidos atualmente em 48 países nos mais diferentes estágios de desenvolvimento, nossos programas educacionais se baseiam nos quatro pilares fundamentais do design integrado para a sustentabilidade: as dimensões Social, Ecológica, Econômica e Visão de Mundo.

De empreendedores sociais a profissionais de planejamento, de educadores a assistentes sociais, cooperativistas, pessoas em fase de reorientação ou estudantes e migrantes, mais de 12 mil alunos de 101 países já se engajaram na jornada holística de aprendizado oferecida pelos programas certificados pelo Gaia Education.

A coleção 4Keys chega ao Brasil e aos países de língua lusófona em um período de extrema necessidade, de elevada esperança e com forte potencial de mudança. *Além de Você e de Mim* foi o primeiro título da coleção a ser lançado na Inglaterra e o terceiro lançado no Brasil. Este livro se destina àqueles que procuram soluções sustentáveis para os problemas complexos das mudanças climáticas, do pico do petróleo e das desigualdades globais entre os hemisférios Norte e Sul.

Os quatro volumes da coleção 4Keys são coletâneas independentes e, ao mesmo tempo, complementam os programas de ensino do Gaia Education.

Outros títulos da coleção:

A Canção da Terra: uma visão de mundo científica e espiritual (Dimensão Visão de Mundo) – Roça Nova, 2016.

Economia de Gaia: viver bem dentro dos limites planetários (Dimensão Econômica) – Roça Nova, 2017.

Desenhando habitats ecológicos: criar um sentido de lugar (Dimensão Ecológica) – Roça Nova, 2020.

Os editores globais da coleção 4Keys são Maddy e Tim Harland, da Permanent Publications, no Reino Unido, enquanto a inspiradora e coordenadora geral do projeto é Hildur Jackson, do Gaia Trust, na Dinamarca.

O projeto da coleção 4Keys é apoiado pelo Gaia Education (www.gaiaeducation.org), patrocinado pelo Gaia Trust Dinamarca (www.gaia.org) e editado, em inglês, pela Permanent Publications (www.permaculture.co.uk).

Desfrutem!

MAY EAST, CEO GAIA EDUCATION

Sumário

Organizadores 10
Introdução 11
    Kosha Anja Joubert e Robin Alfred

Módulo 1. Construindo a comunidade e abraçando a diversidade

O poder da comunidade

A comunidade como um modo de vida universal 17
    Dieter Duhm
A aldeia global: vivendo em comunidade com os ancestrais 23
    Malidoma Somé
As crianças precisam de 100 pais 31
    Hildur Jackson

Encontrando e compartilhando a visão

A visão em comunidade 37
    Robin Alfred e Kosha Anja Joubert
Sentindo-se conectado estando sozinho: o jejum solitário na natureza
selvagem como uma iniciação à vida em comunidade 43
    Geseko von Lüpke
Da visão à realidade: um lar para crianças na Rússia 52
    Dmitry Morozov

Começando uma comunidade: o básico

Em busca da comunidade: uma história 62
    Dieter Halbach
Começar uma nova ecovila: o "conflito estrutural" e
nove maneiras de resolvê-lo 70
    Diana Leafe Christian
Construindo o tecido comunitário 82
    Liz Walker

Abraçando a diversidade

A construção de um movimento diversificado 91
    Starhawk
A reconciliação entre os gêneros: da dominação à parceria 102
    Dolores Richter
Integrando as faixas etárias: aprendendo com o Ladaque 108
    Helena Norberg-Hodge
Crescendo na comunidade: a experiência de Auroville 112
    Marti de Pezeral

A integração de pessoas com deficiência nas comunidades Camphill 118
Jan Martin Bang

Módulo 2. Habilidades de comunicação: conflito, facilitação e tomada de decisões

A facilitação de encontros e a tomada de decisões

A prática da democracia direta 129
Starhawk

As reuniões vistas como rituais 137
Beatrice Briggs

Os limites à participação 141
Beatrice Briggs

A facilitação de grupos: um guia passo a passo 144
Giovanni Ciarlo

Explorando a inteligência coletiva: os novos desafios
na ecovila de Sieben Linden 151
Kosha Anja Joubert

A comunicação em prol da paz

A fofoca como dinâmica de grupo 163
Beatrice Briggs

O Fórum: um caminho para a comunicação de grupo 166
Dolores Richter

Do conflito à comunidade: uma democracia profunda e
a abordagem do trabalho processivo 173
Gill Emslie

Rumo a um modelo holístico de resolução de conflitos 182
Azriel Cohen

Levando a paz ao mundo: trechos de *Speak Peace* 191
Marshall B. Rosenberg compilado por Kosha Anja Joubert

Módulo 3. Empoderamento pessoal e habilidades de liderança

Capacitação pessoal

O discurso da ganhadora do Prêmio Nobel da Paz de 2004 205
Wangari Maathai

O poder da não violência 212
Scilla Elworthy

Como podemos nos apoiar mutuamente para dominar nosso poder? 217
Hide Enomoto

Liderança integral

A liderança nos círculos 226
Manitonquat compilado por Kosha Anja Joubert

A liderança holística **235**
    Robin Alfred

Módulo 4. Saúde e cura

A vida saudável na comunidade **249**
    Cornelia Featherstone
O ciclo da vida: nascimento e morte na comunidade **258**
    Liz Walker
O uso do humor para curar **264**
    Patch Adams

Módulo 5. Perspectiva local, biorregional e global

Perspectiva biorregional

Ampliando o movimento de ecovilas **271**
    Robert Gilman entrevistado por Kosha Anja Joubert
A política vista como espiritualidade **277**
    Capra Carruba
Alianças limítrofes: um guia para a mudança social **285**
    Agnieszka Komoch

Perspectiva educacional

Ecovilas e mundo acadêmico **294**
    Daniel Greenberg
A interface Norte-Sul no Senegal **302**
    Marian Zeitlin, Ismael Diallo, Oumar Diene e Henri Lo
La Caravana Arcoiris por la Paz: a perspectiva biorregional
e planetária na América do Sul **312**
    Alberto Ruz

Perspectiva global

Mostrando o Ocidente ao Oriente **318**
    Helena Norberg-Hodge
Das comunidades locais à comunidade global: mais que um sonho? **321**
    Wolfram Nolte
Soluções locais para um problema global **330**
    Vandana Shiva

Leitura complementar **339**

Organizadores

Kosha Anja Joubert nasceu em 1968, na África do Sul, e cresceu durante o *apartheid*. Essa experiência a levou a estudar comunicação intercultural e se tornar uma especialista na construção de confiança e de uma conexão profunda entre membros de um grupo. Depois de um período de longas viagens, ela se estabeleceu na ecovila de Sieben Linden, na Alemanha. Integrante do grupo original Global Ecovillage Educators for Sustainable Earth (GEESE), escreveu boa parte da dimensão social do currículo do programa Design em Sustentabilidade (EDE, do inglês, Ecovillage Design Education). Ela organiza os cursos internacionais do EDE na Alemanha e trabalha como consultora e facilitadora de educação comunitária e organizacional e de processos de desenvolvimento.

Robin Alfred trabalhou como instrutor, educador e assistente social por 15 anos em Londres, na Inglaterra, antes de se mudar para a comunidade da Findhorn Foundation, na Escócia, em 1995. Nessa fundação, Robin era inicialmente responsável pela "reinvenção" de processos – construção de consenso a respeito da direção, práticas e valores fundamentais da comunidade. Ele se tornou presidente do Comitê de Gerenciamento, diretor-fundador do Serviço de Consultoria da organização e um dos membros do Conselho Administrativo. Robin tem feito parte do corpo docente do Ecovillage Training da Findhorn Foundation nos últimos seis anos, liderando módulos que se concentram em dinâmica de grupo, trabalho na diversidade, facilitação de conflito, liderança e todos os aspectos da dimensão social da criação de uma ecovila.

Introdução

Kosha Anja Joubert e Robin Alfred
ORGANIZADORES

Este livro foi elaborado como parte do Gaia Education e como aprofundamento da dimensão social do currículo do programa Design em Sustentabilidade. Muitas pessoas, incluindo todos os escritores, ofereceram-se voluntariamente para apoiar este projeto, pois sabiam que valia a pena. Elas queriam transmitir experiência e conhecimento a você, com a esperança de inspirar e fazer com que você consiga construir, com mais facilidade, uma comunidade sustentável onde quer que esteja.

> O próximo Buda não terá a forma de um indivíduo. O próximo Buda pode muito bem assumir a forma de uma comunidade; uma comunidade que pratique a compreensão e o amor-bondade, uma comunidade que pratique uma forma de viver consciente. Essa pode ser a coisa mais importante que podemos fazer pela sobrevivência da Terra.
>
> THICH NHAT HANH

> Precisamos de um mundo mais pacífico, crescendo a partir de famílias, vizinhanças e comunidades mais pacíficas. Para assegurar e cultivar essa paz, temos que amar os outros, até mesmo nossos inimigos, assim como amamos nossos amigos.
>
> HOWARD W. HUNTER

Evidências arqueológicas mostram que o padrão primordial dos seres humanos é agregar-se em grupos relativamente unidos em íntima conexão com a natureza. Hoje, precisamos reinventar conscientemente modos cooperativos e harmônicos de viver juntos. Para aqueles que cresceram dentro de um paradigma hiperindividualizado ou em cenários em que as pessoas vêm de facções variadas ou até mesmo em conflito, é um grande esforço aprender as sutilezas de interações construtivas e mutuamente benéficas dentro de um ambiente comunitário. A reconstrução da comunidade humana é um empreendimento cujos imensos desafios não devem ser subestimados.

A preservação da comunidade envolve, necessariamente, um processo de cura, em que saímos dos ciclos de dor, desconfiança e violência, que permeiam a história humana, e assumimos a responsabilidade por termos dado início a novos padrões. Em geral, fomos educados para achar que somos fundamentalmente egoístas e gananciosos e para achar que uma vida boa significa uma batalha constante contra as forças maléficas internas e externas. Passamos a não confiar mais na bondade inerente dos seres humanos. É um paradigma que cultiva a violência, em vez de fomentar a paz.

Observe-se na próxima vez que passar um tempo em um local público de uma cidade qualquer. Preste atenção às reações de seu coração quando passar pelas pessoas. Vigie seus julgamentos. Quanta confiança e compaixão você traz para a situação? Observe a parte em você que sente que os seres humanos são, de alguma forma, piores do que a natureza, causando sua destruição, e que sente que o mundo ficaria melhor sem nós. Como vamos construir comunidades amorosas e movimentos eficazes para um mundo mais pacífico desde esse ponto de vista?

Faz parte de nossa jornada, ao longo deste livro, redescobrir a beleza, a natureza compassiva e o poder inato dos seres humanos.

Além de oferecer inspiração, esta obra também tem uma orientação muito prática. Costumamos ouvir as pessoas dizerem: "Quero criar um ecodesenvolvimento, uma alternativa ecológica real à corrente dominante: moradias sustentáveis, moinhos de vento, painéis solares, vegetais orgânicos, reciclagem etc. Um modo de vida que funcionará no século XXI".

Em geral, falta um aspecto: o social – as pessoas. Como nos uniremos como seres humanos e viveremos felizes e de maneira sustentável no futuro? Qual será o apelo mobilizador, a visão que ajudará nossos projetos a serem coerentes e inspiradores? Qual será o elo que auxiliará a união entre os membros da comunidade? Como as decisões serão tomadas e os conflitos serão resolvidos? Como percorrer o limite frágil entre ser um indivíduo que cresceu com um sentimento de capacitação pessoal e abrir mão de nossas vontades e nossos desejos em prol do coletivo ou, até mesmo, de algo além dele?

Seremos capazes de celebrar nossa diversidade ou consideraremos nossas diferenças muito desafiadoras e desconfortáveis? Como cuidaremos de nossos idosos e celebraremos as transições da vida (nascimentos, mortes, casamentos, separações)? O que acontecerá conosco quando ficarmos doentes ou infelizes? Por fim, nossa comunidade, nosso povoado ou nossa biorregião serão um mundo particular, uma bolha autossustentável na face da Terra, ou alcançaremos a comunidade local, estreitando laços, aprendendo e ensinando, dando e recebendo?

O EDE deseja inspirar processos holísticos de design que prestem bastante atenção ao lado pessoal das coisas, junto com o trabalho em relação à economia, à ecologia e às nossas visões de mundo. No limiar entre visão e realidade, um design integrador pode orientar o rumo para uma realidade saudável e sustentável. Precisamos expandir nossas mentes para abranger essas dimensões diferentes, assim como os aspectos materiais internos, estruturais e externos de cada uma.

Na dimensão ecológica, aprofundaremos os aspectos materiais do design social (padrões de assentamento, espaços habitacionais comunitários etc.). Neste livro, vamos nos concentrar nos aspectos estruturais, sistêmicos e processuais.

Organizamos esta obra em cinco módulos:

1. Construindo a comunidade e abraçando a diversidade;
2. Habilidades de comunicação: conflito, facilitação e tomada de decisões;
3. Empoderamento pessoal e habilidades de liderança;
4. Saúde e cura;
5. Perspectiva local, biorregional e global.

Em cada um, você encontrará artigos curtos escritos pelos melhores especialistas em suas áreas de estudo. Esperamos que isso ajude você em seu trabalho, fornecendo-lhe conhecimento prático e inspiração por meio de exemplos de trabalhos dos próprios autores. Tentamos trazer estudos de caso de todas as partes do mundo, de culturas variadas e com sistemas de valores diversos. Ainda assim, há um desequilíbrio neste livro, uma inclinação para as vozes do hemisfério Norte. Essa instabilidade reflete em que ponto se encontra a Global Ecovillage Network (GEN) em seu movimento a favor de uma diversidade profundamente balanceada que abranja igualmente todas as culturas.

Não há "um jeito correto" de realizar esse trabalho. Não há um modelo que sirva para todos. Cada pessoa é diferente. Cada assentamento será diferente. A resposta para cada situação será diferente.

Esperamos que esta obra sirva para todo mundo e seja útil para você e seu trabalho pelo bem-estar de todos neste planeta.

MÓDULO 1

Construindo a comunidade e abraçando a diversidade

O poder da comunidade
A comunidade como um modo de vida universal
A aldeia global: vivendo em comunidade com os ancestrais
As crianças precisam de 100 pais

Encontrando e compartilhando a visão
A visão em comunidade
Sentindo-se conectado estando sozinho: o jejum solitário na natureza selvagem como uma iniciação à vida em comunidade
Da visão à realidade: um lar para crianças na Rússia

Começando uma comunidade: o básico
Em busca da comunidade: uma história
Começar uma nova ecovila: o "conflito estrutural" e nove maneiras de resolvê-lo
Construindo o tecido comunitário

Abraçando a diversidade
A construção de um movimento diversificado
A reconciliação entre os gêneros: da dominação à parceria
Integrando as faixas etárias: aprendendo com o Ladaque
Crescendo na comunidade: a experiência de Auroville
A integração de pessoas com deficiência nas comunidades Camphill

> Dieter Duhm nos faz recordar que, para o ser humano, viver em comunidade é natural e até mesmo necessário para a sobrevivência. Para Dieter, nos dias de hoje, uma comunidade verdadeira promove o desenvolvimento da individualidade e a confiança é uma necessidade básica.

A comunidade como um modo de vida universal

Dieter Duhm

Somente as tribos sobreviverão.
Vine Deloria Jr., mestre espiritual nativo americano

A comunidade humana original não é a família, mas a tribo. Essa comunidade é o recipiente onde a vida humana, incluindo a família, está inserida, fazendo parte do que chamo de matriz sagrada, inerente à vida. Nela, a ordem cósmica conecta-se à social. Ela não está presa a certas épocas e culturas, mas é parte integral da existência social humana que transcende a História. Pode ser destruída apenas por meio da violência, e somente quando encontrarmos algo similar que esteja alinhado a nosso tempo é que poderemos estabelecer novamente relações plenas e sadias uns com os outros.

A comunidade é a entidade social natural que vivenciou o maior dano. É uma parte imprescindível do todo, que foi destruída em escala mundial. As comunidades foram aniquiladas onde pessoas foram sequestradas, escravizadas ou vendidas, destruindo-se assim as estruturas vitais de povos inteiros. Esse processo começou com a invasão dos assentamentos neolíticos pelo povo Kurgan há 7 mil anos. Prosseguiu com o extermínio dos povos nativos americanos pelos invasores europeus durante o século XVII e continua, até hoje, com os últimos povos indígenas de todos os continentes sendo expulsos de seu *habitat* natural por causa de interesses comerciais.

O desaparecimento da comunidade humana deixou uma ferida aberta em nossa civilização. Com sua destruição, os seres humanos perderam sua moralidade genuína e seu senso de responsabilidade. As pessoas foram arrancadas de comunidades orgânicas. Aos poucos, essa separação também as distanciou de seu próprio ser superior, de seu conhecimento elevado e das ordens superiores da vida. A comunidade foi e é o ambiente propício para o cultivo da confiança e da solidariedade. Sem essa base fértil, o ser humano desarraigado torna-se violento.

A comunidade é um estágio intermediário na escala da vida e não pode ser ignorada. Ela conecta o indivíduo a uma ordem superior e aguça sua percepção do todo. Uma comunidade saudável reflete uma ordem universal, à qual podemos nos ligar com mais facilidade. É por meio dessa conexão que uma comunidade operacional alcança um alto poder criativo.

Uma comunidade natural é semelhante a um organismo, e as pessoas e os grupos individuais são seus órgãos. Os órgãos de um organismo sadio têm tarefas e funções diferentes. O fígado atua de forma diferente em relação ao rim, e o cérebro não age como o coração. Porém, todos pertencem a uma mesma estrutura. Quando se vive assim, as pessoas, aos poucos, param de viver de acordo com os princípios de comparação e competição e começam a viver de acordo com os princípios de complementação e apoio mútuo. O sistema não poderia funcionar de outra maneira.

Quando esse organismo surge, um novo sujeito mental-espiritual se desenvolve: o "eu" comunitário. Ele está em um nível mais elevado na hierarquia espiritual da vida do que o "eu" individual e contém o conhecimento e o poder de todos os "eus" individuais. Todas as pessoas que trabalham juntas e participam concretamente da comunidade estão ligadas ao "eu" comunitário e a seus poderes mentais e espirituais; portanto, têm acesso a habilidades de sobrevivência que não teriam como indivíduos.

Quando os primeiros seres humanos aderirem, novamente, a essa condição comunitária e começarem a pensar e a agir com base nessa conexão, haverá um grande impacto curativo no campo morfogenético da humanidade. O conhecimento a respeito da paz desenvolve-se em uma comunidade viva. Aprendemos as leis da paz universal mediante o aprendizado das regras universais da comunidade.

O individual e o coletivo

Atualmente, as comunidades têm uma reputação ruim. Acredita-se que não são compatíveis com uma individualidade evoluída. Uma das crenças básicas de todo o mundo ocidental é que a individualidade e o coletivo são dois opostos irreconciliáveis. Na verdade, a situação é bem mais complexa. A natureza cria comunidades coletivistas, nas quais o indivíduo não exerce quase nenhum papel (rebanhos de animais etc.), mas também cria comunidades nas quais o desenvolvimento de um indivíduo com habilidades altamente específicas é um pré-requisito para o funcionamento do todo (biótopo etc.). Eu chamo essas comunidades de comunitárias. Se as pessoas hoje estão resistentes à ideia das comunidades, é porque estão pensando nas coletivistas, e não nas comunitárias. Na realidade, na história humana, até hoje, somente as comunidades coletivistas existiram. No passado, o desenvolvimento do indivíduo e o processo histórico de individuação não progrediram o suficiente para tornar possível a elaboração de comunidades comunitárias.

A forma natural da comunidade é a comunitária. Quando vistas como um organismo, as comunidades são um sistema unificado e os órgãos são caracterizados por sua individualidade e suas diferenças. A unidade do organismo é alcançada por meio da individualidade e da diversidade dos órgãos. Em outras palavras, uma comunidade saudável só existe quando a individualidade plena de seus integrantes é desenvolvida. A comunidade e o indivíduo não são opostos; são condições mutuamente impostas. O pré-requisito para uma comunidade natural é um indivíduo autônomo e o pré-requisito para um indivíduo autônomo é uma comunidade natural. Essa é a ordem natural no projeto de construção da Criação.

A capacidade que as comunidades têm de sobreviver e de estar orientadas para o futuro tem uma relação íntima com os processos de autodesenvolvimento dos indivíduos envolvidos. Quanto mais os indivíduos aceitarem sua individualidade e quanto menos se deixarem governar por dogmas preconcebidos e autoridades falsas, mais fácil será reconhecer como seu desenvolvimento pessoal pode ser aprimorado pela comunidade. A certa altura, um processo profundo de individuação leva, de forma natural, os seres humanos a se verem como parte orgânica de uma comunidade humana, em vez de pessoas singulares, pois é por meio desse processo que eles vivenciam não apenas o que os separa como também o que os conecta em um nível muito mais intenso. Eles ousam redescobrir e aceitar essa realidade. É na qualidade de indivíduos que acham sua dimensão universal e é como seres humanos individuais que experimentam sua conexão com o universo.

Sem a individuação, um organismo comunitário saudável não pode se desenvolver. Um coletivismo conformado aparece quando as diferenças individuais são suprimidas, em vez de promovidas. Os sistemas coletivistas não toleram a autonomia individual. Pelo contrário, tanto na esfera interna como na externa, combatem tudo que não se encaixa em sua ideologia. A coesão interna é alcançada lutando-se contra os inimigos comuns. É assim que os sistemas coletivistas têm operado, até hoje, na estrutura da Igreja católica, do fundamentalismo islâmico, do comunismo ortodoxo, do nazismo, do racismo e do sexismo. Atualmente, como um coletivo, a humanidade está sendo treinada pela mídia para reagir a outros símbolos – os da moda, dos estilos de vida, do consumismo, do comércio –, mas o princípio é o mesmo.

Hoje, enfrentamos um momento histórico decisivo no que diz respeito à criação de novas comunidades, pois as estruturas antigas não funcionam mais. A extensão do desenvolvimento dessas estruturas determinará se os seres humanos podem recuperar os valores básicos da vida em conjunto: a verdade, a confiança, a solidariedade e o apoio mútuo. As comunidades operacionais de indivíduos autônomos são o alicerce de um mundo humano. Nelas, o amor – tanto o emocional e o espiritual como o sensual – poderá se desenvolver de uma nova maneira, já que começa a florescer assim que reconhecemos uns aos outros em nossa especificidade e individualidade. Uma comunidade madura sempre protegerá esse amor.

A confiança como uma qualidade vital

As comunidades prosperam quando há confiança entre seus membros; sem ela, não funcionam ou aparentemente funcionam e entram rapidamente em colapso se a origem do elo social for o conformismo ou a hipocrisia. A confiança é a força central de uma comunidade. Sem confiança, a comunidade pode tomar medidas enérgicas no curto prazo, mas, no longo prazo, perecerá.

A quantidade de confiança mútua presente determina tudo que é importante na comunidade. Ela define se a cura verdadeira pode ocorrer e se a comunidade crescerá e prosperará nos âmbitos pessoal, mental, espiritual e político. Falo da confiança entre homens e mulheres, em relações amorosas, entre adultos e crianças, em líderes, entre o centro da comunidade e a periferia, e entre os diversos grupos do projeto.

Criar confiança não é algo fácil. Abraçar uns aos outros sempre que possível não é um método adequado. Muitos grupos deterioram-se por causa de muita doçura, com a qual encobrem suas feridas sem curá-las. A criação da confiança é uma aventura sem precedentes, e as qualidades que trazemos a esse processo, provenientes da sociedade existente, não são de muita ajuda. Aprendemos a nos disfarçar para sobreviver. Nem sempre é fácil encontrar a coragem para enfrentar os velhos hábitos de ocultação e hipocrisia, e temos que ter muita perseverança. Precisamos de um conjunto claro de valores para podermos criar uma confiança verdadeira. Se, em vez disso, esperamos seguir o desenvolvimento espontâneo das emoções positivas, os velhos poderes acabarão vencendo. Quase todos os grupos do século XX s   ucumbiram por causa da inabilidade de lidar com conflitos nos âmbitos do sexo, do amor, do poder, do dinheiro e do reconhecimento.

Os métodos que uma comunidade usa para aprimorar sua coesão interna devem ser julgados por sua capacidade de aumentar a base da confiança. Os tipos de relacionamentos que são úteis para uma comunidade dependem da capacidade que têm de produzir uma confiança profunda. Se uma economia mútua é útil ou não, depende da mesma coisa. Uma organização é boa ou ruim dependendo da confiança de seus membros.

A confiança pode crescer por meio de muitas atividades, dependendo mais de como se faz do que o que se faz. Em Tamera, já preparamos produções teatrais, viajamos, tomamos banhos gelados no inverno, jogamos vôlei por muito tempo, jejuamos, ficamos doentes e celebramos juntos. Um sentimento especial de pertencimento foi criado, principalmente dentro do contexto dos cursos artísticos e espirituais. O método mais notável para criar transparência e confiança dentro do grupo foi o método do fórum (descrito mais adiante). Não há respostas simples para a questão de como gerar confiança. Tentamos trilhar caminhos desconhecidos para criar uma vida sem medo e, ao longo do tempo, a confiança surgiu.

A confiança está intimamente ligada à verdade e à transparência humanas, e à habilidade e à vontade de se permitir ser visto. Se eu posso ser visto de verdade, isso significa que posso ser amado e aceito. Para que a confiança surja na comunidade, é preciso que todos os processos essenciais do grupo sejam transparentes. Brigas e cumplicidades em relação a dinheiro, poder ou sexo dissolvem qualquer comunidade.

Necessitamos de comunidades operacionais para aprender a confiar novamente, de forma que a paz possa difundir-se, permitindo nossa sobrevivência neste planeta. Em Tamera, buscamos conscientemente acessar nossa conexão com os poderes universais e com as ordens mais elevadas da vida. Portanto, procuramos ascender ao mais alto nível da confiança: a cooperação confiável com os poderes divinos.

Dieter Duhm nasceu em 1942, em Berlim, na Alemanha, e é doutor em sociologia, historiador da arte e psicanalista. Além disso, é escritor, criador do Plano dos Biótopos de Cura e um dos fundadores de Tamera, em Portugal. Dedicou sua vida à criação de um fórum eficaz para uma proposta de paz global poderosa o suficiente para neutralizar as forças destrutivas da globalização capitalista. Seus livros incluem: *Angst im Kapitalismus* (1972), *Towards a New Culture* (1982), *Eros Unredeemed: The World Power of Sexuality* (1991), *The Sacred Matrix: From the Matrix of Violence to the Matrix of Life: The Foundation for a New Civilization* (2001) e *Future without War: Theory of Global Healing* (2006).

> Malidoma Somé compartilha conosco a forma africana de entender uma comunidade. Ele mostra como cada pessoa, em comunidade, pode ser apoiada de modo a oferecer seu dom ao mundo.

A aldeia global: vivendo em comunidade com os ancestrais[1]

Malidoma Somé

Você trabalha no Ocidente há muitos anos. Poderia explicar qual é seu propósito?

Meu propósito é a recuperação de nossa natureza humana intrínseca – nossas características humanas. Precisamos começar recuperando ou reinventando a família e a comunidade e redefinindo o que significa uma vida com propósito. Para isso, conto com a sabedoria ancestral indígena.

No Ocidente, trabalho para curar feridas e restaurar os valores que são intrinsecamente humanos por meio da conexão com os ancestrais e os espíritos e da ênfase na família e na comunidade.

Isso pode parecer simples; no entanto, o caos do sistema atual cria muitos obstáculos. O poder da humanidade precisa enfrentar esses obstáculos para que o verdadeiro ser do humano possa ser honrado, respeitado e exaltado novamente.

Como sua sabedoria tradicional específica pode contribuir para as condições aqui?

Eu me baseio na tradição do povo Dagara, hoje situado em Burkina Faso, no centro da África Ocidental e em Gana. Sua cultura é profundamente enraizada em uma conexão com a terra, com a natureza e com os ancestrais.

Para preservar a continuidade, os Dagara planejaram uma forma sofisticada de envolver os ancestrais em sua vida cotidiana. Acreditam que é preciso que

---

[1] Este texto é baseado em entrevista concedida a Sarida Brown e publicada originalmente na revista *Caduceus*, ed. 61, nov. 2003, e teve sua reprodução permitida pela publicação britânica.

o outro mundo ilumine este mundo para que transformemos a fascinação por ações destrutivas em uma por ações curativas. Então, a comunidade é capaz de assegurar a vida, a alegria e a abundância.

O povo Dagara possui uma cosmologia elaborada para apoiar essa tradição. Ela começa com a ideia de que cada criança retornou do mundo dos ancestrais com um propósito específico a ser atingido, que é considerado um dom. Então, há a suposição de que as pessoas nascem com um dom que elas aportam à família, ao povo e à cultura em que nasceram.

Os membros da comunidade fazem tudo que podem para apoiar a criança e revelar seu dom. Ritos de passagem iniciáticos permitem que os mais novos desenvolvam plenamente seus propósitos. Muitos outros rituais foram criados para apoiar o conceito de propósito de vida e para permitir que ele continue a se desenvolver e a se realizar.

Essa é a cosmologia que estou trazendo para o Ocidente, em meio ao caos que a modernidade está vivenciando. Ela provou ser uma ferramenta muito útil que permite que, de uma nova perspectiva, as pessoas olhem umas para as outras e reconsiderem as possibilidades ancestrais de comunidade e de família.

Em nossa cultura, não faz muito sentido a ideia de uma criança chegar ao mundo com um propósito e um dom. Como você traz esse conceito para a consciência ocidental?

Os Dagara presumem que a criança é um viajante que chegou com uma bagagem. Que bagagem? Os dons. Como você os encontra? Há um ritual que precede o nascimento, no qual é possível identificar a natureza desse dom. Esses rituais são conduzidos por anciãos na presença da mãe grávida. Usando a voz da mãe, que é posta em transe, os anciãos conversam com o ancestral, que toma a forma humana dentro do corpo da mãe.

Para que esse ritual seja transportado da comunidade dos Dagara para o Ocidente, ele precisa passar por mudanças. No Ocidente, usamos a data de nascimento para situar o recém-nascido no mapa cosmológico, o que então revela o dom que é intrínseco àquela pessoa.

A cosmologia dos Dagara categoriza esse dom em cinco tipos: visão, paz, reconciliação, encorajamento e consolo. Eles estão essencialmente ligados à casa, à narração de histórias e à comunicação de uma ideia.

O ritual anterior ao nascimento oferece incentivo e pede que a viagem à Terra seja abençoada, como seria feito para uma pessoa que está indo cumprir uma missão. A expressão real do ritual varia muito. Tratar um ser humano antes do nascimento como uma pessoa que possui um dom, como um portador de algo precioso, manda uma mensagem clara de que vale a pena vir ao mundo, dedicar-se a melhorá-lo e contribuir para seu desenvolvimento.

No Ocidente, a ideia de comunicação com os ancestrais parece "assombrada" e primitiva. Você pode explicar para as pessoas do Ocidente o que a presença do ancestral significa?

É importante aceitar pelo menos a remota possibilidade de que os mortos, os que nos precederam neste mundo e não estão mais em formas físicas, ainda possuem algum tipo de energia residual e são capazes de influenciar a qualidade de nossas vidas diárias. É a essa energia que nos referimos como ancestral.

O povo indígena considera os ancestrais como espíritos, no sentido de humanos que retornaram ao estado de espírito depois de abandonarem seus corpos físicos e se unirem a uma comunidade que é de "outro mundo". Eles deixaram suas impressões digitais nesta Terra e possuem descendentes que procuram formas de construir a partir de seus legados. Os ancestrais querem participar dos meios pelos quais continuaremos o que eles começaram.

Aqueles que acreditam na presença benéfica deles entre nós gostam de fazer uma invocação antes de qualquer iniciativa. Dessa forma, convidamos, solicitamos e, às vezes, até exigimos que os ancestrais sejam a fonte de nossa inspiração e que se envolvam em tudo que fazemos para que nossa falta de habilidade se torne sagrada e preciosa.

É uma questão de despertar para a realidade o fato de que alguém sem corpo está de prontidão para caminhar a nosso lado, colaborar e estar conosco em momentos de alegria e tristeza. A presença dos ancestrais pode acabar com qualquer isolamento ou solidão que possamos vivenciar.

É um potencial desperdiçado não trabalhar com os ancestrais?

É uma força que é mantida dormente. Quando os ancestrais são ignorados, talvez nos encontremos combatendo os mesmos problemas antigos da vida cotidiana, nos questionando por que nada realmente muda. É como bater continuamente na mesma porta e usar as mesmas ferramentas, achando que algum dia, por fim, acharemos a solução. Há um ditado africano que diz que um pedaço de madeira não se transforma em um crocodilo ao ficar por muito tempo na água!

É importante reconsiderar certas ferramentas que estamos acostumados a usar e trocá-las por outras que possam trazer resultados melhores. Uma ligação mais forte com os ancestrais pode oferecer uma resolução para o impasse que a cultura moderna enfrenta no momento.

O impasse da desintegração social?

Isso mesmo. Estar à beira da desintegração é um sinal dessa separação entre os vivos e os mortos. O mundo atingiu um ponto em que a globalização está gradualmente se impondo sobre nós – uma globalização que ainda é definida em termos econômicos. Isso precisa mudar, e a globalização deve enfatizar a comunidade que vai além da economia. Para que seja possível chegar à possibilidade da aldeia global, é importante olhar para o passado a fim de resolvermos todos os problemas e males que estão guardados lá e que continuam a afetar a qualidade de vida atual. Eles deixam uma assinatura energética que funciona como a causa subjacente das guerras, da escravidão, da fome e de todas as mortes causadas pelo descuido e ódio humanos.

A criação de uma aldeia global precisa começar com uma cura de todos esses aspectos. Não podemos continuar buscando melhorar o futuro enquanto ignoramos os males que ocorreram no passado. São necessários uma honestidade radical e um reconhecimento de todos os momentos em que a humanidade seguiu caminhos errados e penosos. Esses caminhos causaram tantas desavenças que elas continuam a ter impacto na psique hoje: uma propensão para a separação, a disparidade, a violência, o isolamento, a divisão – e por aí vai!

Esses efeitos devem ser enfrentados com a ajuda dos ancestrais, especialmente daqueles que foram as vítimas e os malfeitores principais na época. A consciência que prevalece deste lado é desagregadora, violenta e pouco solidária à família e à comunidade. Quando alguém abandona o corpo e se torna um espírito, surge uma nova consciência.

O poder humano para gerar mudança aumenta muito quando recebe a ajuda da sabedoria dos ancestrais. Podemos unir toda a inteligência necessária para implementar algo, mas nunca conseguimos efetivar a solução. É sempre um gesto humilde e positivo reconhecer que somos limitados e, portanto, que estamos buscando a contribuição de poderes superiores. Ao fazer isso, nos beneficiamos da participação dos ancestrais em nossa transformação.

Qual é sua visão da nova aldeia global?

Precisamos nos unir para lamentar todos os males que poluíram os caminhos da evolução humana. Precisamos ser capazes de expressar essa emoção de uma forma sagrada. Precisamos reconhecer o fato de que nem sempre fazemos as coisas em prol da continuidade humana. Como resultado, precisamos buscar a reconciliação e a recuperação para não mais carregarmos esse peso para o futuro e passá-lo para as próximas gerações. Esse reconhecimento precisa levar a um compromisso de reparação ou de correção. É uma tarefa desafiante.

Sonho com um mundo em que a aldeia global esteja interessada em juntar todas as suas tradições para sintetizá-las em uma só que não seja segmentada, hierárquica ou competitiva; uma que não diga que uma tradição é melhor do que a outra; uma que vislumbre o tipo de beleza que cada cultura tem a oferecer. É possível que, uma vez desenvolvida, essa aldeia global contemple um universalismo cultural. É uma grande missão e não acontecerá da noite para o dia. No entanto, vale a pena tentar.

Então, como começamos?

Não é possível ser feito de forma individual, e sim coletivamente, por pessoas se juntando, como acontece nos grupos que eu organizo, para abordar a sabedoria dos ancestrais, que abrem os corações e os espíritos. Estou sugerindo que o primeiro passo seja o agrupamento de pessoas em suas próprias localidades para começar a transformar seu individualismo e isolamento em algo que seja mais baseado na comunidade.

É importante que esse processo comece com o reconhecimento de cada um, com menção ao dom que cada pessoa traz e que tem a oferecer para o enriquecimento do todo. Esse modelo tem uma qualidade expansiva por natureza. Desde que haja esse reconhecimento, a psique humana se expande e, imediatamente, novas ideias surgem e novas direções aparecem.

Lamentar todos os males, como sugeriu, parece um processo bem profundo. É necessário o poder do ritual para sua realização?

Na cultura moderna, não é comum as pessoas se permitirem um extravasamento emocional, para se expressarem de coração. Contudo, é a repressão da emoção humana que precisa ser revista, porque emoções reprimidas assumem formas violentas e perigosas. Quando presa, a emoção se amplifica e acha seu caminho nos tipos de comportamentos antissociais que ameaçam a sociedade.

A iminência da autodestruição que alcançamos atualmente é resultado desse tipo de autorrepressão diante de situações que pedem pelo alívio de qualquer sentimento que seja evocado. Expressar sofrimento é uma tarefa muito desafiante, porque é o ato de convidar pessoas para agirem de forma não tradicional, de modo que possa mostrar fragilidade e fraqueza humana.

Então essa é a forma para além da violência atual, por exemplo, no Oriente Médio?

A forma para irmos além disso é o ritual, a revisão e a expansão do que é sagrado. Pode ser resumido em simples palavras: preces e envolvimento dos ancestrais na resolução da crise. Quando mais de um milhão de pessoas que se juntam nas ruas de Londres fracassam em dar um fim à guerra contra o Iraque, é preciso perguntar: por quê? Minha resposta é que estamos sendo informados de que a mensagem que gostaríamos de levar ao governo e à hierarquia militar é mais bem compreendida quando dita por nossos ancestrais.

Não é mais possível para os seres humanos serem portadores do tipo de mensagem que pode evitar a violência, prevenir a morte e salvar vidas. É por isso que vislumbro um dia de ritual, envolvendo o mesmo número de pessoas que foram às ruas em fevereiro de 2003, para oferecer nosso lamento para os santuários sagrados dos ancestrais, com o pedido de que nossas preces sejam levadas ao lugar certo para que determinem o tipo de mudança correta.

Então você imagina um milhão de pessoas ou mais se reunindo, humanos e ancestrais, para promover o desejo da paz, o desejo para que se vá além da divisão e da violência?

Exatamente. A paz é um direito inalienável concedido a nós. Quando ela começa a diminuir em nossas vidas, é importante que consideremos se isso é o resultado de algo que fizemos de errado ou se é uma mensagem enviada para nós por forças além do mundo humano, nos mostrando que precisamos prestar atenção.

Acredito que, nessa situação, um movimento que começa com a criação de santuários sagrados, em que cada indivíduo é capaz de renunciar a seus sentimentos, visões e desejos, possui uma chance maior de atingir poderes superiores que, de forma não convencional, prometem resultados mais duradouros do que qualquer outra coisa. É por isso que digo que o próximo ciclo da consciência humana será exercido pelo que chamo de ativismo espiritual.

As ruas precisam se livrar dos veículos e ser decoradas com santuários sagrados. As pessoas poderiam então orar, pedindo que suas preces fossem recebidas e transcendidas em pedras preciosas da paz que durassem mil anos. É importante que vejamos o ativismo não como direcionado por humanos contra outros humanos, mas transferido deste mundo para outro em que é processado e, então, devolvido para cá, carregado com a capacidade de mudar o clima e o espírito do planeta.

Como você compreende o mal?

Eu entendo o mal como uma energia contrária aos pensamentos mais simples, vitais e positivos que governam nossa vida – os de amar e ser amado, os de contribuir com algo para o mundo. A eliminação do potencial de uma pessoa é o maior dano que pode ser causado a um ser humano. O mal é aquilo que tem pouca consideração pelo que é sagrado da vida humana, que mantém o *statu quo* de tensão, insônia e estresse em uma cultura e sociedade que merecem algo melhor do que isso.

O mal acontece porque a vida foi desconsiderada e o respeito foi abandonado. Eu reconheço o mal quando o vejo: aquilo que de modo traiçoeiro está tentando obstruir a criatividade e o desejo humano de se expandir em um modo de vida voltado para a comunidade e a família.

Quando nos tornamos testemunhas de violência, morte, ódio, segregação, racismo etc., vale a pena perguntar: por que é mais fácil fazer o mal do que o bem?

É provável que essas energias sejam o resultado direto de algum tipo de negligência que está desestabilizando uma situação e emitindo todos os tipos de vibrações na natureza humana, convertendo sistematicamente o que é bom no que é nocivo. Isso se torna o que chamamos de mal. A maldade não é algo que possa ser preso em algum lugar como uma entidade separada e combatido, mas uma energia que, em algum momento, surge como resultado de algo a que não estamos prestando atenção.

Percebemos que boa parte de nossa mídia está voltada para a violência simplesmente porque, na maioria das vezes, a violência vende; ela prende a atenção das pessoas. Por quê? Há formas pelas quais a violência atrai e estimula a atenção. Portanto, se é possível enxergar a violência como uma mensagem de que algo precisa de atenção, mas não de complacência, isso torna possível transformar o mal no bem, o nocivo no positivo. Certamente, não estou olhando para isso no sentido cristão do Diabo conspirando para piorar a vida das pessoas. Quero olhar para isso como um sinal apontando para algo que foi esquecido.

Há uma mensagem final que gostaria de passar para nossos leitores?

Vivemos em um momento muito frágil. É importante que nós, humanos, renovemos a confiança em nós mesmos e em nossas capacidades, que não desistamos da esperança, que reanalisemos nosso poder de gerar mudança – e afirmemos a vida perante a ameaça da morte.

O doutor Malidoma Somé é um dos mestres de sabedoria indígena mais eloquentes da atualidade. Sua vida e seus ensinamentos conectam as formas tradicionais de seu povo, os Dagara da África Ocidental – dentre os quais ele é um ancião iniciado –, ao mundo moderno. Ele foi "iniciado" no Ocidente como um estudioso com uma carreira acadêmica notável, tendo sido professor de literatura na University of Michigan até o começo dos anos 1990.

Ele é um curandeiro e adivinho talentoso, assim como um professor e autor fascinante. Por mais de 20 anos, Malidoma compartilhou o conhecimento antigo de seu povo com as pessoas no Ocidente, que estão cada vez mais desconectadas de seus ancestrais, de seus espíritos e da riqueza da vida em comunidade. Sua voz desperta, em nosso coração, o reconhecimento de que nascemos com um propósito a ser atingido e que podemos cumpri-lo mantendo uma relação profunda e persistente com todos os seres.

Na Europa, ele trabalha com a doutora Helga Weule, pesquisadora intercultural, e Manfred Weule, mestre em antropologia, no Tingan Institute, na Áustria, desde 2000. O trabalho deles sobre o propósito da vida os uniu. Ele compartilhou seu conhecimento medicinal, a fim de praticar e ensinar as formas de adivinhação com búzios da África Ocidental como uma ferramenta navegacional para indivíduos e para a construção de comunidades no Ocidente.

Ele é autor de vários *best-sellers*, incluindo *Of Water and the Spirit: Ritual, Magic and Initiation in the Life of an African Shaman* (1995), *Ritual: Power, Healing and Community* (1993) e *The Healing Wisdom of Africa: Finding Life Purpose through Nature, Ritual, and Community* (1999). Atualmente, está finalizando dois livros novos: um sobre os ancestrais e nossa relação com eles; outro sobre guardiões entre este mundo e o mundo espiritual.

> Hildur Jackson relembra o começo do movimento de *cohousing* na Dinamarca. Também reconhece como o poder da vida em comunidade é útil para as crianças e como a comunidade possibilitou que ela, como mãe, pudesse participar ativamente de vários projetos, como a criação da Global Ecovillage Network (NET).

As crianças precisam de 100 pais

Hildur Jackson

As mulheres têm escolha?

Em 1969, estava sentada em minha casa nova em Copenhague, Dinamarca, com meus bebês de 6 e 18 meses, dois meninos cheios de vida. Eu havia acabado de me formar em direito e estava refletindo sobre como seria minha vida a partir de então. Deveria buscar uma carreira como advogada ou funcionária pública e deixar meus filhos na creche com estranhos muitas horas por dia? Ou deveria desistir de minha carreira e ficar em casa para cuidar deles? Aparentemente, não havia uma terceira opção. Aos 14 anos, jurei permanecer solteira e independente. Todas as mulheres a meu redor estavam insatisfeitas com ambas as opções. Eu estava então com um homem em quem confiava e queria evitar cair na mesma armadilha em que minha mãe e outras mulheres da geração dela tinham caído. Não havia mesmo outras opções além de ter uma carreira em tempo integral – penalizando assim meus filhos – ou ficar em casa e inibir uma parte de minha energia que desejava fluir pelo mundo?

Em 1968, decidi continuar meus estudos, agora em sociologia cultural, para descobrir mais sobre a natureza humana e, em especial, aprender se existiam sociedades em outras partes do mundo, ou ao longo da História, que haviam descoberto soluções melhores para esse dilema. Entrei no movimento feminista, que estava apenas começando naquela época. Com um bebê no colo e meu marido cuidando do outro, participei de reuniões em que as mulheres compartilhavam suas preocupações. Um dia, li um artigo no *Politiken* (um grande jornal dinamarquês) intitulado "As crianças precisam de 100 pais". Foi como se um raio tivesse me atingido. Claro! Muitas mulheres tinham o mesmo problema. Juntas, poderíamos fazer algo novo.

Assim, tomei a iniciativa de criar uma situação de moradia em que várias famílias combinavam casas privadas com um espaço aberto comum, sem cercas, e partilhavam algumas instalações – um conceito que, mais tarde, passou a se chamar *cohousing*. Reuni um grupo de amigos e começamos a procurar por terrenos. Em três anos, tínhamos criado uma pequena comunidade de *cohousing* de seis famílias e convertido uma casa de fazenda antiga perto de Copenhague em um espaço comum. Basicamente, a iniciativa foi um experimento social, por sinal, muito bem-sucedido. Chamava-se Hoejtofte – nome da fazenda que compramos. Mais tarde, descobrimos que duas outras iniciativas foram criadas por causa da mesma matéria de jornal. Os grupos de *cohousing* ainda funcionam bem, junto com mais 200 outros. Esse foi o começo do movimento de *cohousing* que se disseminou pelo mundo e nos inspirou a fazer parte da criação de um movimento de ecovilas mais amplo. As *cohousings* começaram como uma forma de proporcionar uma infância melhor para as crianças, algo que, às vezes, é ignorado. Elas conseguiram isso? Qual é a situação atual?

A criação das *cohousings* à medida que caminhávamos

Desenvolvemos a ideia de *cohousing* de modo progressivo. A vida com seis outras famílias e seus filhos foi divertida e bem diferente da vida cotidiana em um subúrbio – mesmo nosso projeto estando no meio de um subúrbio comum perto de Copenhague. Escolhemos não ter divisas entre nossos jardins. Tínhamos dois gramados gigantes para brincadeiras, uma casa comum e estábulos. Criávamos galinhas, cuidávamos de uma horta grande e tínhamos árvores frutíferas e arbustos de frutas vermelhas. Os homens, e, às vezes, uma mulher ou outra, jogavam futebol americano com as crianças – e com todas as outras crianças do bairro.

Também tínhamos três cavalos islandeses que nos proporcionavam muita diversão. As filhas de nossos vizinhos nos ajudavam a cuidar deles e, muitas vezes, de nosso filho caçula também. Todo domingo, andávamos a cavalo na floresta. As crianças tinham muitos amigos, já que Hoejtofte era um centro natural de atividades para o bairro todo. Podíamos nos reunir e participar de comemorações em nossa casa comum. Com o passar do tempo, nos tornamos muito bons em comemorar com música e teatro. É muito melhor ser celebrado do que ter que dar sua própria festa! Nas tardes de verão, costumávamos correr ou andar de bicicleta até um lago próximo, na floresta, para nadar.

Como a casa de fazenda antiga sempre precisava de reparos, todo mês realizávamos fins de semana de trabalho, que nos ajudaram a fortalecer o elo comunitário que existia entre nós. Essas são algumas das recordações de infância mais queridas de nossos filhos. Nossa vida era rica e divertida. Quando meu marido Ross viajava a trabalho, o que acontecia bastante, eu nunca me sentia só. Doze anos depois dos primeiros dois filhos, tive um terceiro e vivi a alegria de ser mãe de "nosso primeiro bebê de *cohousing*", com 12 pais para cuidar dele. Eu sempre tinha ajuda. Era uma benção constante ter tido um filho em um ambiente assim.

Na escola local, sempre se comentava que as crianças de nossa comunidade eram boas em partilhar e resolver problemas. Elas aprendiam democracia direta em Hoejtofte, já que faziam parte dos processos de tomada de decisões. Além disso, beneficiaram-se muito com a presença de vários modelos adultos de referência. Meus filhos aprenderam dos vizinhos o que não poderiam ter aprendido de mim ou de meu marido e aceitaram com facilidade que cada casa tinha regras diferentes. Compartilhávamos as responsabilidades e as alegrias e tristezas da vida. Os adultos davam apoio uns aos outros de diversas maneiras. Por exemplo, quando um homem teve um colapso nervoso, três de nós ficaram com ele por vários dias e várias noites (e faltaram ao trabalho), evitando que houvesse necessidade de hospitalização.

Acredito que as mulheres sejam, por natureza, boas comunicadoras e que se saiam bem em ambientes comunitários. Em comunidades como a nossa, elas não eram oprimidas de nenhuma forma. Para mim, esse foi um progresso no processo de alcançar a igualdade de oportunidades entre homens e mulheres. Pude achar um meio-termo entre ter um emprego e ficar em casa: eu estudava, atuava como ativista e escrevia. Em 1981, juntei-me à Nordic Alternative Campaign, a união de 100 movimentos de base nórdicos com a comunidade científica para tentar criar uma visão única que pudesse resolver os problemas globais, sociais e ecológicos, e encontrar maneiras de pôr essa visão em prática. Por dez anos, coordenei esse projeto de forma voluntária. Fizemos exposições, concursos de ideias, elaboramos projetos preliminares e realizamos reuniões e seminários na Dinamarca, na Noruega e na Suécia. Isso não poderia ter acontecido sem a comunidade de *cohousing* servindo como um alicerce estável e sem um marido disposto a pagar as contas de telefone e a comprar selos. E essa foi a condição prévia para as iniciativas posteriores em prol da criação da rede dinamarquesa e, mais tarde, da rede global de ecovilas.

Foi uma ótima experiência para as crianças. Pergunte a elas hoje e todas dirão que querem viver em comunidades de *cohousing*. Algumas já vivem, embora seja tão difícil quanto naquela época construir uma, pois, na Dinamarca, ainda há pouco encorajamento local (mas também não há resistência ativa), não há nenhum apoio político e há uma escassez de terrenos adequados. Apesar disso, há mais de 200 grupos familiares de *cohousing*, muitas ecovilas e muitos grupos de *cohousing* para idosos. Essas casas são vendidas com muita facilidade.

As crianças de Hoejtofte se mudaram, mas mantiveram contato. Muitas têm filhos. Continuamos a nos encontrar uma vez ao ano – nos últimos três, na comunidade de *cohousing* Bakken, onde umas das crianças de Hoejtofte vive agora com o marido e três filhos. Na última contagem, havia 45 de nós, com 28 crianças com menos de 8 anos.

Aprendemos muito sobre resolução de conflitos, amor e solidariedade. As comunidades de *cohousing* oferecem uma alternativa para solucionar problemas sociais sem envolver as instituições públicas – e com um custo bem menor!

As crianças em outras *cohousings* e ecovilas

Embora nossa comunidade tenha sido pequena, acredito que nossa experiência seja uma boa representação do que as crianças vivenciam em outras comunidades de *cohousing* e em outras ecovilas também. Tenho visitado projetos em muitos países e encontrado os mesmos padrões. Bakken, uma comunidade de *cohousing* de 25 anos, tem um ginásio pequeno que é um paraíso para as crianças. Muitos lugares têm creches e escolas na comunidade. Decidimos que nossos filhos já eram estranhos o suficiente e os matriculamos na escola local, o que foi ótimo. As crianças tornam-se bem abertas e confiantes quando conhecem outros adultos e são bem-vindas em várias casas. Elas podem andar sozinhas desde novas, o que as deixa mais independentes. As oportunidades são tão abundantes e os amigos são tão acessíveis que elas assistem a menos TV que a maioria. Elas têm chance de tomar suas próprias iniciativas e criar suas próprias brincadeiras. As relações com o mundo animal e vegetal as permitem respeitar e entender outros seres além delas mesmas. É sempre possível encontrar alguns animais (galinhas, coelhos, cavalos, ovelhas) nas comunidades, já que outras pessoas podem cuidar deles nas férias.

Qual é a situação das crianças em 2007?

A criação de filhos no mundo ocidental não ficou mais fácil do que era em nossa juventude. Todos os nossos filhos agora têm filhos; então vejo muitas crianças se tornarem adultas. Adoro passar o tempo com elas, e meu único desejo é que todas pudessem viver em um projeto de *cohousing*. As mulheres da geração de meus filhos estão mais sob pressão do que antes, já que trabalham em tempo integral em empregos de grande responsabilidade. As crianças são matriculadas em instituições desde cedo e passam a maior parte do dia cercadas por muitas outras e por muito barulho. Os impulsos internos delas são duramente regulados pelo que a instituição oferece e pela falta de pessoal. Nos tempos livres, assistem muito à televisão e brincam com jogos eletrônicos. Costumam ter TV nos quartos, assim como *gameboys* e telefones celulares. Na TV, veem notícias sobre guerras e conflitos, um fluxo constante de desenhos animados violentos e comerciais que têm a intenção de transformá-las em grandes consumidoras. Geralmente, comem *fast-food*, mesmo quando os pais lutam para fazê-las comer de forma saudável, e o tráfego limita sua capacidade de perambular pelas ruas.

Estou profundamente preocupada com as condições de crescimento das crianças nos dias de hoje em nosso país. Os trabalhadores na Dinamarca têm férias de seis semanas por ano, e esse costuma ser o único período em que as crianças vivenciam a natureza de maneira mais direta. Esse modo de vida não é o bastante para ensiná-las sobre a natureza e a vida nem para desenvolver o tipo de pessoa – democrática, segura de si, amorosa – de que precisamos para mudar o mundo.

O movimento de *cohousing* e, consequentemente, o movimento de ecovilas, que acredito serem apenas duas variantes do mesmo impulso básico, representam uma ideia que oferece uma solução para as crianças. Ainda acho que, no mínimo, devemos construí-las para nossos filhos. Diria que criar um filho é tão difícil que seria necessária uma aldeia inteira, ou pelo menos 20 pais. As ecovilas e as comunidades de *cohousing* estabeleceram uma base firme para o futuro e estão prontas para um maior apoio e reconhecimento, à medida que a desilusão em relação às consequências negativas dos chamados "mercados livres" e da sociedade de consumo se espalha. As pessoas estão começando a perceber que temos que progredir para uma sociedade global justa e sustentável que não esteja baseada nas necessidades das entidades comerciais e de seus aliados, os políticos sedentos de poder, mas nas necessidades e nos desejos das pessoas reais do mundo todo.

Hildur Jackson nasceu em 1942 e é casada com Ross Jackson há 40 anos. Os dois têm três filhos e cinco netos. Ela é advogada, socióloga cultural, designer de ecovilas e escritora. Em conjunto com Ross e outros colaboradores, iniciou a Danish National Network of Ecovillages (LOS, em 1993) e a Global Ecovillage Network (GEN). Seus escritos incluem: *Ecovillage Living: Restoring the Earth and Her People* (2002), em parceria com Karen Svensson; artigos nas revistas *Permaculture* e *LOS'NET* sobre ecovilas únicas; e *Creating Harmony, Conflict Resolution in Community* (1998).

> Robin e Kosha descrevem como podemos cuidar de nossos sonhos e visões, a fim de vê-los se tornarem uma realidade concreta. Eles nos inspiram a compartilhar visões de uma maneira que respeite a vivacidade e a necessidade de serem constantemente recriadas.

A visão em comunidade

Robin Alfred e Kosha Anja Joubert

Não há nada mais poderoso que uma ideia cujo momento chegou.
Victor Hugo

Todos os nossos projetos e as nossas comunidades foram criados de sementes únicas – ideias que foram vislumbradas e alimentadas até que pudessem começar a crescer.

Uma ideia vem de algum lugar. Estamos no banho e, de repente, temos uma ideia: "Preciso fazer isso!". Às vezes, acontece por si só: "Preciso escrever um poema sobre minha caminhada na floresta ontem à tarde". Algumas vezes, precisamos buscar outras pessoas que nos ajudem a expressar nossa ideia. Talvez ela seja um pouco fantasiosa: "Quero criar um novo jeito de lidar com o desperdício humano", e precisemos de ajuda para fundamentá-la e torná-la real. Talvez ela demande dinheiro: "Quero compartilhar meu conhecimento sobre moedas locais com mais pessoas", e precise de acesso a redes de telecomunicação e publicidade. Talvez ela nasça do desespero: "Tem de haver um jeito melhor do que este de tomarmos decisões!", e você precise de mais ideias e de um ambiente que conduza ao pensamento lateral.

Não importa como comece, uma ideia desponta em nós. Podemos escolher vê-la de várias formas diferentes. Podemos pensar que ela seja "minha ideia"; que vem de meu treinamento e de minha experiência. Podemos preferir dizer que uma ideia é acertada para sua época e calhou de se manifestar em mim. Podemos acreditar ser uma combinação entre mim e algo além de mim que cria a ideia. Podemos concluir que não há nada mais pessoal do que uma visão, ainda que, ao mesmo tempo, o poder que uma visão carrega para transformar a realidade nasça de sua conectividade com um todo mais abrangente. Visões verdadeiras são reveladas, e não fabricadas.

Embora a vejamos, nossa experiência nos ensinou muitas coisas sobre como cuidar e alimentar essa ideia, como fazê-la crescer em uma visão que nos inspire, que encoraje outros a se juntar a nós e nos sustente quando o andamento se torna complicado.

Desenvolva, refine e mantenha sua intenção genuína

Esclareça o que você quer fazer. Crie uma imagem consolidada do ponto onde quer chegar. Torne isso tão inspirador que faça você voltar sempre àquela imagem com alegria, várias e várias vezes. Questione-se: como isso se conecta a meu propósito de vida? Como isso reflete meus valores mais profundos? Como será a vida quando essa visão tiver se revelado completamente? Mergulhe nas sombras também: existem partes de mim que não acreditam que isso seja possível? Consigo fazer as pazes com essas partes? Essas vozes oferecem contribuições válidas ou são hábitos antigos insistentes que precisam ser calados?

Esse processo de refinamento da ideia funciona como uma emissão de intenções. Por meio desse processo, uma ideia evolui para uma visão. Ele atrairá a realidade em sua direção. Em vez de começar a trabalhar duro imediatamente, espere até que o magnetismo de sua ideia se revele. Uma intenção clara é uma força poderosa.

Mantenha a visão próxima a seu peito até que a sinta forte o suficiente para que ela (e não você) possa ser compartilhada com outras pessoas. Pessoas vieram, com frequência, até um de nós e disseram algo assim:

> Tive uma ótima ideia: criar um projeto de *ecohousing*. Publiquei um anúncio no jornal e 20 pessoas vieram à primeira reunião. Fiquei muito feliz. Mas, agora, dois anos se passaram e parece que estamos gastando todo o nosso tempo discutindo detalhes: como as pessoas podem se inscrever, dinheiro e trabalho na comunidade, se chega mesmo a ser uma comunidade, se há um lado espiritual em tudo isso... E assim segue, interminavelmente. E ainda nem sequer encontramos um local!

O problema aqui está em compartilhar a ideia de forma precipitada com pessoas demais. Em nossa experiência, uma visão chega aos corações e mentes de uma a três pessoas, e a clareza de direção, propósito e necessidades precisa ser desenvolvida e mantida nesse pequeno grupo e apenas nele. Somente quando esse grupo nuclear tiver entendido os aspectos mais importantes do empreendimento –

- visão: qual é exatamente o propósito da empreitada;
- processos-chave: adesão (entrada e saída), tomada de decisões; finanças;
- relações centrais: liderança e hierarquia

– é que outras pessoas poderão ser convidadas a participar. Então, estará claro ao que elas estão se associando: seu projeto e sua visão. Não conseguimos pensar em nenhum empreendimento de sucesso que tenha começado com um comitê. Visão não funciona assim. Ela precisa de um canal claro para sua expressão no mundo, seja na The Body Shop (Anita Roddick), seja na Virgin (Richard Branson), seja na Microsoft (Bill Gates), seja na Findhorn Foundation (Peter Caddy, Eileen Caddy e Dorothy McLean)... Se você conseguir encontrar uma visão que se manifeste em um grupo inicial com mais de três pessoas, gostaríamos que viesse nos contar!

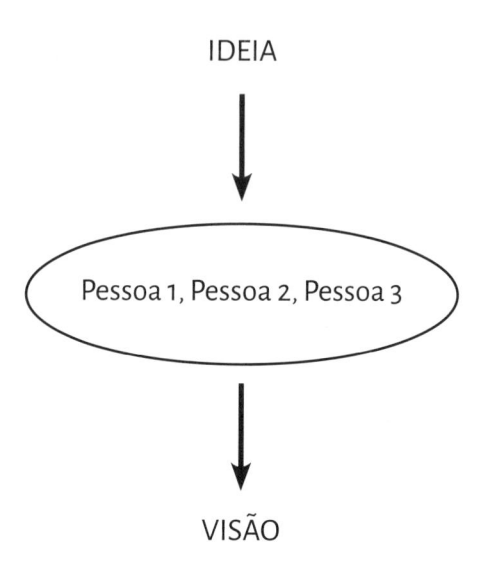

IDEIA
↓
(Pessoa 1, Pessoa 2, Pessoa 3)
↓
VISÃO

Não confunda a visão com a missão!

A visão de seu projeto é o objetivo aspiracional. É a contribuição que seu projeto quer fazer para o mundo. Se você a escreve como uma Declaração da Visão, esta precisa ser:

- memorável;
- inspiradora;
- clara;
- realizável, ou seja, algo em que consiga "viver".

E não mensurável!
Pode haver a necessidade de toda sorte de alvos e objetivos mensuráveis pelo caminho, o que não é um problema e é muito útil, mas, se sua visão é também mensurável, aonde você vai quando as medidas não estão sendo alcançadas? Não lhe resta mais nada. A visão precisa se manter como a estrela do Norte: atraindo, oferecendo direção, algo para lembrar quando os objetivos forem complicados de alcançar ou o dinheiro estiver curto.

Visão

Visão é ver o propósito potencial escondido no caos do momento, mas que poderia trazer à vida novas possibilidades para uma pessoa, uma empresa ou uma nação.
Visão é enxergar como poderia ser a vida quando lidamos com a vida como ela é.
Visão lida com aqueles bens imateriais humanos mais profundos que, por si só, dão propósito definitivo à vida.

> No final, a visão deve sempre lidar com as qualidades da vida, e não com suas quantidades.
>
> Van Duisen Wilhard

Todos os envolvidos no projeto precisam estar conectados com a visão

Tendo dito que você precisa manter a visão próxima a seu peito e no coração e mente de poucos nos estágios iniciais, uma vez que tenha embarcado no processo de manifestar e viver sua visão, todos precisam saber o que ela é e estar conectados a ela. Em alguns projetos, está escrito e fica claro para todos verem. Por exemplo, os recém-chegados em Zegg, uma ecovila na Alemanha, não poderão deixar de ver um letreiro enorme no centro do *campus* que estabelece os princípios básicos que sustentam o projeto. Outras formas contemplam reuniões regulares para discutir a visão, incluindo a declaração da visão como um lema para notas, e-mails, programações.

Apenas quando as pessoas estão conectadas à visão e quando sua própria noção individual de propósito pode encontrar expressão no sentido maior e coletivo de propósito a que chamamos de visão, é que vão querer trabalhar até tarde, fazer tarefas extras não antecipadas, "ir mais longe" pelo bem de todos.

A visão precisa ser recriada continuamente

Em última instância, a visão não é feita de frases que expressam a declaração da visão de um projeto. A visão é o poder por trás dessas frases para focar nossa intenção em um objetivo comum maior. Às vezes, as palavras das frases por si só podem ter perdido seu significado pelo uso excessivo. Ou talvez tenhamos esquecido seu sentido mais profundo e nos perdido em uma interpretação corriqueira que falha em continuar nos inspirando. O único critério significativo para julgar uma visão são as ações que nascem dela e seu poder para nos sustentar quando enfrentamos tempos difíceis.

Precisamos dar espaço, em nossas comunidades, para a reconexão contínua com a fonte por trás de nossa declaração da visão, a fim de mantê-la resplandecente. Precisamos ter em mente que a visão sempre é a resposta para o presente, uma expressão do que queremos criar, de como queremos moldar nossa realidade agora e assumir responsabilidade por um futuro emergente. Visionar é um processo contínuo de intenção focada, que nunca está completo.

> Nunca duvide que um pequeno grupo de cidadãos comprometidos possa mudar o mundo. De fato, sempre foi assim que o mundo mudou.
>
> MARGARET MEAD

Para ler a biografia dos autores, veja a página 10.

Receita para o coração

Sheikh Din Muhammad Abdullah al-Dayemi

- Faça um inventário sério, implacável e moral sobre você mesmo.
- Arrependa-se e busque perdão de seus erros e fraquezas.
- Determine uma perspectiva que o permita viver de acordo com seus valores fundamentais.
- Comprometa-se.
- Desenvolva uma prática que promova uma invocação contínua de louvor e gratidão.
- Ponha de lado o medo, o desencorajamento, o descontentamento, o pessimismo e a revolta reativa e trate-os como inimigos.
- Cerque-se de companhias de confiança e daqueles que o apoiam incondicionalmente em seu processo de autorrealização.
- Livre-se de sua postura defensiva.
- Pratique a humildade, colocando-se vulnerável a Deus e àqueles a quem ama.
- Faça tudo isso, mesmo que não sinta vontade de fazer.
- A fim de ser capaz de funcionar através dessas coisas, você tem de ser capaz de estar presente.
- Abandone esta lista, pois não é uma lista, mas, primeiro, realize o trabalho.

Sheikh Din Muhammad Abdullah al-Dayemi é o atual representante espiritual ocidental e líder religioso da Dayera Sharif, uma dinastia islâmica de 750 anos, com sede em Daca, em Bangladesh. Ele também é o diretor da Dayemi Tariqat, uma organização religiosa e de serviço que comanda uma comunidade espiritual intencional no sudeste de Illinois, com filiais pelos Estados Unidos, Europa e Bangladesh.

> Geseko von Lüpke descreve a busca da visão, um ritual de iniciação poderoso que, ao ajudar a achar nossa consciência mais profunda, nos prepara para o desafio de viver em comunidade.

Sentindo-se conectado estando sozinho: o jejum solitário na natureza selvagem como uma iniciação à vida em comunidade

Geseko von Lüpke

Por que as pessoas estão procurando viver em uma comunidade intencional? Muitas vezes, elas esperam ser capazes de lidar melhor com problemas do que quando estão vivendo em um núcleo familiar; ou recorrem à comunidade como uma proteção contra a solidão, como um substituto da família, como um útero para algum potencial não desenvolvido que está esperando para se manifestar. Toda essa carência dos membros do grupo resulta, com frequência, em crises nas comunidades intencionais e até em sua dissolução total. A comunidade não é uma mãe substituta para filhos adultos, nem um terapeuta. O que uma comunidade realmente precisa é de adultos responsáveis, conscientes de seu potencial, com uma visão robusta e prontos para enfrentar todos os desafios que podem surgir no caminho para sua realização. Como as pessoas da Era Pós-moderna, criadas em uma atmosfera de competição, alienação e separação, tornam-se aptas para uma comunidade? Como podemos amadurecer em uma sociedade que promove um consumismo infantil e usa o mundo materialista para compensar a busca de nossas necessidades internas? Como podemos aprender a aceitar, de forma amorosa, nossos fantasmas e beleza interior? Como podemos fazer nosso potencial contribuir para o todo?

As sociedades tradicionais desenvolveram métodos e rituais para finalizar a infância, os quais permitem que os jovens reivindiquem seu potencial e contribuam para a vida da tribo como adultos maduros. A solução para tornar sustentável uma comunidade está em um paradoxo simples: "Às vezes, você precisa deixar tudo para trás na vida. É o momento de ir embora e ficar a sós com Deus, com a natureza e seus seres", diz o psicólogo Steven Foster, que trabalhou 30 anos com sua mulher, Meredith Little, para redescobrir velhos ritos de passagem e adaptá-los para o mundo moderno. "E, nesse lugar solitário, uma pessoa olha para dentro de si e, como presente, recebe uma resposta clara, uma visão para levar para casa, para sua comunidade, que então vai prosperar e florescer, e a vida continua."

Nossos próprios ancestrais, nas florestas da Europa, também mandavam seus rapazes e moças para um território selvagem. As aventuras que eles vivenciaram vêm sendo contadas em histórias que ainda lemos para nossas crianças hoje: contos de fadas! Quase todos esses contos seguem um padrão arquetípico: um jovem deixa a segurança de sua casa e entra sozinho na floresta escura e enfrenta as forças do mal, os demônios interiores e exteriores, gigantes e bruxas. Quando ele os supera, retorna, então, para o mundo, renascido, mudado, para assumir uma nova posição na sociedade. O antropólogo Hans Peter Duerr escreve em seu livro *Traumzeit: Über die Grenzen zwischen Wildnis und Zivilisation* (1978):

> Os povos arcaicos sabiam que, para ter um *insight* de nosso mundo, precisamos deixá-lo para trás; a fim de ser "domesticado", é preciso ser "selvagem"; para viver plenamente, precisamos estar preparados para morrer; para saber o significado de "dentro", precisamos ter estado "fora".

O que é uma busca da visão?

A busca moderna da visão é um ritual de 12 dias e consiste em quatro dias de preparação; quatro dias sozinho na natureza, em jejum; e quatro dias de integração. É um ritual de morte simbólica de velhos papéis, um retiro para o conhecimento da alma além dos padrões sociais de comportamento, para o silêncio e o *insight* que nos permitem ver o caminho de nossa vida mais claramente, e um exercício para todas as crises que ainda estão por vir.

A busca da visão é um ritual arquetípico, conhecido por todas as culturas no mundo, que possibilita sair da rigidez de uma fase da vida que termina e criar uma pessoa nova no futuro. Essas fases foram honradas com diferentes cerimônias no passado – como passagens, encruzilhadas, mudanças, limites – para dar lugar a uma nova forma da vida, com uma nova função, novas responsabilidades e novos privilégios. Todas essas iniciações tinham a ver com o ser humano holístico e com a forma de expressar nosso eu completo, a fim de permitir a sobrevivência da comunidade. Em um grupo, as responsabilidades sociais sempre foram dadas àqueles que passavam pelas iniciações. O etnólogo francês Arnold van Genepp descobriu que, por todo o mundo, esses rituais são formados pelas mesmas três partes: abandonar o velho, um período de testes e, finalmente, um retorno para a sociedade.

As culturas tradicionais, que vivem em ligação estreita com a natureza, vivenciam as fases da vida como parte dos ciclos da natureza. Desde que a humanidade começou a observar a natureza, as pessoas vêm tentando harmonizar suas vidas sociais com as leis universais – nas savanas da África, nos desertos da Austrália e na tundra siberiana. Assim como a natureza atravessa os ciclos das estações, homens e mulheres passam pelo ciclo da vida. Primavera, verão, outono, inverno: infância, adolescência, vida adulta e velhice. As estações também foram relacionadas aos quatro pontos cardeais:

- A sensualidade inocente e as emoções puras da infância são associadas com o verão e o sul.
- As dúvidas, inseguranças e depressões profundas da adolescência são ligadas ao outono e ao oeste, onde a vida recua.
- A clareza moderada e o planejamento analítico do adulto responsável surgem no norte, como uma paisagem de inverno com neve.
- A velhice, a morte e o renascimento são atribuídos à primavera e ao leste, o que dá vida nova à terra árida.

Essa psicologia arcaica, conhecida como Roda da Medicina, estabelece a base para o entendimento do processo de transformação humana: cada ser humano está vivendo essas estações da vida, finalizando cada uma delas com iniciações e rituais. Mas os curandeiros de épocas passadas observam essa matriz de maturação humana não apenas nos grandes ciclos da vida. Em cada relacionamento, todo dia, mesmo a cada hora, um ser humano parece se mover por essa roda: um processo estável de pura emoção, uma busca interior incerta, uma clareza consciente e uma sabedoria independente – sul, oeste, norte, leste. Um está seguindo o outro, assim como as estações e os quatro pontos cardeais, mesmo que algumas fases pareçam durar para sempre.

Todos que conhecem a vida em comunidade sabem, por experiência, que todas as comunidades intencionais também dançam ao redor da Roda da Medicina: o amor eufórico e efervescente por tudo, no início (sul), é seguido de uma fase de desilusão, culpa, dúvida e crítica (oeste). Na melhor das hipóteses, isso leva a clareza estrutural, regras comuns, comunicação aprofundada e mais responsabilidade (norte). Pela primeira vez, isso dá origem a uma comunidade verdadeiramente madura, incluindo tolerância pela diversidade (leste). Então, a dança continua, novas crises surgem e não devem ser temidas, pois servem para um maior crescimento e amadurecimento.

Será que isso significa que, como nossos antepassados, precisamos estar sozinhos, a fim de sermos capazes de viver em comunidade? Nos últimos 20 anos, mais e mais pessoas decidiram cortar o cordão umbilical com a sociedade – por esse tempo limitado de quatro dias – para ficar sozinhas, jejuando, sem abrigo, na natureza selvagem, para encontrar seu eu. Elas perceberam o valor do conhecimento antigo. Estão procurando pelo sentido da vida, querem sair das crises, começar uma nova fase da vida, criar raízes ou simplesmente decidir a que comunidade querem se juntar. A busca da visão é um rito de passagem que não serve essencialmente ao crescimento pessoal, mas à comunidade para a qual a pessoa retorna depois de sua experiência. A comunidade precisa de pessoas que saibam quem elas são, que não tenham medo de estar sozinhas, que troquem, sem esforço, o "eu" pelo "nós" e que acompanhem os outros em seu caminho, com tolerância. Parece que precisamos aprender a ficar sós para sermos capazes de construir um novo mundo juntos.

Como funciona uma busca da visão?

Em uma busca contemporânea da visão, um grupo de pessoas, que normalmente não se conhecem, reúne-se em um lugar isolado – deserto, floresta, montanhas. Nesse lugar, eles se preparam juntos para os dias que passarão sozinhos, jejuando, equipados apenas com um saco de dormir, colchão, roupas quentes e um diário para entrar na natureza selvagem. Dez pessoas encontram-se em um momento de transição com um propósito comum: crescer. Elas compartilham abertamente seu coração, suas alegrias e seus desejos, assim como seus medos e crises – independentemente de *status* ou funções sociais. Escutam umas às outras e a si mesmas, aprendendo com os outros e começando a reconhecer quem são e onde estão em sua vida. A comunidade se desenvolve, quase que inevitavelmente, quando até dez pessoas se mostram abertamente dispostas e ansiosas para mudar. Os exercícios na natureza aprofundam esse processo: a diversidade natural reflete as novas facetas que surgem diariamente da sabedoria interior. O objetivo é olhar para a realidade atual e reconhecê-la. Só então, depois de terminada a luta contra nossa própria inadequação, será possível entrar em uma nova fase da vida.

Depois de quatro dias de preparação intensa, cada membro do grupo sai para procurar um lugar na natureza selvagem que represente, no mundo exterior, o que foi reconhecido na paisagem interior da alma. Cada participante é acompanhado até a natureza selvagem com um ritual – para o lugar da visão interior, da reconexão e do desafio. O que se segue são quatro dias e quatro noites em um mundo diferente, um mundo sem regras sociais definidas, distrações, tarefas e encontros inúteis. Chegou a hora: o momento para o qual estamos nos preparando ao longo dos meses e especialmente nos últimos quatro dias. Está tudo começando a se concretizar agora: o medo da solidão e a alegria de perceber que o chamado interior está finalmente sendo respondido; a insegurança e a curiosidade infantis enfrentando o mundo com suas próprias regras; o desejo de experiências profundas e o respeito pelos três tabus que caracterizam esse momento: nenhum contato com as pessoas, sem comida e sem abrigo, exceto as roupas para nos manter aquecidos.

> No primeiro dia eu estava feliz simplesmente por estar lá, sozinho, sem roupa, sentado ao sol. Não havia fome nem solidão. Eu me senti em casa.

Quando os participantes aprendem mais sobre seu entorno, eles simultaneamente descobrem mais sobre eles mesmos. Podem encontrar recessos e cavernas desconhecidas, colinas suaves, terrenos duros e canteiros de musgo, o céu amplo e passagens estreitas. Na totalidade do mundo natural, eles descobrem sua própria plenitude. A insegurança de como lidar com os vizinhos alados e rastejantes, em cujo território nos aventuramos, reflete nossa vida na companhia humana. E aqui pode estar a primeira lição:

> Em minha maneira usual, ainda que inconsciente até agora, não tomei cuidado com o futuro. Na primeira noite, percebi que, impressionado com o visual deslumbrante, não cuidei de minhas necessidades. O topo da colina era inclinado e eu deslizava do colchão. Sem descanso e sem paz. Portanto, segui em frente, apesar de todas as regras, e essa é a questão de minha vida: um nômade procurando seu lugar.

Quanto mais fundo mergulhamos em nós mesmos, mais coisa aparece sob a superfície. Tudo se move em nossa consciência de modo intenso e muda rapidamente: imagens antigas, desejos, humores, medos, necessidades, solidão, dor, amor, criatividade, planos e tédio. Estamos sozinhos com nossas percepções, olhando o espelho de nossa vida interior. Isso pode parecer ameaçador, mas é absolutamente normal. Por mais que pareça difícil jejuar sozinho na natureza selvagem, isso só explicita o fato de que estamos sozinhos também em nosso dia a dia, apesar de isso ser, de forma geral, ocultado por relacionamentos, trabalho e entretenimento.

Estamos e não estamos sozinhos: formigas sobem pelas pernas, moscas zunem ao redor da cabeça, um esquilo se move em círculos pela casa. Nessa solidão, nos sentimos observados por milhares de olhos, percebidos sem qualquer barulho.

> Eu sabia que não estava sozinho. Enquanto estava sentado, ouvi um farfalhar bem perto de mim e levei um susto. Um pouco depois, ouvi um animal guinchar, não muito longe, como se estivesse em perigo. Eu não sabia quanto a floresta era viva à noite. Só sabia que me sentia ameaçado.

A busca da visão é uma experiência corporal real, e não uma aventura esotérica. Estar na natureza selvagem significa entrar no espaço de lesmas e caracóis vivos, ser exposto ao calor do sol e a noites geladas. Sem casa, sem telhado sobre nossa cabeça, sem barraca, somente um lençol de plástico difícil de arrumar. A exposição aos elementos dessa maneira pode trazer *insights* profundos. Quando uma tempestade está caindo sobre pessoas tremendo na escuridão da noite, os dramas cotidianos da casa parecem irrelevantes, um luxo com o qual alguns de nós não querem mais arcar. O valor de ter abrigo é apreciado, assim como a comunidade à nossa volta. Qualquer um que seja exposto ao vento, à chuva, ao calor e ao frio sente a grandeza da natureza e a fragilidade de nossa autoimagem e de nossas funções. Sem abrigo, aparece a oportunidade de vivenciar algo novo. A natureza torna-se a projeção de nossos mundos interiores. Ela pode ser tanto um lugar de horrores como um paraíso cheio de presentes inesperados. As percepções são estimuladas, os sentidos são aguçados, a mente fica mais clara. Jejuar é um modo seguro de ampliar a consciência. Nossos sentidos se abrem para as interações dos elementos e os ritmos naturais, a separação entre o eu e o mundo está se dissolvendo. Mastigamos a vida como ela é e digerimos o passado.

Vamos e voltamos, para dentro e para fora, experimentando a realidade como uma unidade, e fazemos parte dela. O mundo vivo está olhando para nós. Tudo é uma troca mútua. Qualquer coisa que tocamos – água, vento, terra, árvores, pedras – está nos acariciando. Ser é o mais importante, com todos os nossos sentidos. Como as funções usuais estão ausentes, vemos o que está a nosso redor: a majestade do céu estrelado à noite, o esplendor de uma flor do deserto, a brincadeira de um roedor sob as rochas, a deliciosa água potável e o milagre de nossos próprios corpos. Estar sozinho não é mais um problema quando sentimos a unificação com todas as coisas.

> A beleza simples e nítida da natureza começou a me transformar. Eu me tornei descomplicado. Por horas fiquei sentado, olhando, não vendo nada, bebendo água e sentindo como estava ficando mais fraco por causa do jejum, observando como os pensamentos surgiam, palavras e sons que espontaneamente se juntavam como em uma pequena canção. De repente, falei em voz alta sobre algo que tinha me deixado com raiva. Como não tinha testemunhas, esqueci das aparências. Em algum momento, eu me dei conta da óbvia pertinência e inutilidade dos processos naturais e ri, admirado. Por um instante, tive a certeza de que, além de cada objetivo, eu era apenas como uma árvore, uma pedra, uma flor, um ser humano, um lagarto. E, um pouco mais tarde, esse momento se tornou uma lembrança inestimável.

Durante esse tempo fora, passamos simbolicamente pelas crises e transformações de nossa vida, descobrimos os alicerces de nossas forças, assim como as frágeis ilusões. A natureza funciona como uma tela na qual assistimos a esse drama. Ela nunca julga. As dúvidas e a culpa, o julgamento e a tristeza que chegam vêm de dentro de nós. Não há ninguém para responsabilizar. Vemos que o aspecto negativo de nossa vida está ligado a nossas percepções. Existe um tempo mais do que suficiente para combater nossos medos e demônios. Não temos como fugir de nosso eu desnudo, nossa vontade e querer. Não existe nenhum guru para nos salvar, nenhum padre para rezar por nós. Cabe a nós fazermos isso. É assim que os buscadores chegam à fonte de seu poder.

> O que está acontecendo? Estou aqui, mas não parece nem que é sagrado, nem muito especial. Estou sozinho, nervoso, ouço os grilos, e pequenas moscas fazem cócegas na minha testa. Sou parte de tudo isso, sem dúvida. Estou me sentindo em casa aqui na natureza selvagem.

Todo o processo durante esses quatro dias conduz ao fechamento de um capítulo em nossa vida e à abertura simbólica de um novo espaço, a fim de, conscientemente, passar para a próxima fase. A estrutura desse ritual, sua finalidade arquetípica, reflete o que sabemos sobre o processo de morte e renascimento dos mitos ao redor da Terra: morremos em nosso antigo papel, digerimos e "transformamos em adubo" as experiências do passado, e voltamos para o mundo renovados. Quanto mais conscientes os participantes encerram sua velha vida, mais propensos estarão para entrar efetivamente em uma nova vida no fim desse processo.

Quando os que buscam a visão se encontram de novo, pela primeira vez depois desses quatro dias e noites de solidão, há uma atmosfera de fascinação e confusão interior. Vemos rostos bonitos, magros, bronzeados; olhos brilhantes que transmitem as experiências selvagens transcorridas. Longos abraços expressam o desejo pelo mundo humano que se manifestou em todos durante o tempo de solidão. Os participantes estão quietos, validando a si próprios e aos outros. Uma nova qualidade da comunidade é vivenciada quando as pessoas se encontram depois desse momento, conectadas com seu verdadeiro poder, sem a necessidade de serem vistas, competirem por admiração ou fingirem ser o que não são, para serem amadas. Nos dias seguintes, todos vão contar suas histórias, compartilhar suas experiências e receber o reflexo da comunidade ouvinte. Juntos, trabalhamos para reconhecer e entender as novas identidades que se formaram durante os dias na natureza selvagem, e desenvolver maneiras de integrar nossa compreensão transformada de nosso ser na vida cotidiana. Para muitas pessoas que passam por esse processo, forma-se um novo modelo de comunidade: elas vivenciam isso como um encontro de diferentes pessoas adultas, maduras, que apoiam, complementam e apreciam o crescimento umas das outras.

A capacidade de estarem sozinhas abriu-lhes um novo nível de conexão. Em vez de caírem nas armadilhas da codependência, voltam para sua gente, conhecendo seus próprios mitos. A transformação é muito mais do que perder o medo de estar sozinho. Quem ousa entrar no "outro mundo" da região selvagem também deixa para trás a visão do mundo puramente racional. Enquanto vivenciam o mundo mágico lá fora, onde o dentro e o fora parecem misturar-se, os que buscam a visão estão reintegrando um aspecto dissociado de sua alma. A visão de mundo limitada, racional, abre-se para um espaço transracional em que a mente e o coração cooperam. A própria natureza se torna a medida para nossos valores internos, para uma comunidade em funcionamento. Lá fora, tivemos a experiência de fazer parte de uma comunidade muito maior, a comunidade de todos os seres vivos. Essa reconexão profunda pode nos conduzir pelos momentos de solidão e caos em nossa comunidade. Nosso foco não é a luta darwiniana pela sobrevivência, mas a rede sutil de cooperação onipresente, em que cada um acha seu lugar e contribui para a grande rede da vida. A dança pela Roda da Vida, que vivenciamos de forma tão consciente durante esses dias, nos ensina que desafios e crises não são desastres, mas passos no caminho do crescimento.

A busca da visão nos ajuda a perceber qual é nosso verdadeiro potencial, a reconhecê-lo e dedicar nossa vida a integrar nossos dons a ela. O presidente sul-africano Nelson Mandela, que passou por sua própria jornada solitária durante seu tempo na prisão, advertiu, em seu discurso inaugural, que não há pecado maior do que não deixar nossa luz brilhar e não desenvolver nossas habilidades. O falecido Steven Foster disse: "Eu tenho certeza de que, se tivéssemos a oportunidade de mandar cada ser humano para a natureza selvagem, por três ou quatro dias, sem comida, sozinho, apenas para estar lá, isso traria uma enorme mudança para nosso planeta".

O doutor Geseko von Lüpke nasceu em 1958. Estudou ciências políticas, antropologia cultural e jornalismo, e viajou pelo mundo. Há vários anos, vem pesquisando e descrevendo processos de crescimento espiritual e desenvolvimento humano. É especialista em visões de mundo holísticas e em projetos de estruturas políticas para um futuro sustentável. O aparente paradoxo entre envolvimento político e crescimento espiritual o levou à Ecologia Profunda. Pai de três crianças, trabalha como jornalista e escritor. Como *networker* internacional, conecta pioneiros e ativistas de muitas culturas e organiza conferências. Lidera a Busca de Visão na Europa.

> Dimitry Morozov, fundador da comunidade infantil de Kitezh, na Rússia, descreve o que o inspirou a instalar uma comunidade espiritual dedicada a educar crianças órfãs. Ele escreve sobre a paixão e a energia transformadora que fundamentam essa criação, e ressalta algumas de suas armadilhas. Estabelecida no contexto cultural pouco promissor da Rússia dos anos 1990, Kitezh permanece como testemunha do poder da visão.

Da visão à realidade: um lar para crianças na Rússia[2]

Dimitry Morozov

Origens

Sempre me perguntam como tive a ideia de criar Kitezh. Aliás, o que é Kitezh? É uma comunidade cooperativa de famílias adotivas, uma tentativa de reviver a tradição russa de comunidade, um esforço para mudar nosso estilo de vida ou algum tipo de empreendimento espiritual? O próprio nome de nossa colônia foi tirado do folclore. Kitezh é uma cidade mística invisível que foi transformada pela vontade de Deus em um reservatório de energia espiritual.

Levou alguns anos para que a ideia de Kitezh crescesse em mim, de forma tão gradual e natural como um broto germinando da terra. O tempo passou e a pequena muda germinou, o broto irrompeu para a luz, desprendeu-se da semente e começou a crescer de acordo com uma lei própria, regozijando-se ao sol e sendo agredido pela chuva e pelo vento.

De início, sonhei, ou melhor, percebi que não seria capaz de dar minha vida à luta por riquezas materiais; que possuir coisas, uma carreira e até mesmo o ócio feliz eram, em essência, um desperdício de esforço no breve trecho da jornada terrestre que é minha vida. Sentia, então, e sei agora, que não há nada mais importante para um ser humano que se ver como parte do cosmos, amar e ser amado, fazer o bem com base em aprendizado e esforço. Sentia que não estaria

---

2 Este artigo é um trecho extraído do livro *Kitezh: Community Approach to Raising Children in Russia*, Londres: Eland, 2008.

sozinho nesse caminho, porque, afinal, essas são verdades simples e, por mais nebulosas que possam parecer, podem ser encontradas em todos os lugares e por qualquer um que as procure. Você precisa apenas criar as condições para que sua vida se torne um caminho que personifique a vontade do Criador.

Não é a competição, mas é o amor que deve se tornar a fonte principal de energia criativa. Uma vez que chegamos a esse *mir*, nossa comunidade, devemos estabelecer nela o serviço a Deus, na companhia de outros, não como uma forma de fuga, mas aprofundando nosso envolvimento com Suas leis. Servir a Deus significa criar, trabalhar, levar a cabo um plano que seja invisível a nós. O objetivo que estabeleci perante a comunidade foi, então, o mais primordial que há na Terra: educar crianças órfãs.

No início

Em Kitezh havia um campo vazio, e a ideia era uma lousa em branco. Justamente o que você precisa para criar um novo mundo. A ideia era criar condições ideais para o desenvolvimento e a educação de crianças abandonadas. Para fazer isso, precisávamos que as pessoas que estivessem prontas para se dedicar à ideia viessem morar conosco. E as primeiras coisas que precisávamos para essas pessoas eram casas, estradas e energia elétrica.

Por que uma comunidade era a melhor forma de criar um ambiente em evolução? Porque é exatamente esse tipo de estrutura social que exige de uma pessoa a consciência de fazer o bem.

Quando falo sobre os primeiros anos da construção de Kitezh, sempre me impressiona e surpreende a consciência comum que desenvolvemos. Minha narrativa vem das camadas mais recentes de minhas memórias. Na verdade, eu me encontro recordando não o que realmente aconteceu, mas repito as partes mais eficientes de períodos anteriores. E, assim, nem me lembro muito bem do que realmente aconteceu. É assim que os mitos começam. Nossos adultos e crianças ouvem essas histórias e as passam adiante, referindo-se aos "primeiros anos maravilhosos da construção", transformando mitologia em um épico heroico.

Criando a comunidade no cenário da Rússia contemporânea

Você precisa entender que na Rússia, por muitos anos, não havia alternativa para as provisões estatais. Além disso, por causa de nossa história, os problemas em nosso país com relação às crianças órfãs eram, possivelmente, maiores do que em qualquer lugar no mundo. O termo "órfão" em nosso país descreve crianças cujos pais morreram, assim como o que chamamos de "órfãos sociais", que são os que foram removidos da guarda de seus pais para sua própria segurança; 95% de todas as crianças em instituições são órfãs sociais, com pelo menos um progenitor vivo. Kitezh é um movimento diferenciado, que se distancia de um sistema que vem se rompendo e desmoronando há décadas, e que leva, em pouca ou nenhuma consideração, as necessidades espirituais e individuais da criança. Ela é pequena, acredita profundamente que a educação é uma ferramenta terapêutica essencial e acredita também que o próprio tecido e ritmo de nossa vida diária é nossa terapia. Os adultos em Kitezh compartilham entre si, de forma plena, a criação de todas as crianças; e a liderança terapêutica da qual os jovens adultos agora compartilham é bem real e poderosa.

Tudo parecia tão simples no início. Usávamos testes psicológicos para selecionar os membros da comunidade, começando por aqueles que expressavam interesse em conviver conosco. Depois de um período de experimentação, um grupo de pessoas era formado e se tornava a equipe de professores. Cada membro da comunidade se tornava um pai adotivo, um professor e um mentor. A tarefa mais difícil era angariar fundos suficientes para construir casas, vestir e alimentar as crianças.

Claro que, em qualquer período na Rússia, arrecadar fundos para caridade nunca foi uma questão simples, mas eu realmente não imaginei que estaria investindo as economias de minha vida na construção de Kitezh nem que o que eu queria fazer fosse contra a mentalidade da sociedade, da realidade econômica ou da natureza humana falha.

No primeiro ano, as coisas aconteceram de forma bem favorável. Adquirimos 40 hectares de terra na região de Baryatino, no distrito de Kaluga. Tínhamos vários voluntários que ouviram meu chamado, pedindo ajuda em rádio nacional, e que vieram de todos os cantos da Rússia para iniciar uma nova vida em nome de objetivos maiores. Até recebemos doações em dinheiro e materiais suficientes para construir nossas primeiras casas. Acordávamos cedo e trabalhávamos até tarde, apressando-nos para terminar os telhados antes que a neve começasse a cair, e cantávamos em volta de uma fogueira, rodeados por nossas tendas, fazendo planos sobre como viveríamos como uma grande família, criando filhos, lendo livros, fazendo artefatos bonitos, em harmonia com a natureza e com o meio ambiente.

Foi assim que mais ou menos 15 pessoas, adultos e crianças, passaram o inverno até janeiro de 1994, em uma casa finalizada e em duas quase prontas. E em nossa celebração de ano-novo havia 37 pessoas, inclusive aquelas que haviam ajudado no verão e que haviam deixado a aconchegante Moscou e os apartamentos em Kaluga para estar conosco. Como estávamos felizes! Rodeados de florestas e campos inabitados cobertos pela neve, realmente nos sentimos como criadores de um novo mundo. Estávamos radiantes por estarmos juntos e porque nossos esforços começavam a dar frutos. A luz dourada das velas cintilava nas janelas cobertas de gelo.

Contratempos

E, então, vieram os dias de trabalho enfadonhos, quando John, um otimista maravilhoso e um mestre com suas mãos, começou a beber, não por desespero ou decepção, mas simplesmente por uma incapacidade de lidar com emoções profundas. Isso foi algo novo para nós. Os fazendeiros nas vilas locais bebiam do jeito russo: muitos bebiam regularmente, e por desespero. Sua vida não tinha, realmente, o menor motivo de alegria, nenhum objetivo maior. Não podíamos imaginar que essa epidemia pudesse infectar nossa comunidade. Outro morador de Kitezh, Nikolai, que havia trabalhado como empresário em São Petersburgo, não conseguiu manter sua natureza empreendedora para si mesmo. De repente, descobrimos que ele estava vendendo tênis na traseira de seu caminhão no mercado local. Ele não era uma pessoa má. Ele simplesmente não conseguia entender a importância de consultar os outros na comunidade antes de agir. Para os nativos, Kitezh era uma criatura estranha. Eles nos viam como estrangeiros e incompreensíveis, e costumavam nos espionar. E, então, de repente: "Moradores de Kitezh envolvidos em mercado clandestino de tênis!". As condições para nossa existência exigiam conscientização extrema e apoio mútuo. Não se pode construir um novo mundo com as ferramentas do antigo.

Daí outras coisas aconteceram. Realmente, não tínhamos dinheiro, muitas vezes nem mesmo para comida. Às vezes, tínhamos que negociar uma garrafa de vodca para pegar um trator emprestado, pechinchar com camponeses locais para nos ajudar a pôr o telhado sobre uma casa ou construir uma chaminé. Nascemos neste mundo e, para nos livrarmos de suas leis, não seria mais fácil do que o é para uma folhinha de grama atravessar o asfalto. Felizmente, entendi, então, a importância de aprender a esperar. O tempo chega para tudo: para todas as pessoas ou grupos de pessoas, para cada comunidade.

Ajudando crianças a crescer

Nos 14 anos de existência, descobrimos que é essencial criar um ambiente de desenvolvimento especial para crianças que tenham problemas psicológicos. Esse é um ambiente que as ajuda a se desenvolver de acordo com seus instintos e que compensa por seus problemas e deficiências. Por "ambiente", queremos dizer não apenas o mundo natural como também os fenômenos material, espiritual e cultural que são influentes na sociedade e que podem tanto reforçar como negar influências parentais. Por exemplo, boa poesia ajuda no desenvolvimento, ao passo que pequenos poemas feitos por criminosos têm o efeito oposto.

O ambiente de desenvolvimento em Kitezh consiste em três elementos:

- A família adotiva, que dá à criança abandonada o que é mais importante, isto é, uma sensação de que ela é necessária e amada. Essa percepção é essencial para a criança se desenvolver de forma apropriada.
- A comunidade de adultos competentes, que oferece à criança um ambiente seguro em que ela possa desenvolver a habilidade de viver e trabalhar como parte de uma coletividade e que, ao mesmo tempo, reconhece os direitos de cada pessoa à sua própria individualidade.
- O ambiente natural e a arquitetura, que beneficiam a criança espiritualmente, orientando-a a buscar a beleza e a harmonia, a reduzir o estresse psicológico e a oferecer arredores que são favoráveis ao trabalho terapêutico.

A comunicação entre um adulto e uma criança é um processo criativo, baseado no amor e na inspiração. Consideramos que educar uma criança é uma arte impossível sem amor, compaixão, inspiração e outros atributos artísticos. Só assim o profissionalismo pode participar de uma forma positiva. Nenhum pai adotivo consegue fazer isso sem as duas coisas.

A primeira condição que buscamos satisfazer em Kitezh é a existência de uma harmonia interior entre os adultos e a convicção comum quanto à verdade e à integridade dos valores que ensinam. Em nossa comunidade terapêutica, pedimos a todos os adultos que sejam fiéis a um sistema de valores uniforme. A visão de mundo deve ser tal que seja compartilhada por todos e, assim, deve representar o desejo democrático da comunidade como um todo.

Construir um organismo social não se parece em nada com construir um carro ou uma casa. O problema principal é que as pessoas têm livre arbítrio e a habilidade de se desenvolver. Elas não querem realizar uma única função ano após anos, mas buscam satisfazer suas próprias ambições. O obstáculo para muitas pessoas na comunidade é a necessidade de uma visão comum. Pelo fato de ser uma comunidade terapêutica, um lugar onde crianças recebem tratamento para problemas emocionais, os residentes de Kitezh devem aceitar certo limite para suas liberdades democráticas. Para educar uma criança, cujo sistema de valores como um todo já se implodiu uma vez e que precisa de um mundo holístico confiável, consistente e seguro, é essencial que os adultos observem certos princípios em suas interações com os outros.

Educar crianças é uma arte que requer intuição e empatia. Apenas vivenciando intensamente a solidariedade e compartilhando as sinas e os problemas de seus filhos, os pais adotivos ou professores realmente se identificam com eles e imaginam seu mundo interior. A intuição é tão importante para um professor quanto o é para um artista. É um talento especial que se revela em uma pessoa. Esse talento pode ser alcançado por diferentes meios: mergulhando profundamente em seu próprio mundo interior, meditando ou por meio de psicanálise. O mais importante é aprender a alcançar uma paz interior que abra as portas para a empatia ou identificação com outras pessoas.

O ambiente físico como um reflexo do propósito da comunidade

Se você estivesse em Kitezh agora mesmo, você veria cabanas de madeira com torres, varandas esculpidas em pinho e decorações ornamentais entalhadas nas janelas. Veria, também, pontes de madeira pequenas e delicadas. É como se uma pintura do artista russo Vasnetsov tivesse tomado vida. Temos orgulho de nossa arquitetura de "contos de fada", já que acreditamos que isso tenha um papel vital em capacitar as crianças a serem receptivas a contos de fada. Por que esse interesse em contos de fada? Simplesmente porque é no mundo da fábula que metamorfoses, milagres e transformações são possíveis. O assentamento que construímos, a rigor, funciona como um mero instrumento físico que nos permite trabalhar com o subconsciente.

A arquitetura tradicional russa faz com que as crianças se tornem conscientes do mundo bom e justo dos contos de fada. Ela permite que elas tenham um senso de afinidade com sua terra natal e com as pessoas, e as reconecta às suas "raízes", ajudando, assim, a prevenir que se sintam sozinhas e perdidas. O estilo de arquitetura, as pinturas nas paredes das casas, nossa tradição de nos vestirmos com blusas russas bordadas e cantar canções populares em ocasiões festivas... tudo tem seu papel em aliviar problemas emocionais. Nós nos voltamos às imagens mais sólidas da cultura popular e aos contos de fada e mitos para criar uma imagem do mundo. Não estamos inclinados a falar sobre as teorias de Jung do inconsciente coletivo da mesma forma que um peixe não analisa a água em que nada. Contudo, há razões para acreditar que esse inconsciente coletivo é uma força extremamente poderosa que vale a pena dominar em benefício do ambiente de desenvolvimento.

O que se encontra no coração da maioria de nossos amados contos de fada? É a ideia de que transformações mágicas são possíveis! E a coisa mais importante que ocorre em Kitezh é a transformação mágica de nossas crianças.

Para criar um contexto natural permanente que comprove a existência da beleza e da ordem no mundo, nós nos valemos do encanto das avenidas ladeadas de limoeiros do parque antigo, da calma dos lagos à sombra, dos caminhos cuidadosamente planejados e pavimentados e dos canteiros de flores ao redor das casas. As crianças participam ativamente na criação desse ambiente bonito e, ao fazê-lo, descobrem uma verdade simples: está em seu poder transformar o mundo e podem, por si mesmas, preencher sua vida com beleza e ordem. Assim, estabelecem-se as fundações para sentimentos de amor para com a terra natal do indivíduo. Ao mesmo tempo, as crianças aprendem a captar energia do seu ambiente cotidiano.

Qualquer pessoa normal pode esperar, pelo menos uma vez na vida, passar por uma experiência de força curativa da natureza, a forma com que ela aguça os sentidos e, literalmente, sacia o ser com energia. Algumas vezes, a habilidade para contemplar a beleza e sentir-se um só com as forças poderosas do céu e da terra torna-se um meio de sobrevivência, um jeito de manter um estado mental saudável.

Nossos campos, florestas e parque são mais do que apenas nosso *habitat* e base de nossa sobrevivência material. São também uma fonte de nossa força interior. Eles nos lembram do grande e infinito fluxo de mudança da vida e nos oferecem sinais bem-vindos da natureza eterna do mundo do qual todo residente de Kitezh se sente parte.

A comunidade infantil de Kitezh: fatos principais

Em 2006, a comunidade infantil de Kitezh, na Rússia, celebrou seu 14º aniversário.

Kitezh é um lar e uma fonte de inspiração para 50 adultos e crianças. Uma segunda vila de crianças, Orion, foi iniciada em 2004 e será o lar de outros 50 adultos e crianças. A visão para criar uma rede de vilas terapêuticas para órfãos russos está se tornando uma realidade.

Sua segunda conquista, que é única na experiência internacional de educação infantil, é que ela combina as vantagens de uma estrutura familiar com a forma coletiva de organização social e educação infantil.

Os pais adotivos da comunidade conduzem, de forma conjunta, uma experiência educacional única. Chamamos nossa organização de "comunidade", porque é, simultaneamente, um complexo educacional, uma experiência social, uma forma de administração local e um meio absolutamente real de vida.

A unidade básica de Kitezh é a família adotiva, e existem atualmente dez famílias. Todas elas compartilham de uma fonte financeira comum, de proteção legal, de gestão doméstica e de uma abordagem unificada para a educação. Todo adulto cumpre uma variedade de funções, administrando a comunidade ou com a educação, ao mesmo tempo que é pai adotivo ou guardião. A combinação de adultos de várias profissões e o envolvimento das crianças nos trabalhos diários (por exemplo: ensinar na escola, trabalhar na cozinha, cortar madeira) permitem uma eficiência máxima no uso de recursos humanos e financeiros.

O corpo legislativo mais alto é o Conselho de Membros da Parceria Não Comercial. O corpo executivo mais alto é o diretor da comunidade, eleito anualmente. Todas as questões relacionadas à criação e à educação das crianças são decididas pelo Conselho de Professores, do qual todos os pais adotivos e professores são automaticamente membros.

A primeira leva de jovens adultos que passou uma parte de seus anos de formação em Kitezh desempenha um papel ativo na vida comunitária e na tarefa terapêutica. Eles participam de um programa de mentoria e discussão de grupo altamente intensivo, bem supervisionado e aplicado de forma consistente.

Membros do Pequeno Conselho, composto de cinco membros na faixa etária de 15 a 18 anos, iniciam gradualmente a prática de suas habilidades com as crianças mais novas, aptidões que, até o momento, alguns dos adultos não conseguiram dominar.

As pessoas certas para Kitezh

Trabalhar em uma comunidade terapêutica significa aceitar a importância do trabalho interior, ser capaz de aceitar ajuda e crítica de colegas, do Conselho de Professores e do diretor eleito. Um colega que não tenha resolvido seus problemas e complexos interiores não pode ser um bom professor e psicólogo. Estar pronto para desenvolvimento contínuo, boa natureza, paz interna, clareza e pureza de espírito são qualidades essenciais que garantem a alguém o direito de trabalhar com o mundo interior das crianças.

Assim, só podemos aceitar em nossa comunidade pessoas que estão verdadeiramente prontas para se abrir aos que estão à sua volta e que podem compartilhar seu mundo real interior, e não apenas um ideal abstrato. É difícil e doloroso. Você precisa ter força de vontade, determinação e disciplina.

Todos os adultos de Kitezh concordam em tentar atender às seguintes exigências sobre si mesmos, como membros da comunidade terapêutica:

- Eles devem discutir todos os problemas de relacionamento com as crianças e outros adultos, abertamente, com outros membros não envolvidos na questão. Eles devem colocar a união da comunidade e os interesses das crianças acima de si mesmos.
- Eles devem evitar intervenções e ações que possam incitar crianças a formar uma visão negativa do mundo.
- Eles devem envolver seus sentimentos no trabalho e continuamente trocar ideias e informações dentro do grupo.

São pessoas criativas que procuramos. Precisamos de pais adotivos criativos, padeiros criativos e fazendeiros criativos. O bem-estar comum depende de cada envolvido e é assim também, acima de tudo, a atmosfera geral dentro da comunidade. Todos participam da construção de casas, das tomadas de decisão, da moldagem dos contornos de nosso futuro em comum. Todos temos de ser capazes de perceber problemas à medida que estes surgem, de encontrar soluções criativas e harmonizar nossa visão com a dos outros, de forma que as reviravoltas não destruam nosso projeto comum.

Dimitry Morozov nasceu em Moscou, em 1959, durante o governo de Khrushchev, e estudou história no Instituto de Estudos Asiáticos e Africanos da Universidade Lomonosov, em

Moscou, enquanto Brezhnev estava no poder. Ele se tornou jornalista durante o auge da estagnação. Por esse motivo, não surpreende que as ideias de coletividade e reconstrução do mundo tenham formado as bases de sua visão de mundo, a qual está incorporando na comunidade infantil de Kitezh. Como jornalista, viajou para muitos países, mas, finalmente, decidiu que educar crianças e construir seu próprio mundo na Rússia era o desafio mais interessante.

> Dieter Halbach nos conta uma história que pode parecer familiar para muitos. Como podemos sobreviver às fases de desilusão e decepção que acompanham o processo de crescimento da maior parte das ecovilas e comunidades intencionais? Os sete passos para a construção de uma comunidade nos oferecem orientações preciosas.

Em busca da comunidade: uma história

Dieter Halbach

A livraria

Recentemente, ao parar em uma pequena livraria, deparei com diferentes livros com títulos interessantes como *Eurotopia: An Index of European Communities*, *Diggers and Dreamers* ou *Communities Directory*. Cada um deles oferecia centenas de endereços de projetos comunitários. Fiquei atônito: com todos esses endereços, seria possível achar um lugar para começar a vida de meus sonhos? O vendedor atrás do balcão olhou para mim através de seus óculos de armação de níquel, com um olhar solidário e entretido, e disse: "Bons livros para pessoas procurando por comunidade! Busquei por comunidades uma vez... e, quando finalmente achei uma, eu a perdi. No entanto, recentemente, redescobri algo que tinha perdido".

Depois dessa introdução um tanto nebulosa, ele começou a relatar sua odisseia pelo mundo, passando de uma comunidade a outra. Ele era bem crítico, ninguém conseguia satisfazê-lo em sua busca pela comunidade perfeita. As comunidades politicamente corretas tinham integrantes que levavam vidas estressadas e carregavam uma bagagem ideológica pesada; as bem-sucedidas economicamente estavam atoladas em trabalho e gestão e tinham se tornado muito convencionais; as esquisitas tinham membros que estavam sempre muito drogados e eram muito caóticas para o gosto dele; as comunidades espirituais estavam tão obcecadas com amor que tinham expulsado a sexualidade; e as comunidades liberadas sexualmente tinham feito o mesmo com o amor.

O vendedor de livros estava engrenando no assunto quando, de repente, um sorriso melancólico, quase místico, surgiu em seus lábios: "Mas, depois de tantos anos de busca, finalmente encontrei o que procurava: minha comunidade!

Eram apenas algumas pessoas, mas, de alguma forma, conseguiam integrar todos os aspectos da vida em perfeita proporção".

"Certo, então por que você não ficou lá?", perguntei.

"Eles não me quiseram", disse ele. "Eu queria a comunidade perfeita e eles queriam o ser humano perfeito!"

Um pouco depois, após muitas perguntas, saí para a rua com o livro debaixo do braço. Estava me sentindo estranho. Uma mistura de dor e alegria, temperada com uma pitada de medo, tinha se instalado em meu coração – que, por sua vez, estava disparado. Era isso que os poetas chamavam de "anseio"?

"Apenas olhos ensolarados podem ver o sol", tinha dito o vendedor de livro, rindo, quando eu saía.

"E o frio na barriga?", eu me perguntei.

Então, mergulhei na aventura chamada vida... procurando por mim mesmo e por uma comunidade.

Euforia e caos

Quando voltei para casa, tive de me sentar. O que fazer com tanta energia?

Então, algo me ocorreu: vou fundar um grupo! Minha própria comunidade! Vou moldá-la de acordo com minhas próprias ideias. Isso me poupará da frustração da procura e da necessidade de conceder. Parti imediatamente para a concepção de um anúncio para o jornal alternativo local e convidei todos os interessados para uma primeira reunião.

Era o ponto de partida: um mês depois, nós nos sentamos na sala dos fundos de um café. Mais de 30 pessoas tinham vindo, a *avant-garde* dos que procuravam por uma comunidade na região. Parecíamos ser uma seleção refinada de seres humanos: os relativamente esclarecidos, velhos *hippies*, mães solteiras, estudantes em busca de um assunto adequado para suas teses, aposentados tentando achar um modo satisfatório de viver o resto de suas vidas, solteiros em busca de parceiros, desempregados precisando de trabalho, ativistas necessitando de uma revolução...

No entanto, essas nuances e diferenças sutis se tornaram aparentes mais tarde. Naquela primeira noite, tudo que pude ver foram rostos iluminados, pessoas bonitas inspiradas por um sonho em comum: o sonho de uma vida ecologicamente sustentável, que seria vivida de forma comunitária, em solidariedade e paz. Em outras palavras: parecia a realização de meus desejos de sonhar em conjunto com outras pessoas e não mais sozinho!

No entanto, tínhamos tantos sonhos... seu número parecia crescer a cada encontro. E, ao mesmo tempo, sua importância parecia encolher enquanto nossas listas de pontos a serem discutidos se tornavam cada vez mais longas. Sonhos dialeticamente opostos começaram a aparecer, incluindo a necessidade de discutir o que era certo e errado.

Então, a pergunta incômoda surgiu: de onde viria o dinheiro? E quem estava pronto para realmente se comprometer? As discussões se tornaram infindáveis enquanto os sonhos se distanciavam. Tentamos desesperadamente chegar a um consenso para uma visão em comum, e o processo terminou em lugares-comuns mais ou menos superficiais. Nessa altura, "nós" queria dizer "eu", e "você" era usado em frases como "Você está me interrompendo!" e "Você está atrasado!".

Todos nós queríamos o mesmo, mas era sempre diferente do que os outros queriam. Talvez fôssemos muito heterogêneos! Estávamos jogando nosso tempo fora? Alguns começaram a pensar em abandonar o grupo. Deveríamos continuar a nos encontrar?

Como chegamos a esse ponto, se o começo parecia tão promissor? Não muito tempo atrás, compartilhamos a visão de um mundo melhor e ela fazia com que nos sentíssemos tão leves! Começamos a interpretar: infelizmente, "os outros" tinham traído nosso sonho em comum! Quando me levantei para relembrar a todos de nossa unidade e visão original (afinal, eu era o fundador), o resto do grupo começou a me criticar por considerar que eu me achava o dono da verdade! Fui acusado de ter formado o grupo apenas em busca de minha autorrealização. Aquela noite, saí da reunião com raiva e com lágrimas nos olhos.

Eu não desperdiçaria meu tempo precioso com um grupo de pessoas tão ingratas! De qualquer forma, elas nunca conseguiriam achar um lugar adequado e, além disso, não tinham dinheiro. Um pesadelo interior de acusações raivosas enfureceu minha mente: ficou claro para mim que elas (aqui seguia uma lista de nomes...) simplesmente não estavam no caminho certo. Estavam tentando impor seus próprios interesses e suas ideias favoritas. E ninguém entendia por que eu não poderia jamais dividir uma cozinha com alguém que comia carne...

Nesse exato momento, tive uma intuição. Vi o homem da livraria piscando para mim, dizendo: "Apenas olhos ensolarados podem ver o sol".

Comunidade: do eu para o nós

Será que ele, de alguma forma, se referia a meus olhos? Será que fiquei cego à luz nos outros? Estava prestes a perder meu próprio sonho de comunidade.

Teria algo que pudesse fazer? Ou deveria simplesmente desistir de um sonho que não tinha nenhuma chance na realidade?

Primeiro, tentei lembrar: qual era meu mais profundo desejo? Um pensamento se cristalizou vagarosamente em uma frase: "Eu anseio ser visto pelos outros. Eu desejo me sentir à vontade em um grupo. Quero encontrar um grupo no qual não precise me esconder ou usar uma máscara para sentir que faço parte dele".

No entanto, eu tinha conseguido enxergar os outros? Eu os fiz se sentirem à vontade? Decidi compartilhar essas perguntas com o resto do grupo. De repente, uma nova esperança nasceu em mim. Talvez eles estivessem sentindo a mesma agitação? Como seria começar cada encontro com um momento para compartilhar como estávamos nos sentindo?

Eu não queria me apressar para novos conceitos. Em primeiro lugar, precisaria encontrar meus piores adversários, encontrá-los para tomar uma xícara de chá e ouvi-los. Talvez isso me capacitasse a ver coisas que não tinha visto antes? E talvez pudéssemos então preparar o próximo encontro juntos (em vez de eu fazer tudo sozinho)?

Talvez pudéssemos criar algum tipo de troca mais profunda que levasse a experiências diferentes? Isso nos ajudaria a entender uns aos outros de uma maneira mais profunda? Poderíamos criar um espaço para a percepção compassiva, em que ouvíssemos sobre os sonhos e as visões?

Estágios na construção da comunidade

A história acima aconteceu em muitas variações diferentes e em todos os tipos de grupos. Muitas iniciativas fracassaram nos estágios iniciais ou empacaram em conflitos permanentes. A sequência é típica não apenas em comunidades como também em relações amorosas em geral. Scott Peck pesquisou e descreveu as fases acima de forma sistemática no livro *The Different Drum: Community-making and Peace* (1987) – veja também Ed Groody, Dieter Halbach. De acordo com as observações de Scott, construir uma comunidade geralmente segue o ritmo de quatro estágios:

- **Pseudocomunidade**: a fase eufórica do primeiro encontro, sentindo-se como um só.
- **Caos**: descobrindo as diferenças e acusando os outros.
- **Vazio**: assumindo a própria responsabilidade e começando a enxergar uns aos outros.

- **Comunidade:** aceitando as diferenças e mantendo o espaço de cada um dentro de um campo de "unidade na diversidade".

Ed Groody, instrutor de longa data da Foundation for Community Encouragement, resumiu suas experiências desse "modelo de fases" da seguinte maneira:

> Vivenciar a "comunidade" pode levar horas, minutos ou dias. Alguns dizem que, em um nível mais profundo de sentimento, a sensação de renovação e conexão com os outros membros dura para sempre. Em nosso estado normal de compreensão e experiência, no entanto, essa fase de "comunidade" retrocede gradualmente para o *statu quo*, ou seja, para a "pseudocomunidade" ou o "caos".

A boa notícia é que, graças ao trabalho extensivo dentro da comunidade, as técnicas de movimento que sustentam grupos no processo de construção ou restabelecimento de comunidades foram redescobertas e desenvolvidas.

A má notícia é que o processo nunca acaba, precisamos construir e reconstruir novamente.

Particularmente, trabalho com projetos comunitários sempre que posso. Acredito que o trabalho deles contribui para a mudança social e tem, dessa forma, uma função importante em uma cultura de separação. Vivenciar uma comunidade geralmente tem efeitos curativos, motivadores e renovadores nos indivíduos. Essa experiência traz com ela a tentação de ficar enfeitiçado por suas complexidades internas. No entanto, depois de uma experiência de vida genuína em comunidade, a questão de nossa contribuição para o resto do mundo fica ainda mais forte. O que comunidades saudáveis oferecem à comunidade planetária? Jalaluddin Rumi, poeta do século XIII, expressou esse pensamento em versos:

> Uma noite de trocas verbais ofensivas,
> Meus segredos obscuros mais bem guardados.
> Tudo tem a ver com amor e não-amor.
> A noite terminará,
> Então teremos trabalho a fazer!

Primeiros passos importantes na construção de uma comunidade

> O assunto é entendido e considerado bom, a ideia toma forma e está prestes a ser posta em prática – e, de repente, as pessoas estão atrapalhando umas às outras. A humanidade fracassa por causa da natureza humana.
>
> ERICH MÜHSAM

Infelizmente, esse diagnóstico de 1919 sobre as tentativas contemporâneas de atingir uma vida melhor ainda é, com frequência, correto. Muitas iniciativas de comunidades bem-intencionadas fracassam logo depois que são iniciadas.

Por sorte, um corpo considerável de conhecimento se desenvolveu ao redor de questões sobre a construção de comunidades. Os próximos sete passos condensam algumas experiências e sugestões nos primeiros estabelecimentos de comunidades e projetos. Eles se baseiam em minha experiência na ecovila de Sieben Linden, na Alemanha, e em meu trabalho como consultor de organizações e comunidades intencionais. Aqui estão algumas sugestões sobre como abordar a questão de forma inteligente.

Esclareça qual é sua visão interna e motivação pessoal

A base de sua comunicação de grupo deve sempre ser a clareza sobre seus próprios objetivos e competências. Em particular, você precisa de uma análise honesta de suas deficiências, de seus motivos ocultos e das expectativas compensatórias que projeta sobre os outros. Infelizmente, os belos objetivos do grupo geralmente não coincidem com suas expectativas pessoais e as dúvidas sobre si mesmo. Esses dois pontos precisam ser expostos desde o início.

Busque um grupo de pessoas com visões semelhantes, cujas motivações e entrosamento estejam em harmonia (não mais do que 5-12 pessoas)

Se o grupo for muito grande, é muito difícil chegar a um consenso definido. Contudo, uma família pequena ou outras estruturas simbióticas são muito pequenas para servir como um núcleo único. O que é importante é o acordo interno e o reconhecimento mútuo dentro do "grupo principal". A determinação para agir conjuntamente, estando-se plenamente consciente das diferenças temáticas e pessoais, é uma tarefa interna desse grupo.

Determine os princípios essenciais em comum, isto é, formule a visão de maneira clara, mas deixe os caminhos individuais abertos

Use uma visão poderosa como base. O grupo deve então desenvolver um conceito básico que formule todos os objetivos em comum essenciais, mas que também permita um grau de liberdade individual satisfatório. Se os objetivos fundamentais e pontos focais do projeto são definidos de forma bem clara, a decisão de adesão ou não de pessoas interessadas torna-se muito mais fácil. Isso também quer dizer que vai haver menos regras e menos debate sobre como implementá-las, à medida que a comunidade progredir. Regras sobre comunicação, estruturas de tomada de decisão e os passos necessários para a realização do projeto devem ser expostos no começo.

Procure integrantes principais capazes, com habilidade para lidar com pessoas e que queiram compartilhar e concretizar os objetivos

Esse grupo principal ou inicial tem o direito de selecionar outros participantes e determinar o critério para adesão. É importante desenvolver um sentido de centralidade individual – um senso de identidade "saudável" – para que certa função executiva não exclua os outros ou que pareça arrogante (sem mais debates sobre os princípios).

Crie uma cultura de confiança por meio do trabalho de grupo e de métodos e rituais de comunicação apropriados

Nenhum conceito, nenhuma estrutura e nenhuma visão conseguem substituir nossa capacidade de atingir um discernimento e uma comunicação autênticos. O trabalho voltado para a paz interior e o crescimento pessoal são a essência da formação da comunicação. Se surgirem conflitos, vale a pena procurar por ajuda de pessoas experientes, por exemplo, nas áreas de *coaching*, consultoria e facilitação.

Conheçam uns aos outros por meio de trabalho compartilhado em projetos práticos

A vida em si mesma é nossa melhor professora. Nenhum grupo deve morar junto sem ter experimentado a convivência durante um período prolongado de trabalho e vida compartilhados (por exemplo, em outras comunidades).

Defina o grupo inicial e crie um caminho à medida que avançar

O grupo principal, à medida que vai se ampliando, transforma-se no patrocinador do projeto quando assume os riscos de ação direta e estabelece os compromissos jurídicos e financeiros (em particular com relação à adesão e à saída de membros e entre os primeiros residentes e os patrocinadores/financiadores). Competências e qualidades de liderança devem ser reconhecidas e áreas de responsabilidade definidas. Surge uma estrutura social em que todos os componentes exigem ser vistos e reconhecidos.

No entanto, apesar de todo o entusiasmo e seriedade, nunca devemos esquecer nosso senso de humor e o fato de que estamos todos em busca de algo em um caminho desconhecido. Todos os erros cometidos são um presente dado ao grupo, desde que estejamos preparados para enfrentá-los sem preconceito e com coragem.

Dieter Halbach, nascido em 1953, em Berlim, na Alemanha, é sociólogo, desenvolvedor de comunidades e autor. É o editor de Eurotopia, coluna da *Kurskontakte*, periódico alemão de ampla publicação sobre comunidades e vida sustentável. Em 1995, fundou a rede comunitária alemã Come Together. É um dos fundadores da ecovila de Sieben Linden e coordenou o desenvolvimento do projeto como gerente da cooperativa por um período de dez anos. No momento, vive em Sieben Linden, realiza seminários sobre o desenvolvimento de comunidades e faz parte da equipe de consultoria Hand in Hand, que apoia projetos e redes.

> Depois de anos de visitas e pesquisas sobre as ecovilas e as comunidades intencionais na América do Norte, Diana Leafe Christian identifica nove questões que, se tratadas desde o início, ajudariam a prevenir muitos conflitos futuros e, assim, aumentariam as chances de transformação de uma ótima ideia em uma comunidade próspera.

Começar uma nova ecovila: o "conflito estrutural" e nove maneiras de resolvê-lo

Diana Leafe Christian

Desde o início dos anos 1990, tenho pesquisado o que ajuda os fundadores de novas ecovilas e comunidades intencionais a prosperar, social e interpessoalmente (como muitas ecovilas são uma forma de comunidade intencional, uso os termos indistintamente neste artigo). Uma coisa é estabelecer uma ecovila fisicamente, outra, mais difícil, é fazer isso *e* criar um "espírito de comunidade" – um senso de confiança e conexão profundas com um novo grupo de pessoas que se sentem como uma família. Felizmente, como editora da revista *Communities*, nos Estados Unidos, ao longo da década de 1990, pude visitar, telefonar e trocar e-mails com os fundadores de dezenas de comunidades intencionais na América do Norte. Queria saber o que funcionava, o que não funcionava e como não recriar métodos já inventados e aprimorados pelo mundo afora.

O que constatei me surpreendeu e me decepcionou. Mesmo que os fundadores tivessem visão e inspiração, somente uma em cada dez novas comunidades tomaram forma (e apenas uma em cada quatro comunidades de *cohousing*). As outras 90% não chegavam a lugar algum, às vezes por falta de fundos ou de um lugar adequado, mas, principalmente, por causa de conflitos (algumas vezes acompanhados de processos judiciais!).

Era de partir o coração. Aqui estavam pessoas inspiradas a criar um novo modo de vida com base nos ideais de sustentabilidade ecológica, de partilha de recursos e de tomada colaborativa de decisões. Ainda assim, 90% delas não só não estabeleciam novas comunidades como também costumavam partir para a briga por meio de advogados brutais em um tribunal de justiça.

Então qual era a "liga" social que faltava? Que fatores ajudaram os 10% de pessoas bem-sucedidas não só a funcionar como também a se dar bem entre si?

O "conflito estrutural" e como reduzi-lo

Aprendi que as etapas puramente estruturais para começar uma ecovila – o estabelecimento de um grupo principal com uma visão e um propósito específicos, a escolha de um método de tomada de decisões, a escolha de uma estrutura jurídica, a descoberta e o financiamento de uma propriedade, a criação de uma política de adesão de membros – têm *tudo* a ver com os aspectos interpessoais da vida futura na ecovila. Duas coisas afetam o grau de entrosamento dos habitantes da ecovila:

- a qualidade das interações interpessoais, as habilidades de comunicação, a vontade de se abrirem, serem honestos e bondosos uns com os outros;
- o modo como as etapas estruturais mencionadas prepararam ou não a ecovila para conflitos mais intensos no futuro.

Depois de anos entrevistando os fundadores e escutando suas histórias sobre dissoluções de comunidades intencionais, comecei a enxergar um padrão. A maioria dos fracassos parecia resultar do que chamo de "conflito estrutural": problemas que surgem quando as pessoas não põem certos processos em prática ou não tomam certas decisões importantes no início, criando uma ou mais omissões na estrutura organizacional. Esses problemas estruturais embutidos são como bombas-relógio. Depois de semanas, meses ou até mesmo anos, o grupo explode em um grande conflito que poderia ter sido evitado se os membros tivessem levado tais questões em consideração desde o começo. Claro que esses "conflitos estruturais" desencadeiam diversos problemas interpessoais ao mesmo tempo, o que torna tudo bem pior.

Enquanto o desentendimento interpessoal é normal e esperado, acredito que boa parte do conflito estrutural em comunidades intencionais que fracassaram poderia ter sido evitada, ou, ao menos, reduzida de forma significativa, se os fundadores tivessem prestado atenção, no início, aos elementos cruciais a seguir. Se *não* forem abordados nos estágios iniciais, cada um deles pode gerar conflitos estruturais que se tornarão "bombas-relógio" no futuro.

1. Identifique a visão e a missão/propósito da ecovila, e crie documentos da visão

Uma das origens mais devastadoras de conflito estrutural nas ecovilas pode ocorrer quando vários membros do grupo têm motivos diferentes de estar lá antes de mais nada. Isso pode deflagrar discussões a respeito do que parecem ser tópicos normais, como quanto ou com que frequência todos trabalham em um projeto comunitário, ou quanto dinheiro está destinado a ele. Na realidade, trata-se das diferenças subjacentes (talvez nem sempre conscientes) em relação ao *objetivo* da ecovila (uso o termo "visão" no sentido de como o grupo quer ver o mundo se tornar um lugar melhor; e o termo "missão/propósito" no sentido do que seu grupo particular fará para concretizar essa visão). Todos os membros da comunidade precisam ter a mesma visão e a mesma missão/propósito desde o início, e têm de saber que todos as apoiaram. Isso deve ser amplamente discutido, acordado e escrito logo no começo. Quando um grupo não tem uma visão e missão/propósito em comum, vários conflitos sérios podem ser deflagrados em futuras reuniões, já que pessoas diferentes defenderão o que querem de maneira passional sem perceber que estão partindo de imagens subjacentes distintas que ilustram qual é o objetivo da ecovila. Além disso, quando as pessoas que já vivem em comunidade descobrirem que têm duas ou mais versões diferentes de uma missão/propósito em comum, quem estará "certo" e quem estará "errado"? Quem continuará a viver na ecovila e quem terá que arrumar as malas e ir embora? (Veja o item 8.)

2. Utilize um processo de tomada de decisões justo e participativo

Se o processo de decisão for por consenso, estude-o antes. Se um líder ou um grupo pequeno tomar todas as decisões na ecovila, as pessoas ficarão resentidas com o desequilíbrio de poder e isso causará conflito (a não ser que você esteja formando uma ecovila espiritual, religiosa ou terapêutica com um líder reconhecido, e todos tenham concordado de antemão). O ressentimento por questões de poder pode criar conflitos imensos na comunidade. A tomada de decisões é a forma mais óbvia de poder e, quanto mais justo, compartilhado e participativo for seu método de tomada de decisões, menos esse tipo especial de conflito de desequilíbrio de poder virá à tona. Isso quer dizer que todos no grupo terão influência nas decisões que afetarão sua vida na ecovila.

Outra origem de conflito é usar o processo de tomada de decisões por consenso *sem* antes tê-lo compreendido completamente. O que muitas vezes é considerado consenso em muitos grupos é o que chamo de "pseudoconsenso", uma tentativa incompreendida de consenso sem um entendimento real a respeito de seus princípios e métodos. Isso pode incluir a tentativa de usá-lo sem um critério básico: uma visão ou missão/propósito em comum, um acesso igualitário ao poder (quando uma pessoa não é o proprietário e os outros não são inquilinos ou quando uma pessoa não é o chefe e os outros não são empregados) e uma compreensão profunda de que uma pessoa raramente bloqueia uma proposta e só o faz quando há uma objeção fundamental. O pseudoconsenso cansa as pessoas, suga a energia e a boa vontade do grupo e gera bastante ressentimento por si só. Portanto, se o grupo planeja usar o consenso, você poderá evitar muitos conflitos estruturais se estudá-lo antes! (Veja o item 8.)

3. Construa confiança, conexão e a "liga" logo no início

Começar uma ecovila se trata não apenas de sustentabilidade ecológica como também da criação de um senso de comunidade – um espírito de bem-estar grupal em que os membros se conectam emocionalmente e se conhecem profundamente. O conflito é reduzido por si só quando a pessoa sente uma conexão e confia nas relações com os outros, não apenas porque ele não vem à tona, mas porque, quando vem, não é tão impactante. Um conflito pode parecer assustador e doloroso quando as pessoas não se conhecem bem ou não confiam umas nas outras, mas o mesmo conflito pode parecer brando e fácil de resolver quando as pessoas são íntimas e quando há confiança entre elas.

O que estabelece confiança e conexão? Comer e trabalhar juntos, contar histórias uns aos outros, falar honestamente sobre questões pessoais e interpessoais, cantar, dançar, fazer rituais e celebrar juntos. Muitos grupos de ecovilas em formação realizam festas americanas semanais ou mensais, em geral associadas a reuniões de negócios, o que contribui para o elo comunitário, assim como para tomar decisões juntos, ter conversas emocionalmente ricas e compartilhar sentimentos com honestidade. Na América do Norte, uma das melhores maneiras de as pessoas experimentarem um senso de vínculo comunitário é passar o fim de semana em uma cabana rústica com cozinha, preparando refeições e comendo juntos, fazendo caminhadas e nadando, praticando esportes, tocando música e cantando, e contando histórias ao redor da fogueira.

A narração de histórias é um jeito maravilhoso de estabelecer níveis mais profundos de intimidade, principalmente se os tópicos forem pessoais e autorreveladores. Cada um pode contar histórias de vida, concentrando-se especialmente em eventos que mudaram sua vida ou que o afetaram intensamente. Ou cada pessoa pode falar por 20 minutos sobre temas ligeiramente tabus, como atitudes e práticas em relação à religião, ao dinheiro ou à classe social em sua família de origem. As sessões podem não só criar um senso de conexão muito mais estreito como também ajudar cada um a entender como os membros do grupo poderiam abordar as próprias questões da ecovila, como compartilhar a propriedade comum ou lidar com as finanças da comunidade.

Um dos processos de estreitamento de laços comunitários mais ricos do ponto de vista emocional que já experimentei foi o Círculo de Presentes. (Para detalhes, veja mais adiante.)

4. Faça acordos claros e por escrito

(Isso inclui a pessoa jurídica para a posse conjunta do terreno.)

As pessoas se lembram das coisas de modos diferentes. Não é uma falha moral, é apenas uma característica da memória humana. Uma pessoa pode se lembrar de algo na metade de uma discussão; outra, da decisão final, outra, da conversa posterior sobre isso no jantar. Os acordos de sua comunidade – desde aqueles sobre as tarefas até os documentos legal e financeiramente mais significativos a respeito da propriedade – devem ser registrados por escrito, sem exceções. Vocês sempre poderão consultá-los se, mais tarde, se recordarem das coisas de maneiras distintas. Problema resolvido, conflito evitado. A alternativa. "Nós nos lembramos corretamente, mas você está errado (ou talvez esteja tentando nos enganar!)", pode resultar em conflitos horríveis e até mesmo na dissolução da comunidade.

5. Aprenda habilidades de boa comunicação e de processos grupais; priorize a comunicação clara e a resolução de conflitos

Minha definição de "habilidades de boa comunicação" é poder conversar com outra pessoa sobre temas delicados e com grande carga emotiva e ainda se sentir conectado a ela, o que inclui métodos de responsabilização mútua pelos acordos. (Veja o item 6 adiante.) Acredito que, quando as habilidades de comunicação e de processos grupais e os métodos de resolução de conflitos *não* são tratados desde o início, criam-se conflitos estruturais mais tarde na vida comunitária. Se tratados, haverá procedimentos viáveis à sua disposição quando os conflitos surgirem no futuro.

6. Ajudem uns aos outros a cumprir os acordos comunitários

Os habitantes da ecovila podem ajudar-se mutuamente a cumprir seus acordos por meios bem simples e livres de culpa. Esses métodos dependem do princípio de que é mais difícil esquecer ou ignorar as responsabilidades se elas estiverem expostas publicamente – quando os "olhos da comunidade" estão voltados para nós. As pessoas tendem a buscar a aprovação dos outros e a querer se sentir como se estivessem contribuindo para o grupo, e não o decepcionando. Portanto, como os outros estão vigiando, a tarefa costuma ser executada. A pressão social pode, com frequência, realizar o que as boas intenções não podem!

Aqui estão quatro métodos que funcionam como "os olhos da comunidade":

- Nas reuniões de negócios da ecovila, faça acordos a respeito de quais pessoas executarão determinadas tarefas, assim como a data em que deverão efetuá-las, e controle o andamento delas a cada encontro. No início de cada reunião, faça uma revisão de tarefas: as pessoas ou os comitês que concordaram em executar as tarefas relatarão se elas já foram executadas e, se ainda não foram, quando serão. Essa não é a hora de recriminar as pessoas que não as executaram, mas de fazer perguntas publicamente e de oferecer apoio e encorajamento. (O método não funciona se as pessoas usarem a linguagem da culpa ou da acusação!)
- Crie um mural de tarefas e de pessoas designadas para cada uma, com as datas previstas para a conclusão. Alguém terá o trabalho de manter a tabela atualizada e de se certificar de que ela esteja visível para todos nas reuniões.
- Instaure um sistema de duplas, em que uma pessoa seja designada a ligar e perguntar educadamente para outra incumbida de realizar uma tarefa se, por exemplo, ela já moveu a pilha de madeira ou se já descobriu se a comunidade pode aderir àquela fazenda CSA.[3] Não se trata de acusar ou atribuir culpa; trata-se de fazer perguntas de apoio e de encorajar-se mutuamente.
- Quando alguém completar uma tarefa, agradeça à pessoa e reconheça-a publicamente na próxima reunião. Quando alguém não completar, o grupo como um todo deverá pedir à pessoa que tente novamente. Depois de um

---

3 Comunidade que sustenta a agricultura (CSA): modelo econômico local de produção agrícola e distribuição de alimentos baseado nas ideias de Rudolf Steiner. (N. da T.)

tempo, o simples desejo de não decepcionar os outros se tornará uma motivação forte para um comportamento mais responsável.

7. Ao escolher cofundadores e novos membros, selecione os que estão de acordo com sua missão e seu propósito e que têm maturidade emocional

Quando um novo membro da ecovila não está em harmonia com a visão, a missão/propósito e os valores do grupo (veja o item 1, já citado), isso dá origem a conflitos dolorosos. O mesmo ocorre quando alguém novo na comunidade traz consigo uma dor emocional – que se manifesta semanas ou meses depois por meio de atitudes ou comportamentos destrutivos – que pode acabar custando muitas horas de reuniões e sugando toda a energia e o bem-estar do grupo. Iniciativas como conceber um bom projeto de seleção e orientação de novas pessoas ao grupo, e negar educadamente a permanência daqueles que não concordam com seus valores, sua missão/propósito e suas normas comportamentais podem evitar um grande número de conflitos nos meses e anos futuros. (Veja o item 8, a seguir.)

8. Estabeleça uma relação equilibrada entre a visão e a missão/propósito, o método de tomada de decisões e os critérios de adesão de novos membros

Eis o que quero dizer com "relação equilibrada":

- Em primeiro lugar, como você sabe, um dos critérios para a utilização do método de tomada de decisões por consenso é que o grupo tenha uma missão/propósito em comum e que todos saibam qual é.
- Em segundo lugar, uma das melhores maneiras de ajudar novos membros a se juntarem a uma nova ecovila é orientá-los a respeito do lugar enquanto ainda estão explorando e não tomaram a decisão de se tornar habitantes. Isso inclui se certificar de que os novos moradores entendam e aceitem os valores, a visão e a missão/propósito da comunidade.
- Em terceiro lugar, um dos melhores jeitos de ajudar a distribuir amplamente o poder em um grupo e prevenir certos tipos de conflitos futuros é usar a tomada de decisões por consenso (desde que todos tenham sido treinados para isso antes).

Porém, se um grupo não tiver uma missão/propósito em comum ou se achar que tem, mas ela for tão vaga que esteja sujeita a interpretações amplas, *por fa-*

vor, não use a tomada de decisões por consenso! Ela apenas envolverá o grupo em conflitos na medida em que pessoas diferentes defenderão passionalmente estratégias completamente distintas, ficarão perplexas e chateadas e se perguntarão por que os outros não enxergam que as coisas devem obviamente ser feitas *desta* maneira. Como o grupo estará usando o consenso e todos deverão concordar antes da adoção de uma proposta, alguém acabará bloqueando uma proposta que não está de acordo com *sua* interpretação da missão/propósito da comunidade. Isso frustra e fere o grupo e faz com que as pessoas se sintam enlouquecidas. O problema é que dois tipos diferentes de conflito estrutural estão se cruzando e se acentuando. Ou você precisa de um método de busca de acordo que não seja consenso puro, como uma votação que aceite 90% dos votos (e *não* uma votação por maioria), ou que todos concordem previamente com a missão/propósito em comum.

Além disso, se sua ecovila não tiver estabelecido critérios para a inclusão de novos membros no grupo e nenhum processo claro de adesão para apresentar os novos integrantes aos valores, à visão, à missão/propósito e aos acordos financeiros e de autogoverno do grupo (para assim filtrar aqueles que não os apoiam ou entendem), por favor, não use o consenso, pelas mesmas razões. Não importará se o grupo tiver acordos bons e uma missão/propósito bem definida se os novos habitantes não souberem quais eles são. Ou se souberem quais são, mas não concordarem com eles.

Dica final: exija que todos os novos membros participem de uma oficina de treinamento de consenso antes de terem direitos plenos de tomada de decisões (a capacidade de bloquear uma proposta) nas reuniões.

9. Aprenda as habilidades da razão e do coração de que precisa saber

Começar uma ecovila é como tentar iniciar um casamento e um negócio novo ao mesmo tempo – e é tão sério quanto fazer qualquer um dos dois. Requer muitas das habilidades financeiras e de planejamento necessárias para começar um negócio bem-sucedido, e as mesmas capacidades para confiança e comunicação honesta e carinhosa de um relacionamento amoroso. Os fundadores de novas comunidades bem-sucedidas aprenderam isso. Os de comunidades fracassadas mergulharam de cabeça no projeto sem ter a mínima noção disso. Estes não *sabiam* o que não sabiam. Então a nona principal maneira de reduzir o conflito estrutural é reservar um tempo, no início, para aprender o que você precisará saber.

Os fundadores de novas ecovilas devem cultivar tanto as habilidades da razão como as do coração. Isso significa aprender a falar com o coração, a tomar decisões justas em grupo, a encarar e lidar criativamente com o conflito e a tomar decisões cooperativas e criar acordos justos. Significa aprender a elaborar orçamentos e planos estratégicos e a avaliar as estruturas jurídicas para a posse conjunta da propriedade ou para conduzir as atividades comerciais e educacionais. Significa conhecer o mercado imobiliário na área de seu interesse, os regulamentos locais de zoneamento e, quando necessário, aprender a obter empréstimos com condições razoáveis. Significa aprender sobre planificação e urbanização de terrenos. Significa fazer tudo isso com um senso de conexão e de aventura compartilhada. Podem ocorrer conflitos estruturais no futuro se você se envolver no processo de busca de propriedade ou tentar obter um empréstimo sem entender primeiro esses aspectos inter-relacionados.

Os fundadores de ecovilas costumam ser especialistas, mas também devem ser generalistas. Já conheci fundadores de comunidades com visão espiritual e ideias maravilhosas que fracassaram porque não sabiam como comprar terrenos ou negociar um empréstimo bancário. Já vi fundadores com bastante conhecimento empresarial ou técnico que não haviam aprendido a falar de forma honesta e sincera.

Nem todos em seu grupo comunitário precisam ter as mesmas habilidades. Você também não precisa possuí-las logo no início, pois pode sempre contratar treinamento para o grupo ou especialistas no que for necessário: um treinador de habilidades de comunicação, um treinador no método de tomada de decisões por consenso, um facilitador de reuniões, um contador, um advogado, um gerente/desenvolvedor de projetos, um planejador do uso da terra, um designer em permacultura, e assim por diante.

Círculo de Presentes: um processo de *feedback* que nos faz sentir bem

Para criar mais confiança e conexão, realmente recomendo o processo do Círculo de Presentes. Ele é baseado na ideia de que um *feedback* oferecido com carinho é um presente e de que tudo fica bem. É uma oportunidade para as pessoas de não apenas expressar seu agradecimento e seu apreço como também de partilhar as preocupações que vêm reprimindo ou de tratar de situações que queiram esclarecer. O ato de dar e receber um *feedback* torna-se mais fácil quando é feito ritualmente, com todos praticando ao mesmo tempo. Obviamente, quanto mais adequada for a linguagem utilizada – expressando sentimentos reais, usando o pronome "eu", escolhendo uma linguagem neutra para descrever o comportamento dos outros –, melhor será a conexão gerada pelo projeto. É assim que funciona:

> Todos se sentam em um círculo grande em uma sala grande, mas com um pouco de espaço entre as cadeiras para que tenham privacidade em relação ao que dizem. Uma música suave de fundo ajuda a criar um ambiente sagrado e de respeito e a proporcionar mais privacidade. Colocam-se velas e qualquer objeto ritualístico do grupo no centro, com a intenção de criar uma atmosfera honrada, segura e amistosa. As quatro declarações a seguir são escritas em letra grande e em um lugar onde todos possam ver:
> Algo que eu gosto sobre você é...
> *[Opcional]* algo que é (ou foi) complicado para mim em relação a você é...
> Algo que sei sobre mim é...
> Agradeço por me ouvir.

O facilitador explica as regras gerais e quanto tempo o processo levará (para um grupo de cerca de 20 pessoas, recomendo, no mínimo, 90 minutos). Ao final, ele pergunta se as pessoas querem mais tempo. Algumas pessoas precisam de tempo para trocar mensagens pequenas de *feedback* até ganharem coragem para chegar às mais significativas ou carregadas emocionalmente.

Cada pessoa escolhe um pequeno objeto e o posiciona no chão, logo à frente dela. Pode ser uma pedra especial ou apenas a carteira ou as chaves. Isso funciona como sinal de: "Estou disponível para escutar". O Círculo de Presentes compreende doadores (os que falam), receptores (os que ouvem) e presentes (o *feedback*, que são os comentários trocados). No começo, cada pessoa que queira receber *feedback* coloca um objeto à frente dela no chão. Quem quiser oferecer *feedback* passa por alguém que tenha um objeto no chão, senta-se, ajoelha-se ou agacha-se à frente dessa pessoa. É um processo simultâneo, de forma que haverá um vaivém de pessoas no círculo.

O doador pega o objeto do receptor, que está sentado, e entrega para ele como um símbolo do presente que está prestes a dar. Alguns facilitadores sugerem que o objeto seja entregue com ambas as mãos e que o receptor o pegue com as mãos em forma de concha, como um lembrete físico de que o *feedback* é um presente. O doador sussurra ou fala, em voz baixa, as quatro declarações para o receptor. A declaração sobre o que pode ser complicado para o doador em relação ao receptor é opcional. O doador pode não querer falar disso no momento ou talvez não haja situações complicadas – o doador pode simplesmente querer oferecer apreço e reconhecimento ao receptor. (Observe: o processo trata-se tanto de compartilhar sentimentos de gratidão como de fazer comentários críticos.) A declaração "Algo que sei sobre mim" leva ao tipo de intimidade que aflora quando as pessoas revelam livremente algo sobre si a outras. As quatro declarações destinam-se apenas ao receptor e não devem ser ouvidas por mais ninguém.

O receptor apenas escuta. Quando o doador termina, o receptor não responde e só diz: "Obrigado". O doador retorna a seu lugar e pode ou colocar seu objeto no chão e tornar-se um receptor em potencial ou ir até uma pessoa diferente com outro presente de *feedback*.

O receptor pode colocar o objeto dele no chão novamente, querendo dizer que está aberto a mais *feedback*, ou pode continuar segurando o objeto e ficar sentado por um tempo, em contato com seus sentimentos e refletindo sobre o *feedback*. Isso dá a ele a chance de controlar quanto e com que frequência recebe um *feedback*, algo que parece aumentar a disposição e a tolerância para escutá-los. Ou, então, o receptor pode guardar o objeto e se tornar um doador, oferecendo *feedback* para outra pessoa no círculo. Qualquer um que queira responder ao que o doador disse poderá fazê-lo mais tarde, se assim desejar.

Uma sugestão é que as pessoas interrompam suas ações de doar e receber por um tempo, para dar lugar ao silêncio e à contemplação. As pessoas invertem seus papéis constantemente, cruzando o círculo de um lado para o outro enquanto oferecem *feedback* ou permanecem onde estão e o recebem (ou não). O facilitador fica à disposição para explicar o processo de novo ou para esclarecer qualquer mal-entendido. Ele toca uma campainha 5 minutos antes do fim da sessão e novamente quando chega ao final. (Quando o grupo conhecer bem o processo, o papel do facilitador poderá ser eliminado ou alguém poderá controlar o tempo.)

O grupo pode, se assim desejar, avaliar o processo quando terminar, mas apenas o processo, e não o conteúdo de ninguém. O Círculo de Presentes parece gerar muitas expressões carinhosas de gratidão, assim como expressões de preocupação e pedidos de mudança. Durante o processo, costuma haver uma atmosfera silenciosa e, muitas vezes, sorrisos, lágrimas e abraços longos.

Diana Leafe Christian é a autora dos livros *Creating a Life Together: Practical Tools to Grow Ecovillages and Intentional Communities* (New Society, 2003), sobre como formar comunidades e ecovilas de sucesso; e *Finding Community: How to Join an Ecovillage or Intentional Community* (New Society, 2007), sobre pesquisa, visita, avaliação e adesão a uma comunidade. De 1994 até 2007, foi editora da revista *Communities*, publicação trimestral sobre comunidades intencionais na América do Norte, e atualmente publica um boletim informativo eletrônico sobre ecovilas e comunidades sustentáveis. Diana ministra palestras e lidera oficinas sobre ecovilas em todo o mundo. Seus artigos apareceram em publicações desde *Mother Earth News* até *The Encyclopedia of Community: From the Village to the Virtual World*. Vive em uma propriedade isolada, em Earthaven, que pretende transformar em uma ecovila, nas montanhas da Carolina do Norte, nos Estados Unidos.

> Como uma das fundadoras da EcoVillage at Ithaca (EVI), Liz Walker ganhou ampla experiência nos processos de construção de uma comunidade de forma efetiva. Sua conclusão é que construir o tecido social requer tanta dedicação e trabalho quanto criar a forma física.

Construindo o tecido comunitário[4]

Liz Walker

Íris-caminhante

Quando Allegra e Sarah (9 e 4 anos) passam por minha casa, eu as chamo para ver algo especial: minha íris-caminhante tem uma flor linda, parecida com uma orquídea. "Ela só dura um dia", eu explico. "Você consegue vê-la abrir suas pétalas de madrugada, mas, à noite, a flor já terá murchado e morrido. Quando eu morava no centro, ela só florescia uma vez por ano. Aquele dia era tão especial que eu não ia trabalhar, para vê-la. Mas, agora que moro na EcoVillage at Ithaca, ela floresce bastante. Ela gosta da luz extra que consegue em minha casa de energia solar passiva."

Allegra é parte hispânica e tem olhos castanhos grandes e cabelos pretos. Sarah é judia, e seus cabelos são uma juba loira desgrenhada. As garotas se curvam em direção à flor branca delicada, com seu centro violeta vivo. "Mmmm", elas murmuram. "Ela tem um cheiro tão bom!" A íris tem uma fragrância doce, quase picante, tão duradoura quanto a de uma gardênia. É inebriante. Ofereço a cada uma delas um ramo da planta-mãe.

"Por que ela é chamada de íris-caminhante?", pergunta Allegra.

---

[4] Este texto foi extraído do livro de Liz Walker, *EcoVillage at Ithaca: Pioneering a Sustainable Culture*, Gabriola: New Society, 2005, e reproduzido com a gentil permissão da editora.

"Porque é uma planta tropical, que, na verdade, cresce rapidamente e lança brotos, como um clorofito. Cada broto novo cria raízes, que lançam mais brotos, quase como se estivesse caminhando para a frente."

As garotas vão embora, e reflito sobre o simbolismo da íris-caminhante. Quando uma íris-caminhante lança um novo broto, ela também lança um caule de tamanho entre 60 e 90 centímetros, explorando novos territórios. Se o broto não encontra solo ou água, o caule desenvolve, então, escamas pegajosas e gradualmente volta a morrer. Se o caule encontra o que precisa, então a planta inteira se desenvolve por completo.

Logo que peguei minha planta, ela florescia de forma tão rara que eu alimentei a felicidade de seu desabrochar. Depois, à medida que ela lançava mais brotos, eu dava ramos bem enraizados às minhas melhores amigas. Agora, está prosperando, e tenho várias plantas grandes em volta da casa.

Eu havia descoberto que, quando planto ou doo um broto da minha íris-caminhante, estou contribuindo para sua saúde geral e para seu crescimento. Da mesma forma, quando deliberadamente doo meu amor, minha atenção, meu tempo e até meu dinheiro, estou contribuindo para a saúde e o crescimento de minha comunidade como um todo. Isso me faz sentir feliz e saudável também. Essa partilha não é um sacrifício, mas uma celebração, um ato de amor que produz um efeito cascata imediato, emanando felicidade de volta àquele que a ofertou, multiplicado muitas vezes. Como a íris-caminhante, todos os atos de bondade momentâneos permeiam a comunidade com um aroma doce e picante.

Na EcoVillage at Ithaca (EVI), configuramos nossa vida para promover conexão. Partilhamos o momento das refeições várias vezes na semana, participamos de trabalhos em grupo e criamos nosso próprio entretenimento local. Conhecemos e curtimos nossos vizinhos, sem nunca ter que dirigir para lugar algum. Ao longo do tempo, vamos conquistando confiança e proximidade. Porém, aprendemos que é necessário, no mínimo, trabalho e dedicação tanto para construir o tecido social como para criar a forma física de nossa comunidade.

Usar o modelo de *cohousing* nos dá uma vantagem inicial na criação de laços sociais fortes. Em *cohousing*, as construções e o design do local estimulam bastante a interação, enquanto ainda mantêm a privacidade de casas individuais. A densa aglomeração de casas, as ruas de pedestres e os jardins partilhados são ampliados por uma Casa Comum, onde as pessoas compartilham refeições e as crianças brincam. As decisões são tomadas por consenso, a liderança é partilhada e sempre há muitas formas de contribuir com projetos de trabalho, comitês e afazeres semanais. Contudo, apesar das estruturas solidárias sociais e físicas de *cohousing*, aprendemos que é necessário um compromisso especial, a fim de conhecer um ao outro em um nível mais profundo – uma habilidade que não se ensina em nossa cultura acelerada.

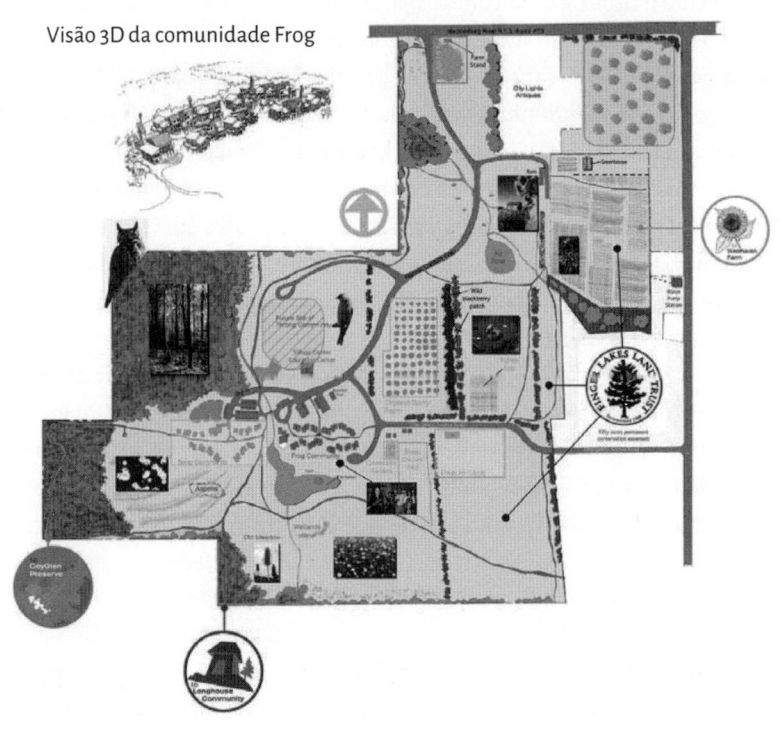

Visão 3D da comunidade Frog

Planta conceitual da EVI.

Em 1997, depois de cinco anos de trabalho dedicado e centenas de reuniões, nossa Casa Comum estava terminada e todas as 30 famílias se instalaram em nossa primeira vizinhança. Havia muito tempo que esperávamos por esse momento. Presumimos que sentiríamos, automaticamente, uma sensação de comunidade à medida que comêssemos juntos na Casa Comum, déssemos tratamento paisagístico à vizinhança ou nos encontrássemos ao longo dos caminhos. Mas estávamos enganados.

Sabíamos muito sobre ir a reuniões juntos, mas muito pouco sobre morar juntos. Certamente, conhecíamos nosso estilo de reunião de forma íntima –

quem falava bastante, quem tinha de ser encorajado a compartilhar seus pontos de vista, quem sabia ouvir e quem argumentava bem uma opinião. Porém, a situação deixou muito a desejar em termos de realmente conhecer o que estava acontecendo na vida de cada um.

Grupos profundos

Baseados na prática de outra comunidade, decidimos criar grupos de apoio, misturando homens e mulheres, chamados de *grupos de aprofundamento de relações* ou *grupos profundos*, de forma simplificada. A ideia foi muito popular e, rapidamente, metade dos adultos na comunidade se juntou a esses grupos, sugerindo que havia uma necessidade muito forte de mais intimidade entre nós. Cada grupo de seis a oito adultos se encontrava nas manhãs de sábado, duas vezes por mês. Todos contribuíam tomando conta das crianças. Apesar de cada grupo desenvolver seu próprio estilo criativo, todos incluíam tempo para registros detalhados. Isso nos deu uma tremenda oportunidade de aprender mais sobre o outro. Normalmente, cada um tinha de 5 a 10 minutos para falar, sem interrupções, sobre o que estava acontecendo em sua vida. Então, aprendíamos coisas como de que maneira alguém se sentia quando os pais o visitavam, qual era a sensação de estar desempregado, como alguém lidava com as dificuldades de comportamento do filho e quais casamentos estavam passando por uma crise. Boas regras básicas garantiam que todas as sessões fossem confidenciais e que as pessoas fossem respeitosas umas com as outras.

Posso dizer que não há nada parecido como ter a atenção integral e solidária de um grupo de colegas. A atenção, por si só, era transformadora – como ter um amigo preferido ouvindo de verdade o que você diz. Isso me desafiava a olhar para minha própria vida de forma mais clara e honesta, reconhecer padrões, celebrar as coisas boas e pedir ajuda em momentos difíceis. Fiquei realmente feliz em compartilhar minha vida nesse nível com pessoas que eu via em tantos outros contextos, muitas das quais eu esperava que fossem parte de minha família estendida para o resto de minha vida.

Os grupos profundos originais duravam um ano e, então, os membros faziam um rodízio. Depois de vários anos, eles pareceram se dissipar. Agora, contudo, com vários novos membros em nossa vila, ressuscitamos a ideia e, mais uma vez, seis anos depois, metade dos adultos está envolvida. Os resultados são impressionantes. Muitas pessoas sentem que isso satisfaz uma necessidade de ser visto e aceito por quem elas são e, da mesma forma, de reconhecer os outros. Esses grupos de apoio simples podem ajudar as pessoas a passar por mudanças transformadoras, e o melhor de tudo é que eles podem ser replicados em qualquer lugar. Você não precisa viver em uma ecovila para criar um grupo de apoio acolhedor.

O crescimento pessoal que pode se iniciar em um grupo profundo, contudo, é ampliado ao viver-se em comunidade. Gosto de pensar que cada um de nós é como uma pedra em um córrego. À medida que as extremidades brutas das pedras se chocam umas com as outras, elas assumem gradualmente um acabamento polido, mais liso. Um processo semelhante pode acontecer com pessoas no ambiente acolhedor de nossa comunidade. Elas trazem todas as suas questões pendentes consigo quando vêm para a EVI e, inevitavelmente, se confrontam com o grupo. Aqueles que assumem responsabilidade por seu aprendizado assumem riscos e crescem, começam a perder suas arestas afiadas. Quando confrontam suas pendências, trabalham nelas e chegam a uma solução e sua transformação se torna óbvia: eles começam a brilhar com uma beleza interior.

Celebrações inventadas

Um dos aspectos mais enriquecedores em nossa vida em comunidade é celebrarmos juntos. E não é preciso muito para começar uma festa – basta alguém com inspiração e energia para organizá-la. Adicione comes e bebes compartilhados, um pouco de música, dança ou ritual e... *voilà*!

Celebramos a Páscoa com uma caça aos ovos e o Chanuca com *latkes* de batata (feitos aos montes). Outros feriados judaicos, decoração de árvore de Natal, um grande banquete de Ação de Graças (completo, com a opção de peru vegano) e, ocasionalmente, uma cerimônia inspirada no budismo ou um ritual de espiritualidade com foco na Terra, todos têm seu lugar ao longo do ano. Temos milho assado no outono e um festival de morangos no solstício de verão. Festas de aniversário acontecem durante todo o ano. E não nos limitamos a festas comuns. O que torna nossa comunidade extraordinária é que muitas vezes inventamos nossas próprias celebrações, inspiradas em várias tradições – ou criamos uma nova. Vivemos por esses momentos de diversão criativa e significativa. Uma de nossas favoritas é a Rapazes Assam Tortas.

Rapazes Assam Tortas: 8 de agosto de 2002

No início de agosto, as amoras caem de seus galhos. Uma parte do terreno da EVI tinha uma amoreira enorme quando o compramos. O agricultor que produziu feno nos campos naquele ano aparou, cuidadosamente, uma trilha em volta da amoreira. "Essa merece ser preservada. Ela vai dar muitas amoras", ele nos disse. Efetivamente, apenas aquela amoreira, em muitas ocasiões, produz vários galões de amoras roxas e suculentas.

Meu parceiro, Jared, envia um e-mail para alertar as pessoas de que, no sábado, haverá o sétimo dia do Rapazes Assam Tortas da EVI. No sábado, Jared e um bando variado de homens e garotos da vizinhança avançam até o terreno da amoreira. Os mais espertos vestem *jeans* velhos e blusas de manga longa, apesar do calor de 35 graus. Os menos experientes usam *shorts* e sandálias, e rapidamente ficam cobertos de arranhões avermelhados.

O bando colhe amoras a tarde toda e, então, prepara massas de torta e recheios. De vez em quando, uma mulher é chamada para dar conselhos sobre a textura certa para uma massa ou sobre como fazer massa de treliça, mas, basicamente, esses homens e garotos sabem o que estão fazendo. Finalmente, as tortas vão para os fornos da Casa Comum.

Depois que as pessoas vão para casa, para um jantar rápido, toda a comunidade (mais amigos e familiares) se junta novamente na Casa Comum. Jared preside uma cerimônia que inclui cantigas especificamente escritas ou modificadas para a ocasião (por exemplo, quem esquecerá o grande sucesso "Quando a lua toca seus olhos como uma grande torta de amora, isso é *cohousing*..."). As pessoas relatam os eventos do ano passado. Jared lê um poema especial que escreveu sobre a colheita de amoras.

BOCA OU BALDE?

Boca ou balde?
Por algumas horas preciosas
minha vida se simplificou a isso.
Na amoreira eu sou o Buda,
o som das vozes em minha mente foi banido
por sensações buscando o passado e o futuro.
Todo o resto cai por terra, enquanto meus olhos se prendem
a uma joia negra, protegida pelo labirinto,

transformada pelo sol, vento e chuva,
facetas dilatadas com sabores da terra...
Oh, calma agora! Os dedos navegam pelo canal traiçoeiro.
Ai! Elas não desistirão facilmente de seu tesouro,
eu reconheço um respeito relutante.
A ponta dos dedos a acariciam,
um esguicho leve, completa e deliciosamente madura,
gotas em minhas mãos,
um recibo oral pelo preço que paguei.
Eu estudo esse prêmio negro bulboso do solo,
mas por apenas um momento:
Boca

JARED JONES, extraído de "A Joia na Amora"

Então é hora da procissão. Cerca de 15 homens e garotos de todas as idades desfilam, orgulhosamente, suas tortas por um corredor de admiradores ansiosos. Cada um dos que prepararam uma torta apresenta sua obra de arte por vez. "Essa torta tem uma combinação de amoras e bananas. E esculpi o rosto de um pirata na massa", diz um jovem.

O restante de nós espera ansiosamente o momento em que poderemos atacar. Temos 15 lindas tortas para escolher, com creme de baunilha, chantilly e tofutti (um sorvete vegano). Sentamos em mesas longas, com nossos dentes e línguas roxas, e trocamos ideias. (Você sabia que apenas as amoras-silvestres tingem nossa boca? Amoras comerciais, de alguma forma, perderam essa característica.) Comemos e damos sorrisos roxos uns para os outros, curtindo outro dia de sucesso do Rapazes Assam Tortas.

Tempos de crise

Nossa comunidade aprendeu muito sobre viver, trabalhar e celebrar juntos; sobre nos comunicarmos efetivamente; e sobre resolver conflitos. Mas acredito que realmente brilhamos quando estamos celebrando uma etapa importante ou dando apoio a alguém que esteja passando por uma crise. Somos um grupo grande, e crises e marcos importantes acontecem com uma frequência surpreendente. Pessoas se formam, se casam, têm filhos, perdem empregos, passam por términos de relacionamentos ou perdem seus pais. Quando testemunhamos a vida dos outros, encontramos em nós mesmos uma capacidade de amar e doar maior do que achávamos que existia. Crescemos como seres humanos.

O que fazemos em EVI não é novidade. As pessoas têm vivido em comunidades bem unidas por milhares de anos, seja em grupos aborígenes australianos, seja em pequenos povoados da Nova Inglaterra. A base de nosso sucesso, bem como a base do sucesso deles, está na relação forte entre as pessoas. Estamos reconstruindo a estrutura de nossa intimidade à medida que aprendemos a criar uma cultura de cuidado profundo e sustentabilidade. A dor ou a felicidade que uma pessoa experimenta reverbera em todos nós, clamando por uma resposta profunda.

De vez em quando, nossos membros passam por problemas de saúde. Julia, por exemplo, sofreu recentemente um acidente sério. Mãe de dois garotinhos, Julia tem epilepsia. Quando seu marido, Rod, chegou em casa um dia, ele a encontrou no pé da escada, inconsciente e com uma fratura no crânio.

Julia foi levada de helicóptero a um hospital especializado em neurocirurgia. O cirurgião que a operou disse que ele nunca havia removido um coágulo tão grande em um ser humano vivo. A hemorragia interna havia comprimido seriamente o cérebro dela e era possível que ela morresse ou possivelmente sofresse sequelas mentais ou físicas permanentes.

Nossa comunidade mobilizou uma onda de amor e apoio. Fizemos vigílias de oração silenciosas toda noite. Alguém acompanhava Rod até o hospital (mais de uma hora de distância) todos os dias. Outros preparavam o jantar da família, levavam e traziam os meninos de balsa da escola ou cuidavam deles depois da aula. Um vizinho ofereceu-se para limpar a casa da família e lavar a louça diariamente. Fizemos um quadro de fotos – coberto de fotos de Julia, de sua família e de amigos –, assinamos com nossos desejos de recuperação e o levamos ao hospital para ela. Nós a visitamos regularmente. As pessoas lhe fizeram massagens, levaram flores e vídeos ou tocaram música suave para ela. Quase todo mundo ajudou de alguma forma especial.

Para a surpresa de seus médicos, Julia deixou o hospital apenas duas semanas depois do acidente. Ela parecia ter recuperado sua capacidade total de movimento e, apesar de ainda se sentir desorientada, sua mente estava afiada. Sua recuperação foi realmente um milagre – que Julia atribuiu, pelo menos em parte, ao cuidado amoroso da comunidade.

O cuidado de nossa comunidade – seja dando, seja recebendo – deve ser valorizado. Ele cria uma rede de segurança que, infelizmente, não está disponível em boa parte da sociedade. Sabemos que a ajuda estará lá durante os momentos mais traumáticos de nossa vida. Eu gosto de pensar nisso como um "seguro de vida comunitário".

Construir o tecido da comunidade requer dedicação e tempo. Envolve comunicação e objetivos claros, liderança compartilhada, trabalho, solução de conflitos e tomada conjunta de decisões. Além disso, o que talvez seja até mais importante, envolve a criação de um espaço enternecedor para permitir que cada um respire e cresça, celebre e passe por momentos difíceis com amor e apoio. Em seu melhor, a vida em comunidade pode ajudar a nos tornarmos os seres humanos mais generosos e desenvolvidos que devemos ser, e a termos uma sensação de pertencer a algo infinitamente maior que nós mesmos.

Como uma das fundadoras e diretora executiva da EcoVillage at Ithaca (EVI) desde 1991, Liz Walker dedica-se em tempo integral ao trabalho de transformar esse projeto, aclamado internacionalmente, de uma visão em realidade. Seu livro *EcoVillage at Ithaca: Pioneering a Sustainable Culture* (2005) ajudou a levar o conceito de ecovilas a uma grande audiência nos Estados Unidos e em outros países.

> Com mais de 30 anos de experiência em ativismo político, Starhawk compartilha seus *insights* a respeito dos obstáculos que impedem nosso movimento de ser mais diversificado. Ela apresenta seu ponto de vista sobre como podemos nos abrir para uma diversidade maior.

A construção de um movimento diversificado

Starhawk

Na natureza, diversidade significa resiliência. Uma pradaria que tem centenas de plantas diferentes crescendo juntas pode resistir a pragas ou reagir a tempestades que devastariam um terreno de milho híbrido idêntico. Nos movimentos sociais, também precisamos de diversidade para prosperar.

Depois de Seattle, um dos principais artigos que circulou amplamente pela internet foi o de Betita Martínez, ativista e autora mexicana, intitulado "Where Was the Colour in Seattle?". Ela percebeu que os jovens ativistas eram esmagadoramente brancos e questionou: "Como podemos construir um movimento antirracista e com diversidade racial?".

Em muitos movimentos de que participei, de grupos contra a guerra nos anos 1960 e 1970 aos movimentos feminista e antinuclear, essa é uma questão conhecida. Discussões parecidas estavam acontecendo 20 ou 25 anos atrás. O que me espanta é quão pouco progredimos na construção da diversidade racial. Outras diferenças não continuaram a nos dividir tão profundamente. Eu me lembro de conversas angustiantes em 1979 sobre se as mulheres heterossexuais e lésbicas poderiam algum dia trabalhar juntas na mesma organização. Hoje, esse não é um problema na maioria dos grupos em que trabalho. Problemas ainda surgem, é claro, mas não nos impedem de trabalhar juntas.

O movimento de justiça global não é um movimento "branco", é um movimento inspirado e enraizado entre as "pessoas de cor"[5] pelo mundo, dos zapatistas do México aos integrantes da insurreição da Bolívia que recuperaram o abastecimento de água da privatização. Da África às ilhas Fiji, à Papua Nova Guiné, à Tailândia, à Índia, aos Estados Unidos, as pessoas de cor têm estado na vanguarda da luta contra o capitalismo corporativo global, têm enfrentado tortura, prisão e morte, e também, com alegria, têm sido pioneiras em novas estratégias e novas formas de luta. Não tenho dúvidas de que bloquear a Organização Mundial do Comércio (OMC) ou desafiar o Fundo Monetário Internacional (FMI) é absolutamente do interesse da maioria das pessoas de cor do planeta, independentemente de quem o faça. Mas, na América do Norte, grande parte do movimento de ação direta tem sido branco, e a questão de como construir diversidade é um dos principais desafios que enfrentamos.

Existem respostas óbvias e algumas soluções propostas. Como ativistas brancos, podemos olhar para nosso próprio racismo inconsciente, nossa falta não só de alcance como também de tentativas reais de levar pessoas de cor para dentro da organização central, nossa história de não trabalhar as questões de interesse deles e por não reconhecer sua liderança e organizações. Enquanto os sucessos mais impressionantes de ação direta não violenta são encontrados em lutas de libertação de pessoas de cor, a ação direta representa um risco maior para aqueles que já são alvo do sistema de injustiça criminal – para enfrentar esses riscos, as pessoas precisam ser convencidas de que os assuntos envolvidos são questões vitais. Como ativistas brancos, podemos nos educar na história e nas contribuições de pessoas de cor e aprender a ser aliados eficazes.

Os sistemas interligados de opressão

O racismo, o sexismo, o heterossexismo e todos os sistemas relacionados de preconceito e opressão estão, na verdade, interligados e entrelaçados. Eles reforçam e alimentam uns aos outros; para acabar com qualquer um deles, temos que tratar de todos. Eles se baseiam em isolar o indivíduo, convencer as

---

5 A autora deste artigo é uma ecofeminista americana. Nos Estados Unidos a expressão "pessoas de cor" (*people of color*) não tem sentido pejorativo. A expressão é aplicada a pessoas de origem africana, asiática, indígena, latina e de outros grupos étnicos. (N. da E.)

pessoas de que seu sofrimento é resultado de uma falha pessoal, e não parte de uma estrutura maior de opressão direcionada a classes inteiras de pessoas.

O racismo é mantido em parte pela tensão sexual profunda criada pela construção patriarcal da masculinidade. A masculinidade é identificada com o poder, e esse poder é sistematicamente tirado dos homens negros, que são literal e simbolicamente castrados. Esses dramas de poder são retratados nos corpos das mulheres. Os homens brancos vêm continuamente estuprando mulheres negras por séculos como um aspecto da escravidão e de uma opressão econômica e social geral. Em seguida, essa violência sexual é projetada nos homens negros, que são temidos e acusados de estuprar mulheres brancas. Portanto, o racismo não pode ser realmente neutralizado sem confrontar a opressão sexual.

Porém, a opressão sexual também é reforçada pelo racismo. Ele deixa as mulheres do grupo-alvo duplamente vulneráveis à exploração. Ele separa as mulheres umas das outras. E, assim que um grupo é definido como carente de proteção contra a violência sexual de algum "outro" grupo de homens, a repressão de todas as mulheres é justificada.

Essa construção patriarcal da masculinidade – a identificação da sexualidade masculina com a violência, a autoridade e a imposição contundente do armamento de guerra – apoia o militarismo.

Qualquer uma dessas síndromes atinge a todos nós, assim como amarrar uma faixa apertada na perna até que ela fique gangrenosa afetará todo o corpo de uma pessoa. Dessa maneira, opor-se a todo e qualquer "ismo" é uma luta que é do interesse de todos nós, se o objetivo é um mundo de verdadeira libertação para qualquer um.

A mais recente manifestação desse sistema interligado de opressão, o sistema capitalista corporativo global, é uma questão de raça, é uma continuação das políticas pelas quais o hemisfério Norte, majoritariamente branco, tem explorado o hemisfério Sul, de maioria escura, por séculos. E os "países menos desenvolvidos" são assim exatamente por causa da história de exploração e extração de recursos que tem subsidiado a riqueza do mundo industrializado. O *"apartheid* global" é outro termo descritivo para esse sistema.

O sistema capitalista corporativo global também tem a ver com o sexo: os trabalhadores regulares nas *maquiladoras*[6] e nas fábricas das zonas de livre co-

---

6 Maquiladora: uma empresa maquiladora é aquela que importa materiais sem o pagamento de taxas, sendo seu produto específico não comercializado no país onde está sendo produzido. O ter-

mércio são mulheres de 16 anos de idade. Mulheres e crianças são a maioria dos pobres do mundo. Os corpos das mulheres são mercantilizados em um comércio de sexo internacional. Políticas que impactam os serviços de saúde, a educação e a disponibilidade das necessidades básicas como comida e água afetam-nas de maneira desproporcional, pois são as primeiras a passar fome, são as que andam pela beira das estradas empoeiradas por quilômetros procurando água e são as últimas a receber educação.

Os obstáculos para a diversidade

Pamela, uma jovem afro-americana de meu grupo de relações, retorna angustiada do Convergence Center, na ação A16, em Washington. "Foi estranho", ela diz. "As pessoas não olhavam para mim."

Katrina, outra mulher afro-americana, ativista e organizadora de longa data, além de curandeira poderosa, apoia nosso espaço de cura na Zona Autônoma Temporária, no meio de uma das comunidades afro-americanas em Washington. "Tive grandes conversas com as pessoas da comunidade", ela diz. "Mas, toda vez que entrava em uma conversa, alguns jovens ativistas brancos chegavam e tentavam entrar no meio. Algumas vezes, faziam comentários que eram tão impróprios que eu ficava envergonhada."

Até em grupos que se definem como antirracistas, que querem ser receptivos com todas as pessoas e ampliar sua diversidade, o comportamento opressivo ainda existe. O sexismo, o racismo, a homofobia, o classismo etc. da sociedade em que crescemos se incorporam em nossas personalidades. De maneira geralmente inconsciente, eles nos levam a reagir às pessoas que são diferentes de nós. Criam pontos cegos nos quais, literalmente, não conseguimos ver nosso comportamento. Tentar analisar e desenraizar esses comportamentos nos leva a uma instabilidade emocional, em que a vergonha, a culpa, o ódio, a raiva e o sofrimento estão apenas superficialmente enterrados.

Ao tentar confrontar essa falta de consciência, as pessoas se comportam mal, de maneira bem previsível. Alguns membros dos grupos privilegiados – homens, pessoas brancas, heterossexuais, pessoas da classe alta – não verão

---

mo originou-se no México, onde o fenômeno de empresas maquiladoras é amplamente difundido. Em março de 2006, mais de 1,3 milhão de pessoas trabalhavam em fábricas maquiladoras. (N. da T.)

o problema, negarão quando confrontados, invalidarão as percepções e os sentimentos do grupo-alvo, ficarão defensivos e com raiva, darão desculpas previsíveis e farão piadas de mau gosto, culparão a vítima, farão um esforço simbólico para mudar e acharão novos meios de continuar com o antigo comportamento ofensivo. Alguns também se sentirão envergonhados e culpados – tão culpados que você não conseguirá ficar perto deles – e exagerarão a tentativa de agradar, procurando se tornar membro do grupo-alvo, adotarão o mesmo penteado, gírias, alimentos e feriados do grupo-alvo, e desprezarão outros membros de seu próprio grupo enquanto tentarão bajular o grupo-alvo.

Por sua vez, alguns membros do grupo-alvo se tornarão defensivos, atacarão pessoas que não merecem, colocarão a culpa toda no "ismo" em questão, se recusarão a ver seu comportamento problemático, se ofenderão quando não houver intenção de ofender, ficarão de mau humor, magoados e simplesmente sairão sem enfrentar o problema, colocarão a culpa em raça/sexo/classe ou qualquer outro motivo, farão julgamentos presunçosos e se sentirão no direito de insultar os membros do grupo privilegiado.

Esses comportamentos muitas vezes dão origem às síndromes desnecessárias descritas a seguir.

A síndrome do aliado angustiado

Aquele que mais se dedica a ser um bom aliado das pessoas oprimidas, que vai à maioria dos *workshops* antirracistas ou que trabalha obsessivamente seu próprio sexismo, que lê, pensa, medita, vive e respira o apoio aos oprimidos é geralmente a primeira pessoa a dizer algo ofensivo com o pretexto de ser prestativo. Uma autoconsciência dolorosa misturada com culpa faz com que seja impossível agir simplesmente como um ser humano encontrando outro, cuja cor, gênero e ancestrais são fatores importantes, mas não delimitantes, na complexidade de quem essa pessoa é.

O policiamento da linguagem

Parte da mudança das síndromes de dominação está alterando nossa linguagem, fazendo com que aprendamos novas maneiras de pensar e falar sobre essas questões. Algumas palavras precisam ser simplesmente banidas do vocabulário de pessoas conscientes e muitos conceitos e imagens precisam ser repensados. Mas, geralmente nos grupos, alguém parece estar rodeando como um louva-a-deus; esfregando as mãos em antecipação a um erro que possa ser criticado.

Eu fui criticada uma vez por falar das "vítimas" dos nazistas – sendo "vítima" uma palavra que tira o poder das pessoas. Contudo, como eu falava na época sobre as vítimas mortas nos campos de concentração, o termo preferido, "sobreviventes", não se aplicava.

O policiamento da linguagem pode ser uma tentativa consciente ou inconsciente de se estabelecerem como antirracista, mas seus esforços minam o trabalho de realmente desafiar a opressão. Um grupo em que as pessoas ficam relutantes em falar por medo de cometer um erro de sensibilidade torna-se triste e opressivo. A linguagem pode ser desafiada de forma que estimule mais criatividade, em vez de calar as pessoas. *Eu me pergunto como nosso pensamento mudaria se usássemos metáforas diferentes, outras que não escuridão para o mal e luz para o bem?* Dessa maneira, o foco pode ser mantido no objetivo maior de criar mudança.

A paralisia do ativista

Muitas pessoas brancas preocupadas com a diversidade têm percebido que nossa responsabilidade não é necessariamente recrutar pessoas de cor para os grupos predominantemente brancos, mas aumentar a consciência da comunidade branca.

Ao longo dos anos, milhares de ativistas têm ido a *workshops* sobre diversidade, sobre desaprender o racismo ou desafiar a supremacia branca. Muitos, inclusive eu, têm adquirido *insights* muito valiosos e novos pontos de vista.

Mas, há muito tempo, há rumores de uma constatação inquietante entre instrutores e organizadores preocupados com questões sobre antirracismo e diversidade. Os *workshops*, o aumento da conscientização e a reflexão não aumentaram visivelmente a diversidade racial entre muitos dos grupos em questão. O que é pior, certa percentagem dos ativistas envolvidos parece sair paralisada, incapaz de seguir adiante no trabalho que estavam fazendo.

A fim de abrir espaço para as vozes de mulheres, pessoas de cor, pessoas da classe trabalhadora, povos indígenas e pessoas com sabedoria das ruas, em vez de uma educação formal, membros dos grupos mais privilegiados precisam às vezes recuar e calar-se. Isso significa nem sempre assumir a liderança, organizar a programação do grupo ou determinar as prioridades. E, se os grupos querem incluir pessoas de cor e mulheres, eles precisam incluir na liderança, e não só colocá-los para preencher envelopes ou distribuir folhetos nas ruas.

Mas, para alguns ativistas conscientes, esses *insights* tornam-se diálogos internos paralisantes: *se as questões que nos movem não estão atraindo pessoas de cor, estamos com as questões erradas. Se nosso estilo de organização não está atraindo pessoas de cor, estamos nos organizando de forma equivocada. Precisamos que elas liderem. Se elas não estiverem presentes para nos liderar, tudo que podemos fazer é tentar descobrir como recrutá-los. Se formos adiante e agirmos, eliminaremos a possibilidade de trazer mais pessoas de cor para a liderança.*

Em um grupo que não pode determinar os próprios objetivos, em que as pessoas não podem trabalhar questões que acham importantes ou se organizar da maneira que consideram mais fortalecedora porque estão tentando atender às prioridades de algum outro grupo, não há lugar de empoderamento.

Os problemas que um grupo aborda podem não ser a prioridade imediata para as comunidades locais de cor, mas ainda podem ser de importância vital. As comunidades locais podem estar mais envolvidas com a simples sobrevivência e as dificuldades locais, não tendo energia para entrar em confrontos sobre acordos internacionais de comércio ou instituições financeiras. Organizadores de cor podem já estar sobrecarregados e não ter tempo de participar ou assumir novas questões.

Mas as lutas globais são de vital importância para as pessoas de todas as cores ao redor do mundo e deixá-las de lado não seria, enfim, do interesse de nenhum dos oprimidos. Podemos enquadrar as lutas locais em um contexto global e conectar questões globais às campanhas locais que abordam necessidades imediatas da comunidade. Na verdade, os conflitos locais refletem o impacto dos problemas globais, eles são a manifestação da política neoliberal. Dessa maneira, a "privatização" torna-se o fechamento de um hospital local, a OMC decidindo sobre aditivos da gasolina torna-se o aumento do câncer e das taxas de asma em uma comunidade de baixa renda.

O cultivo da diversidade

O movimento de justiça global tem que ser algo diversificado, mesmo porque nossa criatividade é a única grande vantagem que temos na luta contra o maior conglomerado de poder político, econômico e militar já acumulado no planeta, e certamente não podemos nos dar ao luxo de perder o talento e a visão de nenhum de nós, muito menos de mulheres, pessoas de cor, pobres e trabalhadores, que são a maior parte das pessoas do planeta.

Compreender nossa história recente e as interconexões dos "ismos" pode nos ajudar a vislumbrar como seguir em frente. Podemos estimular a diversidade que já existe dentro dos movimentos e expandi-la com base na decisão consciente de escolher como enquadrar as questões, ampliar nosso aprendizado, fazer o próprio trabalho profundo, tornar nossos grupos e ações acolhedores e construir alianças e coalizões.

O enquadramento das questões

O sistema capitalista corporativo global afeta-nos de muitas maneiras diferentes. Para os mais privilegiados, isso pode acontecer pela diminuição de espaço para alternativas, para uma verdadeira cultura pública, para uma profundidade real de questionamento e criatividade. Ou isso pode ocorrer pela diminuição da natureza selvagem, da diversidade ecológica e da saúde ambiental ou pela diminuição das possibilidades de uma vida plena e vibrante.

Mas, para os menos privilegiados, o sistema atinge duramente com armas, bombas, tortura e sistemas prisionais que mantêm o controle das autoridades. Ou golpeia pela fome e doença. A destruição ambiental pode significar a perda literal de terra por causa de secas, furacões ou aumento dos níveis dos oceanos; a perda de uma fonte tradicional de sementes, de um modo de vida, de uma cultura e de uma herança. O controle dos recursos pode significar a destruição de terras sagradas antigas e modos de vida – de fato, um genocídio.

A maneira como enquadramos as questões afeta quem é inspirado a trabalhar nelas. O movimento de justiça global precisa ser identificado de maneira clara e forte como antirracista e antissexista. Ou sair da síndrome do "anti, anti, anti", como um movimento *para* justiça econômica, racial e de gênero.

O movimento de justiça global precisa estabelecer as conexões entre a hegemonia econômica e a militar. Povos indígenas em suas lutas por soberania estão na liderança da luta pela justiça global, e o movimento na América do Norte e na Europa precisa reconhecer sua importância e ser guiado por suas perspectivas.

Ampliando o aprendizado

Os grupos oprimidos inevitavelmente aprendem muito sobre a cultura dos opressores, caso contrário, não sobrevivem. As pessoas privilegiadas não precisam aprender sobre a cultura dos oprimidos para atuar. Mas, se quisermos estreitar os laços e aumentar nossas conexões, precisamos fazer um esforço consciente para expandir nossas perspectivas, e isso nos trará mais espaço para a compreensão e a comunicação.

Fazendo o próprio trabalho profundo

Questões sobre raça, gênero e identidade envolvem nossa essência. Mudar realmente os grupos e comportamentos inconscientes significa examinar a construção de nós mesmos, indo além da análise política e envolvendo mais profundamente os poderes do espírito e da cura. Confrontar a identidade quer dizer reconciliar-se com a família – e toda a dor e o desconforto que possa estar presente na história familiar. Isso significa olhar para as próprias feridas e para as formas com que temos ferido os outros.

Na verdade, não existe ninguém vivo cujos ancestrais incluam somente vítimas ou nobres heróis da resistência. Tampouco existe um grupo só de opressores maus. Nascemos tanto de opressores como de oprimidos. Enfrentar essas contradições internas, nossas famílias e nossa herança é um pouco do trabalho inicial que precisamos fazer para nos abrirmos a uma maior diversidade na comunidade.

Em um grupo de ritual multicultural, descobrimos que a ferramenta mais poderosa que tínhamos para conter as próprias contradições e reconciliar as diferenças era simplesmente sentar e contar nossa história pessoal. Como um grupo, contar nossa história nos ajudou a criar vínculos e conhecer uns aos outros. Encorajar as pessoas a formar pequenos grupos, discutir não só sobre raça como também sobre as próprias experiências da realidade econômica e política pode nos levar para além das barreiras.

Tornando nossa cultura política acolhedora

Imagino que uma pessoa de cor entrando em uma ação política deva sentir algo do seguinte espectro de emoções: quem são essas pessoas? Elas são descendentes de donos de escravos, de grileiros, de exploradores? Elas têm lidado com isso? É seguro estar perto delas? Existe alguém como eu aqui? Estou me associando com o inimigo, traindo minha própria comunidade? Posso fazer a diferença aqui? Serei ouvida, meu ponto de vista e minha experiência serão respeitados?

De fato, essas são algumas das perguntas que podem estar se formando de alguma maneira dentro de qualquer um que tenha acabado de chegar. Todos entramos em um grupo pensando: quem são essas pessoas? Como sei que posso confiar nelas? Elas aceitarão e compreenderão minhas diferenças? Serei bem-vindo aqui? Serei capaz de fazer uma contribuição?

Se quisermos diminuir as barreiras da diferença e mostrar respeito pelos outros, existem algumas coisas bem simples, verdadeiras e já testadas que funcionam: olhe as pessoas nos olhos. (É claro que, em algumas culturas, isso é um insulto; então, aguce sua sensibilidade para os sinais de linguagem corporal e observe se você está causando desconforto.) Sorria, cumprimente as pessoas e faça com que se sintam bem-vindas. Preste atenção a todos em um grupo ou em uma conversa, não só naqueles que você identifica como mais importantes. Dê a todos a chance de falar. Dê atenção respeitosa às ideias de cada pessoa. Não interrompa. Não entre no meio da conversa de outras pessoas, a não ser que seja convidado. Sinta os limites pessoais de cada um e respeite-os.

Katrina me ensinou um exercício simples, que pode ser útil na mudança de nossa cultura de grupo: pense em um grupo que tenha mais poder social ou privilégio do que você. Feche os olhos e imagine que está entrando em um encontro cheio dessas pessoas. É sobre uma questão que é importante para você e você tem um ponto de vista que quer muito que seja ouvido.

O que eles teriam que fazer para você se sentir bem-vinda? Abra seus olhos, escreva tudo que pensou e compartilhe com o grupo. Agora, faça o que escreveu com todos que vierem para seu grupo.

Há muitas coisas que podemos fazer para tornar os eventos mais propensos à diversidade. Mas a coisa mais importante que podemos fazer é ser realmente uma comunidade disposta a enfrentar abertamente esses problemas. Não temos que ter respostas ou alcançar uma retidão política perfeita. Mas podemos clara e visivelmente nos questionar.

Construindo alianças e coalizões

Para diversificar o movimento, precisamos ser bons aliados de uma ampla gama de povos e grupos diferentes. Muitos grupos de baixa renda focam questões imediatas locais que impactam diretamente sua vida. Quando os grupos focados no quadro geral adotam e apoiam essas questões, não só expandimos nossa base como também aprendemos a abordar as complexidades reais das questões mundiais.

- Ser um bom aliado significa desenvolver relacionamentos pessoais, e não apenas políticos. Significa conhecer as pessoas como um todo, sair para tomar um café ou uma cerveja, sair com elas, convidar as pessoas para jantar, e não apenas para as reuniões.
- Ser um bom aliado significa levantar a questão da diversidade em grupos que ainda não estão pensando a respeito, observando quem está incluído ou não, desafiando políticas ou práticas que resultam em exclusão de fato.
- Ser um bom aliado significa compartilhar recursos, atenção da mídia, oportunidades para falar e ser ouvido.
- Ser um bom aliado significa interromper a opressão, desafiar os comentários racistas ou sexistas, não deixando que o grupo-alvo sempre seja o único a se defender.
- Ser um bom aliado significa oferecer suporte para os problemas e preocupações dos outros, sem abandonar os seus.

Conclusão

No final, a diversidade de nosso movimento se refletirá não tanto em quem comparece às reuniões, mas na rede de alianças que podemos construir.

Quando os grupos que trabalham com questões de justiça global estão dispostos a levar sua coragem, seu comprometimento e sua dedicação para as lutas da comunidade e conseguem respeitar questões e lideranças locais, quando os ativistas brancos conseguem fazer o trabalho duro de autoensino e transformação que leva ao compartilhamento do poder, quando ativistas mulheres e ativistas de cor estão dispostos a se arriscar a confiar, podemos começar a estreitar esses laços que podem cruzar barreiras. Quando identificamos os sistemas de opressão interligados como nossos oponentes, podemos começar o trabalho de transformação verdadeiro que pode libertar a todos nós.

Starhawk é autora de dez livros sobre religião da Deusa, espiritualidade baseada na terra e ativismo, incluindo *A Dança Cósmica das Feiticeiras: Guia de Rituais para Celebrar a Deusa* (1993), *A Quintessência Sagrada* (1995) e *The Earth Path: Grounding Your Spirit in the Rhythms of Nature* (Harper: SanFrancisco, 2004). Ela ministra cursos de design em permacultura com foco em espiritualidade baseada na terra, organização e ativismo: Earth Activist Training. Ativista comprometida com a justiça global e o meio ambiente, viaja pelo mundo ensinando em palestras e treinamentos.

> Está na hora de passar de uma cultura de dominação para uma de parceria, que integre mais qualidades femininas como compaixão e colaboração. Dolores mostra como homens e mulheres podem apoiar uns aos outros no caminho para um futuro mais pacífico.

A reconciliação entre os gêneros: da dominação à parceria

Dolores Richter

Uma visão da história

Os historiadores exploraram os remanescentes da vida tribal ancestral e concluíram que as culturas igualitárias existiram por um período bem longo na história humana. Essas culturas respeitavam a diversidade, honravam a matéria e o espírito, as mulheres e a própria vida. Além disso, parecia não haver crueldades ou guerras nessas culturas. As imagens religiosas eram, sobretudo, baseadas na Deusa grandiosa, que protegia e era parte de todos os seres vivos, fossem plantas, fossem animais, fossem humanos. A religião da Deusa grandiosa era inclusiva e honrava a vida e suas origens.

A revolução patriarcal começou cerca de 7 mil anos atrás. Foi um processo de expansão e violência que se estendeu por vários milênios. O patriarcado tentou destruir as culturas da Deusa e suas perspectivas holísticas. As novas religiões patriarcais cortaram o contato direto entre os humanos e a esfera divina. A natureza passou a ser vista como desprovida de alma, separada de nós, uma mercadoria e um recurso a ser explorado.

Nossa sexualidade, que em tempos matriarcais era vista como parte da celebração da vida e um aspecto estático da criação, foi demonizada e privatizada. Enviada para os domínios ocultos da sociedade, a sexualidade foi dividida entre o permitido e o proibido. A consequência de empurrar grande parte da energia sexual para o subterrâneo foi uma erupção vulcânica de agressões contra a mulher, a natureza e a própria vida.

Precisamos estar conscientes dessa história se quisermos sair da espiral de violência, que cresce a partir das energias de vida reprimidas.

O aviltamento da mulher e de seu papel na sociedade é um dos fatores que contribuem para a violência global. Ao transformar a Deusa grandiosa que cuidava de todas as crianças em um Deus único que pune toda a desobediência, perdemos contato com a natureza humana compassiva e também com todas as qualidades inclusivas do próprio amor. Para regenerar uma nova cultura não violenta, precisamos criar novas condições que reintegrarão os valores matriarcais.

As mulheres hoje em dia

> Dos 15 milhões de refugiados ao redor do mundo, 75% são mulheres. Atualmente, 100 milhões de mulheres e meninas são circuncidadas na África e na Ásia. Nos Estados Unidos, a violência doméstica é a causa principal de lesão em mulheres adultas, e um estupro é cometido a cada 6 minutos.
>
> SCILLA ELWORTHY, *Power and Sex*

Em países do Oriente Médio, as mulheres são punidas por não esconderem seus corpos; no planeta, muitas mulheres têm o acesso à educação negado a elas.

No entanto, mesmo nas partes do mundo em que a igualdade entre homens e mulheres foi proclamada há muito tempo, grande parte da sociedade ainda está organizada ao redor de conceitos masculinos. Para serem bem-sucedidas na política ou em suas profissões, as mulheres precisam agir como homens. A globalização de empresas e o sistema econômico são baseados em qualidades como maior, melhor, mais rápido, mais rico e mais poderoso. Parece que conquistamos o planeta para possuí-lo, dominá-lo, governá-lo e tirar vantagem dele.

Não sabemos que os recursos são finitos e, portanto, não sustentáveis? Quantas de nós perdemos contato com qualidades como intuição, compaixão, ternura e cuidado? Perdemos essas qualidades porque as mulheres se adaptaram a um mundo masculino?

> Ainda temos um estilo de vida dedicado aos valores masculinos. Por exemplo, conseguir um trabalho em uma empresa é importante e é recompensado com dinheiro e honras, mas cuidar de crianças não é muito importante e não é recompensado da mesma forma. Vencer e chegar primeiro é mais importante do que aproveitar o caminho.
>
> SCILLA ELWORTHY, *Power and Sex*

Então, como é possível para mulheres ocuparem posições de poder sem acabar agindo como homens? Como os homens podem deixar de exercitar o poder da dominação e passar para o exercício do empoderamento conjunto? Como podem as mulheres e os homens desenvolver qualidades femininas? Como podem homens e mulheres se tornarem amigos e amantes?

Reconciliação: da dominação à parceria

Antes de mais nada, reconciliação neste contexto não tem relação com culpa ou com perdão em um nível pessoal. Trata-se de se conscientizar do que ocorre, dos motivos de as coisas serem como são e, então, partir para o processo de cura.

Todos viemos de uma cultura de dominação: dominação do ser humano sobre a natureza, dos homens sobre as mulheres, dos adultos sobre as crianças, dos ricos sobre os pobres, dos poderosos sobre os sem poder. Criar parcerias neste mundo implica transformar a cultura da competição em uma cultura da compaixão, a cultura que se concentra na hierarquia e nas posses em uma que se concentra na colaboração e em ouvir as necessidades de todos.

A vida precisa de equilíbrio entre as qualidades femininas e masculinas. E, já que os homens têm um lado feminino e as mulheres têm um lado masculino, isso é um trabalho interior de equilíbrio e um trabalho que lida com os comportamentos no mundo exterior. Iniciar uma parceria, da forma que a entendo, significa adotar uma atitude completamente diferente com relação à vida, tanto interior como exterior. Uma atitude de parceria envolve um respeito profundo por todos os seres vivos, considerando-os de igual importância e beleza. Uma cultura de parceria é uma que nos reconecta com a força de vida amorosa, desejosa e viva dentro de nós e a nosso redor. Ela nos desafia a nos tornarmos visíveis perante nosso ser mais íntimo.

Precisamos nos conhecer mais profundamente, escutar nossa voz interior, sentimentos, coração, corpo e sexualidade. Apenas quando aprendermos a nos conhecer é que seremos capazes de entender os que são diferentes de nós: o gênero oposto, outras culturas, outras religiões e outros seres, como os animais e as plantas.

O desejo de dominar vem do medo de sentimentos relacionados à insegurança, à imprevisibilidade e à fraqueza. Essa é uma das razões pelas quais o processo de reconciliação começa com o conhecimento das partes desconhecidas de nós mesmos. O que acharemos lá é vida – imprevisível, intensa e maravilhosa! Uma cultura de parceria é baseada nos princípios vitais de contato, comunicação e cooperação – tanto lidando com a tecnologia, como lidando com a economia, a criação de crianças, as escolas, as emoções ou o amor e a sexualidade.

Parceria entre questões de gênero e relações amorosas

A vida moderna trouxe muitas mudanças às estruturas das famílias, das localidades e das comunidades. Parcerias, casamentos e famílias vivem em unidades isoladas. Os sentimentos, as relações amorosas e a sexualidade são considerados questões pessoais. As sociedades modernas compartilham a ideia de amor romântico: procuramos pelo parceiro ideal que preencha nossas necessidades e seja a única pessoa com quem contamos e em quem confiamos. A escritora africana Sobonfu Somé considera que essa imagem romântica que temos do amor desempenha um papel importante no conflito entre os gêneros.

Quando os casais vivem isolados em relação à comunidade que os cerca e quando não possuem uma fonte espiritual, muitas necessidades precisam ser preenchidas pelo parceiro, de forma que ninguém é capaz de atingir esse ideal. Muito do conflito entre os sexos vem do fato de que estamos procurando por algo em nosso parceiro que não pode ser encontrado em apenas uma pessoa. Dentro do sistema patriarcal, há um grande potencial para conflitos entre amantes de sexos opostos.

Muitas mulheres perderam o contato com seu próprio poder e conhecimento profundo ao longo de décadas em que recuaram e esconderam suas verdades e sabedorias internas com medo de repressão e punição. Algumas talvez tenham encontrado posições poderosas nas sociedades modernas, mas, quando sentem atração ou se apaixonam, muitas camadas de sentimentos se abrem: medo da dependência, de serem rejeitadas, medo da traição e a vontade de serem protegidas e compreendidas.

Sobonfu Somé escreve:

> A separação da espiritualidade e de nossa fonte espiritual, como observamos no mundo industrializado, leva a nos concentrarmos na ideia do amor romântico. Cria uma atração ou vórtice forte de desejo por uma pes-

soa, por uma maneira diferente de estar conectado. O padrão de relacionamento de nossa tribo é baseado em um princípio distinto, um princípio no qual os relacionamentos não são privados. Quando falamos, na aldeia, a respeito de "nosso relacionamento", esse conceito não está limitado a duas pessoas. É estranho entender duas pessoas como uma comunidade. Onde estão todos os outros?

Isso nos oferece um *insight* sobre uma forma diferente de olhar para as questões do relacionamento amoroso. O crescimento da confiança entre amantes é muito mais do que a realização pessoal dos dois envolvidos. Para curar esse conflito subjacente aos relacionamentos amorosos, precisamos de comunidades intencionais que debatam questões relativas ao amor e à sexualidade abertamente. Elas precisam apoiar os parceiros e amantes em situações de conflito. Isso ajudará a curar as feridas que vieram de tempos passados e a apoiar as mulheres na recuperação da autoestima, da soberania e do poder.

Para que se desenvolvam a confiança entre homens e mulheres, os laços afetivos intensos e a satisfação do relacionamento amoroso e sexual, precisamos de uma cultura de apoio que envolva a comunidade.

Apoiamos a reconciliação dos gêneros mediante...

- A honra e o respeito às qualidades femininas e masculinas, na mesma medida.
- A valorização de qualidades que permaneceram escondidas por muito tempo, como intuição, ternura, sensibilidade, sensualidade e compaixão.
- A integração de questões relacionadas aos gêneros, às relações amorosas e à sexualidade nos processos de comunicação e descoberta dentro das comunidades.
- A criação de um ambiente em que questões, pontos de destaque, experiências e conflitos que surgem em relacionamentos entre homens e mulheres possam ser divididos com outros.
- A criação de um sistema de crenças e uma cultura de comunicação baseada em parceria e cooperação.
- O conhecimento de nós mesmos como seres completos e sagrados.
- O treinamento do equilíbrio entre qualidades femininas e masculinas dentro de nós por meio da visualização, da meditação e de cerimônias.

- O desenvolvimento da habilidade, em cada um de nós, de entrarmos em contato real com o conhecimento e a compaixão profunda por nós mesmos e pelos que são diferentes de nós – em particular, do sexo oposto.
- A participação em círculos femininos e masculinos para compartilhar, explorar e compreender nosso próprio sexo.

Dolores Richter nasceu na Alemanha, em 1959, e está envolvida na construção de comunidades há 25 anos. Vive na comunidade Zegg, perto de Berlim, que pretende criar condições culturais para uma sociedade humana e vibrante. Por vários anos, foi a responsável pelos programas de educação e de convidados na Zegg. Hoje em dia, organiza, por toda a Alemanha, seminários sobre comunicação, fórum Zegg, amor, sexualidade e construção de comunidades. Tem interesse em adquirir conhecimento e ferramentas que ajudem a fundamentar a comunicação na confiança e na clareza, e o amor e a sexualidade na verdade, vivendo e trabalhando em conjunto a consciência de "sermos parte de um todo".

> Helena Norberg-Hodge nos dá uma visão da cultura que integra todas as faixas etárias, inspirando-nos a ver os benefícios e a beleza que podem florescer mediante essas estruturas sociais antigas.

Integrando as faixas etárias: aprendendo com o Ladaque

Helena Norberg-Hodge

Com os processos de industrialização ou modernização, as sociedades ao redor do mundo se adaptam a um modelo de economia que impõe a segregação das faixas etárias. Desde a infância, as pessoas são separadas em grupos de acordo com sua idade, e essas divisões perduram ao longo de sua vida. Isso é um elemento crucial de nossa economia global, que encoraja a competição em todos os níveis. Em muitas sociedades tradicionais, economias de sucesso se baseavam na cooperação, e não na competição. Pessoas de idades diferentes interagiam produtivamente e pacificamente em seu dia a dia.

Trinta anos atrás, viajei para o Ladaque, ou Pequeno Tibete, uma região isolada nos Himalaias, para aprender sua língua e organizar o primeiro dicionário ladaque-inglês. Apesar de ser culturalmente tibetano, o Ladaque é oficialmente parte da Índia. A região só era acessível durante os meses do verão, por estradas rústicas montanhosas e não pavimentadas. O Ladaque havia sido exposto às influências das culturas externas, mas estas vieram devagar e foram adaptadas aos próprios termos da região. Até os anos 1970, não havia quase nenhum contato com o mundo ocidental.

Uma cultura em consonância com as necessidades das pessoas e do ambiente

Nessa região remota, encontrei uma cultura em tal consonância com as necessidades das pessoas e do ambiente que era diferente de qualquer coisa que eu tivesse conhecido. Nunca antes havia conhecido pessoas que parecessem tão emocionalmente saudáveis e tão seguras quanto os habitantes do Ladaque. Eles pareciam pertencer a seu lugar no mundo – ligados por meio de um contato diário íntimo, de conhecimento sobre o meio ambiente imediato e suas mudanças de estações, necessidades e limitações. Havia um forte senso de comunidade interdependente, no qual todos eram valorizados e podiam contar uns com os outros. O dinheiro tinha pouca utilidade na economia local, que era baseada, principalmente, na partilha e na troca de produtos e outros bens. A maioria das famílias, no Ladaque tradicional, praticava a agricultura de subsistência e os familiares de todas as idades – desde as crianças pequenas até os avós – participavam na produção de alimentos. Todos ajudavam na irrigação, na construção de casas, no pastoreio de animais e em todas as outras tarefas essenciais à vida no Ladaque.

Passando um tempo com a família de minha amiga Dolma, vi um pouco como as crianças eram educadas. Dolma passava mais tempo com o pequeno Angchuk, que tinha 6 meses de idade, do que com qualquer outra pessoa. Mas cuidar do bebê não era um trabalho unicamente seu. Todos cuidavam dele. Sempre havia alguém próximo para beijá-lo e acariciá-lo. Homens e mulheres, igualmente, adoravam crianças pequenas, e até mesmo os garotos adolescentes que moravam perto não se sentiam envergonhados em serem vistos falando gentilmente com o pequeno Angchuk ou o embalando com uma canção de ninar. Assumir responsabilidades por outras crianças durante seu próprio crescimento deve ter um forte efeito em seu desenvolvimento. Para os garotos, em particular, é importante, uma vez que isso faz surgir neles a habilidade de cuidar e educar. No Ladaque tradicional, a identidade masculina não estava ameaçada por tais qualidades; pelo contrário, ela, na verdade, as abarcava.

As crianças nunca eram segregadas em grupos; elas cresciam rodeadas de pessoas de todas as idades, desde bebês até bisavós. Eles cresciam como parte de uma cadeia completa de relações, uma cadeia de doação e retorno. Quando os aldeões se juntavam para discutir questões importantes ou em festivais e festas, crianças de todas as idades estavam sempre presentes. Até mesmo em reuniões sociais que fossem até tarde da noite, com bebidas, cantigas, dança e música alta, crianças podiam ser vistas correndo em volta e aproveitando as festividades até que, simplesmente, caíssem no sono.

Os idosos participavam de todas as esferas da vida. Para os idosos no Ladaque, não aconteceu de passarem anos a olhar para o nada, indesejados e sozinhos; eles eram membros importantes da comunidade até o dia em que morressem. A idade avançada significava anos de experiência valiosa e sabedoria.

Os avós não eram tão fortes, mas tinham outras qualidades para contribuir; não havia pressa na vida, então, se eles trabalhassem mais devagar, não tinha problema. Uma das razões mais importantes para os idosos permanecerem tão alertas e envolvidos era o contato constante com os jovens. Eles se mantinham como parte da família e da comunidade, tão ativos que até depois dos seus 80 anos estavam normalmente em forma e saudáveis, com a mente lúcida.

Com exceção do treinamento religioso nos monastérios, a cultura tradicional não tinha processos separados chamados de "educação". A educação era produto de uma relação íntima com a comunidade e seu ambiente. As crianças aprendiam com seus avós, sua família e seus amigos. Elas aprendiam sobre conexões, processos e mudanças, sobre a rede intrincada das relações variáveis no mundo natural a seu redor.

Desenvolvimento?

Infelizmente, desde que cheguei ao Ladaque, muito já mudou. Como parte de um programa de "desenvolvimento", uma estrada foi construída em Leh. Com a estrada, chegou uma enxurrada de influências ocidentais, inclusive a mídia e a propaganda, o turismo e uma economia monetária competitiva. A educação se tornou algo bem diferente. Ela isolou as crianças de sua cultura e da natureza, treinando-as para se tornarem especialistas em um ambiente urbano ocidentalizado.

As crianças foram separadas em faixas etárias na escola. Esse tipo de nivelamento teve um efeito bastante destrutivo. Ao criar unidades sociais artificialmente, nas quais todos estão na mesma faixa etária, a habilidade das crianças em ajudar e aprender com os outros é reduzida enormemente. Em vez disso, as condições para a competição são automaticamente criadas, porque cada criança é posta sob pressão para ser tão boa quanto a outra. Em um grupo de dez crianças de idades relativamente diferentes, haveria uma cooperação naturalmente maior que em um grupo de dez crianças, todas com 12 anos.

A divisão em faixas etárias diferentes não está limitada à escola. Agora, existe uma tendência nas crianças de conviver exclusivamente com seus pares. Como resultado, uma intolerância mútua entre jovens e idosos emerge. Crianças pequenas, hoje em dia, têm menos contato com seus avós, que, quase sempre, ficam para trás, na vila.

Conclusão

O modelo de economia global de hoje funciona criando competição ao dividir as pessoas entre si. No Ladaque, os efeitos têm sido profundamente deteriorantes para as comunidades e para os indivíduos, desestabilizando, na verdade, uma sociedade inteira.

Para construir sociedades cooperativas e harmoniosas, precisamos de uma abordagem que crie mais oportunidades para pessoas de idades diferentes interagirem – estudar, trabalhar e brincar juntas. Muitas escolas no Ocidente começaram a integrar faixas etárias na mesma sala de aula. Programas de amigos, nos quais um adulto faz par com uma criança ou adolescente, para promover amizade e apoio durante os tempos difíceis em sua vida, têm se tornado populares nos Estados Unidos. Uma sociedade saudável é aquela que encoraja vínculos sociais íntimos e interdependência mútua, garantindo a cada indivíduo uma rede de apoio emocional incondicional.

Helena Norberg-Hodge inicialmente visitou o Ladaque como membro de uma equipe de filmagem antropológica alemã, em 1975, quando a área foi primeiramente aberta ao turismo e ao "desenvolvimento". Como a única estrangeira a dominar a difícil língua ladaque, trabalhou com acadêmicos locais para escrever a língua pela primeira vez e compilar um dicionário ladaque. Em 1978, fundou o Ladakh Project e, mais tarde, a International Society for Ecology and Culture (ISEC). Baseada nos Estados Unidos e no Reino Unido, a missão do ISEC é revelar as causas principais de nossas crises social e ambiental, enquanto promove padrões mais sustentáveis e igualitários de vida nos hemisférios Norte e Sul. O trabalho de Helena no Ladaque foi aclamado internacionalmente. Em 1996, ela recebeu o Right Livelihood Award, também conhecido como Prêmio Nobel Alternativo. Seu livro *Ancient Futures: Learning from Ladakh* (1991) foi descrito como "um clássico inspirador" pelo jornal londrino *The Times*.

> Neste artigo, Marti compartilha conosco o sistema educacional infantil único de Auroville, uma comunidade criada por pessoas de cerca de 50 nações e dedicada aos princípios da unidade humana.

Crescendo na comunidade: a experiência de Auroville

Marti de Pezeral

Histórico

Auroville inspirou-se na experiência da evolução da consciência de Sri Aurobindo. Como Gurdjieff e outros antes dele, o grande iogue indiano acreditava que um passo gigantesco na evolução humana ocorreria quando algumas pessoas altamente evoluídas na Terra atingissem um nível mais elevado de consciência e, então, uma mudança crítica na evolução humana ocorreria. Auroville foi concebida como um campo morfogenético, um centro de unidade humana em que um trabalho intencional seria feito coletivamente para dar esse salto evolucionário em direção a uma consciência verdadeiramente divina. O trabalho focaria a transformação do corpo em nível celular a partir da transmutação da matéria em consciência pura. Isso era visto como uma tarefa importante para preparar para o início de um mundo novo. O estatuto de Auroville afirmava que o local era um laboratório vivo da evolução. Deveria ser um lugar para a educação contínua para uma juventude que nunca envelhece. Cerca de 50 nações diferentes e 80 grupos linguísticos criaram Auroville, o que a torna uma das comunidades intencionais espirituais mais diversificadas na Terra. Isso, por si só, já é um desafio imenso.

A educação de crianças em Auroville

No mundo de hoje, muitas crianças crescem sem um sentido real de pertencimento. São um pouco como estranhos em um planeta mal-adaptado. São, às vezes, conduzidas a sistemas educacionais convencionais baseados no mérito e que não correspondem às necessidades profundas de explorar quem realmente são. Não possuem espaço para se tornarem seres completamente realizados, cuja mente, corpo e espírito fluem como um só. Perderam a noção profunda de comunidade, que um dia foi importante nas sociedades tradicionais. E, como resultado, um número cada vez maior de crianças fica alienado do processo de aprendizagem. Algumas crianças desenvolvem transtornos de deficiência de aprendizagem graves e acabam nas ruas ou nas cadeias.

A Mãe, a visionária e fundadora da comunidade multicultural de Auroville no sul da Índia, teve um sonho. Ela escreveu:

> Deve haver algum lugar na Terra, um lugar em que nenhuma nação possa reivindicar como sua propriedade exclusiva, um lugar em que todos os seres humanos de boa intenção, sinceros em suas aspirações, possam viver livremente como cidadãos do mundo... Nesse lugar, as crianças seriam capazes de crescer e de se desenvolver plenamente sem perder contato com sua alma. A educação seria oferecida para o enriquecimento das faculdades existentes e propiciaria o surgimento de novas capacidades, e não para o propósito de se passar em exames e adquirir certificados e cargos.

O foco central do ensino em Auroville é permitir que as crianças desenvolvam seu verdadeiro potencial, ou o que a Mãe chama de "ser psíquico". E o que vemos atualmente é que algumas de nossas crianças são seres altamente conscientes. Muitas delas têm um amor profundo pela natureza, compartilham responsabilidade umas pelas outras e demonstram uma preocupação sincera pela Terra. Sabem que possuem uma missão na vida, mesmo que não saibam como essa missão se revelará. Elas respondem melhor ao ensino experimental, ou seja, ao fazer em vez de ouvir explicações sobre como as coisas são feitas. Estão interessadas, geralmente impacientes, em adquirir as competências que precisarão não apenas para sobreviver no difícil mundo atual, como também para fazer a diferença. A maioria delas despreza a farsa e a pretensão, mas são em geral rápidas para perdoar um erro honesto. Elas se recusarão a serem moldadas em mentalidades que não honrem o sentido mais profundo de quem são. Pensam com o coração e sentem com a mente. Curiosamente, cada nova geração em Auroville parece ressoar em uma oitava superior e possuir uma consciência ainda mais sutil. A missão é atender às necessidades de cada criança ao oferecê-la um ambiente que alimente sua força de vida.

Avançamos muito desde os primeiros dias de Auroville, quando tínhamos uma escola com apenas uma sala, alguns professores voluntários e pais. Desde o começo, havia uma mistura racial. As crianças da vila Tâmil se juntavam às crianças que vinham de todos os lugares do mundo para construir uma nova cidade do futuro. A educação era bem rudimentar, mas, de certa forma, o deserto árido e erodido que servia de casa para Auroville era uma escola por si só, já que as crianças aprendiam a prosperar sob o sol forte dessa planície estéril. Com o passar do tempo, Auroville deixou de ser um planalto árido e se transformou em uma floresta exuberante. E, da mesma forma, a escola de Auroville se desenvolveu e produziu frutos. Hoje em dia, há cerca de uma dezena de escolas experimentando a filosofia educacional da Mãe, as ideias de Maria Montessori e as da escola Rishi, assim como métodos mais convencionais. Possuímos escolas de treinamento vocacional avançadas e uma escola de ensino médio que prepara para o bacharelado internacional, tem bibliotecas excelentes e um laboratório de ciências totalmente equipado. Crianças de todas as etnias e classes estudam juntas em três idiomas: inglês, francês e tâmil. Também praticam um pouco de sânscrito. Já que há uma diversidade cultural bem grande desde o início, as crianças são muito mais tolerantes umas com as outras desde muito novas. A ênfase está no aprendizado da convivência em uma comunidade. Servir ao próximo é uma parte importante do código da vida.

Atualmente, em Auroville, assim como em outras comunidades intencionais espirituais, as crianças que saem de lá parecem compreender, de forma bem clara, que desempenham um papel na vida. Podem não conhecer os detalhes de sua missão na Terra ou de seu destino pessoal, mas sabem que possuem um. Algumas delas expressam um sentimento forte de estar a serviço e um desejo de evoluir espiritualmente. Um dos mais antigos jovens de Auroville relata:

> Quando eu era criança, lembro de perambular descalço pela floresta. Tínhamos muito pouco, mas tudo parecia possível. Mais tarde, alguns de nós enfrentaram dificuldades para se encaixar fora de Auroville. Nem sempre foi fácil, mas o que Auroville nos deu foi um sentido básico de confiança em nós mesmos, um sentimento profundo de comunidade e uma *raison d'être* por algo maior do que cada um de nós como indivíduos. Isso realmente nos ajudou a enfrentar e superar os obstáculos no caminho.

A filosofia educacional da Mãe foca o desenvolvimento integral da criança. O canto e os esportes são tão importantes quanto a matemática e a física. Técnicas em artes marciais e exercício respiratório prana desenvolvem o equilíbrio físico e psíquico. O reconhecimento do que nos cerca e o fluxo de energia consciente são enfatizados. O corpo aprende e, dessa forma, a mente se acalma. Sistemas educacionais convencionais tendem a enfatizar o desenvolvimento das capacidades mentais. No entanto, isso faz com que as crianças comecem a viver em sua mente, e não em seu corpo. A filosofia ancestral védica trata de acalmar a mente para que se torne uma com o Universo. Os Upanixades descrevem o corpo como uma carruagem e a mente como as rédeas sutis que guiam essa carruagem. Quando o corpo é adequadamente treinado, a intuição se torna altamente desenvolvida e, com ela, a consciência do Universo. Quando a mente é muito dominante, a pessoa simplesmente não consegue se manter bem equilibrada.

Em Auroville, enfatiza-se a oferta de espaço e de um ambiente para que as crianças descubram seu ser essencial. As aulas são geralmente organizadas em contextos temáticos, em que elas são convidadas a criar seus próprios livros e materiais, depois que aprendem sobre o assunto. O trabalho em grupo é geralmente enfatizado. Isso quer dizer que, desde muito novos, os alunos aprendem a conceber e executar projetos conjuntamente, o que os prepara para serem bons membros de equipe, uma habilidade que é geralmente importante mais tarde na vida. Várias escolas utilizam a caixa de areia, uma técnica em que crianças pequenas escolhem objetos das prateleiras e criam uma história nessa caixa. Os professores as observam brincar e depois notam em que direção a imaginação e a intuição das crianças as levam. Podem até mesmo diagnosticar problemas e perceber os meios pelos quais um aluno pode se sentir perturbado ou ter necessidades não satisfeitas.

Auroville é perfeita para o desenvolvimento pessoal. As crianças vagueiam descalças pela floresta, andam a cavalo em estradas secundárias, constroem casas nas árvores, aprendem a nadar nas ondas fortes do oceano. Passam bastante tempo na natureza. Uma criança que ama a natureza se torna uma conservacionista espontânea. As crianças de Auroville recebem treinamento prático em recuperação ambiental. Muitas delas têm instinto de defesa da natureza quando a Terra está ameaçada por novas estradas e projetos imobiliários. Convivem umas com as outras não apenas na escola como também na vida comunitária. Isso significa que o relacionamento entre elas tem amplitude e profundidade. Podem ir para as montanhas juntas, cuidar de cavalos na fazenda dos pôneis ou trabalhar em um projeto de plantação de árvores. Desenvolvem habilidades sociais naturais que lhes são úteis em muitas situações. Algumas das escolas de Auroville enfatizam a ioga e a meditação como elementos naturais do desenvolvimento da criança.

Auroville possui tipos diferentes de escolas. As crianças são tratadas como iguais, mas todas possuem necessidades de aprendizado diferentes e podem ser direcionadas para a escola que atenda a suas necessidades específicas. Uma pode ser mais artística, outra pode se sentir mais direcionada para a matemática, a engenharia e as ciências. Elas têm a oportunidade de manifestar seus talentos reais. Ao mesmo tempo, há o reconhecimento de que cada uma delas tem a capacidade de desenvolver todos os aspectos de seu ser. A ênfase não é na educação para uma carreira, mas em aprender a se engajar com a vida. A colaboração é enfatizada e a competição desencorajada. A beleza, a perfeição e a integridade são vistas como valores importantes. Os conceitos de sucesso e de fracasso são relativos. O que importa é que a criança se desenvolva de acordo com seu verdadeiro potencial. A liderança é vista mais em termos de auxílio aos demais do que de ganho pessoal. Já que as crianças possuem seu lugar na comunidade, não precisam se sentir pressionadas para competir na vida, mas simplesmente fazer o seu melhor. Sabem que sempre terão um lugar na comunidade. Tendo dito isso, algumas delas seguiram para universidades como Harvard e Oxford. Também tivemos um ganhador da bolsa de estudos Rhodes.

Quando os pais se separam ou se divorciam, o que acontece nas comunidades da mesma forma como no restante do mundo, os filhos geralmente não ficam traumatizados da mesma maneira que ficariam em outros ambientes. Isso acontece porque, quando a vida comunitária ao redor da criança permanece estável, ela sabe que possui um lar que é maior do que o núcleo familiar fraturado. Quando um ou ambos os pais permanecem na comunidade, ela normalmente se adapta bem, porque a noção de segurança não é ameaçada. Sabe que manterá contato e se relacionará com seus pais e com a comunidade.

É interessante notar que muitos adultos jovens às vezes saem da comunidade para trabalhar em outros lugares, mas muitos deles retornam para ter seus filhos em Auroville. O sistema educacional de Auroville não é perfeito, mas o retorno da juventude é uma confirmação de que a comunidade oferece aos jovens uma importante parcela daquilo que precisam. Atualmente, Auroville tem quase 3 mil residentes. À medida que a comunidade transita de um aglomerado de ecovilas para uma ecossociedade e um importante cruzamento de culturas internacionais, nossas formas de educação se tornam mais variadas. No entanto, a ideia é sempre alimentar o ser interior e oferecer educação ao longo de toda a vida. Um fluxo constante de visitantes e residentes oferece *workshops*, seminários e programas de treinamento aprofundados em uma variedade de áreas de ensino.

Diria que os valores educacionais mais importantes da comunidade se concentram na oferta a crianças e adultos de espaço para amadurecerem e se desenvolverem de acordo com suas próprias ambições e necessidades. Esses valores estão fortemente baseados no estabelecimento de um contato com a Terra que honre a natureza como nossa melhor amiga e professora. Eles focam a criação de espaço para a descoberta, a invenção e a transformação, onde toda a vida se torna ioga.

Marti de Pezeral foi professora de linguística aplicada na Université Panthéon-Sorbonne (Université Paris 1) e trabalhou no Centre Nationale de la Recherche Scientifique (CNRS), em Paris. Escreveu vários livros, incluindo *Indigo Spirit: Towards a Child-Friendly Planet: A Guide for the Indigo Child in Each One of Us* (2003), sobre os valores essenciais em educação, e *This Earth of Ours* (2004), que tem um prefácio da Sua Santidade, o Dalai Lama. É representante em Genebra, na Suíça, do Conselho Econômico e Social (ECOSOC; do inglês, Economic and Social Council) da Organização das Nações Unidas (ONU) e presidente do Conselho Consultivo Internacional da Global Ecovillage Network (GEN). Divide seu tempo entre Auroville, Índia, e Paris, França.

> Jan Martin Bang descreve o histórico, a filosofia e o modo de vida do movimento Camphill, possivelmente a forma de integração de vida comunitária mais radical do mundo para pessoas com deficiência.

A integração de pessoas com deficiência nas comunidades Camphill

Jan Martin Bang

A saúde e a salubridade só vêm
quando no espelho da alma
do homem a comunidade inteira
toma forma; e na comunidade
mora a força de cada alma.

RUDOLF STEINER

O histórico

Durante os anos 1930, um grupo de intelectuais reunidos por Karl König começou a se encontrar regularmente em Viena. Foram inspirados pela antroposofia, os ensinamentos de Rudolf Steiner, e como ela poderia ser posta em prática nos campos da saúde e da educação.

Como a situação política se tornou mais ameaçadora, decidiram se mudar. Depois do Anschluss[7], em 1938, quando a Alemanha nazista invadiu a Áustria, eles se espalharam pela Europa, mas voltaram a se reunir na Kirkton House, no vale Dee, perto de Aberdeen, na Escócia, no início de 1939, e começaram a receber crianças com deficiências. Alguns meses depois do começo da Segunda Guerra Mundial, os membros desse grupo foram registrados como estran-

---

7 Anschluss: palavra da língua alemã que significa "conexão" ou "anexação". Na História, refere-se à anexação político-militar da Áustria à Alemanha, realizada em 1938. (N. da T.)

geiros inimigos e todos os homens foram presos na ilha de Man. As mulheres seguiram em frente e fundaram uma casa maior. Elas se mudaram para a Camphill House em 1º de junho de 1940. Os homens retornaram poucos meses depois. A comunidade era então formada por cerca de 30 pessoas, das quais um pouco menos da metade era formada por crianças com deficiências. Eles se viam como refugiados políticos trabalhando com refugiados sociais.

Durante os anos 1940, a comunidade cresceu e, em 1949, havia 180 crianças vivendo em cinco casas. Nos anos 1950, o movimento cresceu e se desenvolveu, chegando até a Inglaterra, a Irlanda, a Alemanha, os Países Baixos, a África do Sul e os Estados Unidos. No começo dos anos 1950, König começou a pensar em mais comunidades, onde adultos com deficiência intelectual viveriam juntos com colaboradores em situações de família estendida. A primeira vez que isso foi posto em prática foi em Botton, North Yorkshire, em 1954, onde foi estabelecida a primeira aldeia Camphill como conhecemos hoje. Isso criou um modelo que tem sido a base da comunidade por mais de meio século. Hoje, Botton abriga mais de 300 residentes, em quatro grupos espalhados por todo o vale, chegando até North York Moors.

Por todo o mundo, existem, no momento, mais de 100 comunidades Camphill, em mais de 20 países. Elas estão organizadas em sete regiões, e uma série de revistas e jornais mantém as informações circulando entre elas. Existe um elemento forte de internacionalismo e, mesmo na pequena comunidade de mais ou menos 45 pessoas onde vivo, contamos 13 diferentes nações representadas em um recente encontro cultural.

A filosofia

Sempre nos descrevemos como pessoas que vivem uma vida comunitária, que tentam realizar as ideias da antroposofia no cotidiano. As ideias de Rudolf Steiner, que fundou o movimento antroposófico, devem muito à abordagem científica de Johann Wolfgang von Goethe (1749-1832). Goethe gostava de contextualizar as coisas, de olhar para processos, e procurava padrões que se replicavam em lugares diferentes.

Em Camphill, trabalhamos com dois estímulos paralelos. Um consiste em trabalhar com os moradores com deficiência intelectual, reunindo-se com eles e reconhecendo que têm aspectos físicos, psicológicos e espirituais, que contribuem para formar este indivíduo singular que temos diante de nós. Isso pode ser considerado um trabalho "interno", e os colaboradores são encorajados a dedicar tempo ao estudo, tanto em seu grupo como em outros.

O outro estímulo consiste em criar uma sociedade alternativa, como acontece quando os colaboradores falam sobre "a fraternidade" ou "a concretização de uma sociedade tripolar". A trimembração foi apresentada por Steiner em palestras durante a última fase da Primeira Guerra Mundial e nos anos seguintes. Seus pensamentos se basearam em estudos sobre o desenvolvimento da sociedade europeia nos séculos anteriores. Na Inglaterra, viu a Revolução Industrial como a modernização da vida econômica, conduzindo a demandas por *fraternidade*, ao desenvolvimento do sindicalismo e de políticas trabalhistas. Na França, durante a Revolução Francesa, viu a mudança na vida jurídica levando a demandas por *igualdade*; na Europa Central (mais tarde unificada para tornar-se a Alemanha), viu mudanças na vida espiritual levando a demandas por *liberdade*.

Steiner identificou como os três grandes ideais de fraternidade, igualdade e liberdade tinham sido corrompidos pelo aumento do nacionalismo e pelo desenvolvimento do Estado-nação centralizado. Posteriormente, König descreveu como isso levou à insanidade do nazismo, do fascismo e do comunismo de Estado após a morte de Steiner. A análise da trimembração foi apresentada por Steiner como uma maneira de reconstruir a Europa após o desastre da Primeira Guerra Mundial, mas suas ideias não ganharam credibilidade e ficaram adormecidas até serem adotadas por König na construção das comunidades Camphill nos anos 1940 e 1950.

Até onde sei, Camphill é a única comunidade (embora existam outras comunidades inspiradas nela que não são parte de nossa rede) onde esses dois estímulos, o trabalho interno de viver com pessoas com deficiência e o trabalho externo de criar uma sociedade alternativa, manifestam-se juntos dessa maneira. Quando equilibrados, isso dá à tradição de Camphill a solidez que a conduziu por mais de 60 anos e por mais de 20 países pelo mundo todo. Ela combina "fazer um bom trabalho" com "construir um futuro brilhante". Novas comunidades são fundadas quase todos os anos, e os jovens reúnem-se para experimentar esse fenômeno incrível.

Como essas ideais funcionam na prática?

Nas comunidades, a maioria vive em grandes famílias estendidas, colaboradores (tanto pessoas que ficam por um longo tempo com suas famílias como jovens voluntários temporários) e moradores (com deficiência intelectual ou com alguma necessidade) compartilham sua vida, refeições, salas de estar e banheiros. Três vezes ao dia, cerca de 15 pessoas ou mais devem estar reunidas em volta da mesa de jantar. Cada casa tem seu próprio orçamento e é dirigida de maneira mais ou menos autônoma por alguns colaboradores responsáveis. Pela manhã e à tarde, todos vão trabalhar em vários locais. Em Solborg, temos uma fazenda biodinâmica, uma extensa horta de legumes e verduras, uma padaria, uma oficina de tecelagem, cultivo e secagem de ervas, e uma floresta grande para madeira e lenha.

Em muitos países, pessoas com deficiência intelectual são "cuidadas" de várias maneiras, algumas vezes muito bem por pessoas atenciosas; em outros países, são mantidas em instituições perversas, onde dificilmente são tratadas como seres humanos. Em nossas aldeias, tentamos achar um trabalho adequado para cada um, de acordo com sua habilidade, algo útil e concreto que possa fazer e que contribua para o bem-estar dos outros. Tentamos criar uma comunidade em que cuidamos uns dos outros. Às vezes, sinto que a vida aqui gira em torno do trabalho, tem sempre muito a ser feito e nunca pessoas o suficiente para fazê-lo. Contudo, a sensação de ter um objetivo útil é um recurso valioso. Com certeza, o conceito de desemprego não tem relevância em nossa comunidade! Todos temos a necessidade básica de sermos amados, apreciados e úteis para alguém, e expressamos isso fazendo coisas para outras pessoas, dando os dons de nosso trabalho àqueles que amamos. Quando é dito para alguém que seu trabalho não é mais útil, que fique sentado e olhe para a parede pelo resto de sua vida, essa pessoa sofre um trauma enorme. O trabalho é feito não só para as outras pessoas como também para nós mesmos.

Interdependência

Os laços que se desenvolvem entre os colaboradores, seus filhos e as pessoas com deficiências intelectuais são muitos e variados. Não é sempre fácil compartilhar sua vida com pessoas que pensam e se comportam de maneira diferente. Alguns colaboradores, após um ou dois anos, descobrem que esse estilo de vida não é para eles e vão embora. Outros vivenciam uma possibilidade mais profunda para um autodesenvolvimento pessoal em sua interação com os moradores e continuam amigos próximos das pessoas com deficiência mesmo muitos anos depois de terem saído da aldeia e criado uma nova vida.

Alguns dos que crescem na aldeia como filhos dos colaboradores não podem esperar para sair e achar uma vida mais "normal"; outros são, em algum momento, inspirados por sua experiência prévia na aldeia e voltam para ela com grande vigor. Existem muitos colaboradores de segunda e terceira gerações por todo o movimento.

Comemos juntos como uma família, três vezes ao dia, e esse é um lembrete diário de como as várias tarefas são as próprias recompensas. Uma das moradoras é responsável pelas galinhas, por coletar e contar os ovos, alimentá-las e depois guardá-las à noite. Ela realmente se orgulha de seu trabalho e, assim como muitas pessoas se definem por seu trabalho, essa é uma das primeiras coisas que contará a um visitante. Temos uma oficina de tecelagem funcionando durante os meses de inverno, quando as hortas estão cobertas pela neve. Um ou dois moradores trabalham lá e têm muito orgulho da toalha na mesa ou do casaco que às vezes uso. No verão, a horta de verdura e legumes e as estufas produzem uma grande quantidade de comida, grande parte da qual vai durar por todo o inverno. Esses legumes e verduras estão em nossas mesas quase todos os dias.

A natureza do trabalho

Todos esses objetos úteis, e muitos outros, são resultado do trabalho das pessoas. Feitos não para ganhos ou lucros, mas para o bem de fazer algo por prazer e que é útil para outras pessoas. O trabalho é um serviço para os outros, feito e dado gratuitamente. Em nossa aldeia, lutamos para sair da independência; em vez disso, nosso objetivo é criar interdependência. É importante que cada um experimente o trabalho dos outros, que é não somente dado como também recebido gratuitamente. Dessa maneira, cada ser humano tem mérito e valor, à medida que contribui com alguma coisa pelo bem-estar geral da comunidade.

Outras aldeias têm oficinas que produzem cerâmica, velas, bonecas ou brinquedos de madeira. Eu tenho feito refeições nas casas Camphill, onde a mesa veio da carpintaria, a toalha de mesa da oficina de tecelagem, os pratos e copos da olaria, as velas (que são acesas em cada refeição) da loja de velas e quase toda a comida da produção da aldeia: pães, produtos lácteos, geleias, legumes e verduras, chás de ervas, mel e carne. Essa autossuficiência não é um fim em si mesma, mas uma forma de garantir que cada pessoa esteja empregada, fazendo algo útil para a aldeia. Em muitos casos na sociedade tradicional, pessoas com deficiência intelectual são postas de lado e "cuidadas"; assim, nega-se a elas um papel ativo e útil. No mundo Camphill, cada pessoa tem algo a contribuir e sente-se valorizada mesmo quando busca o leite ou arruma a mesa.

Além desses ramos de atividades, há as casas para administrar, lavar, cozinhar e limpar. Esse trabalho é considerado tão importante quanto a produção, e a ocupação de "dona de casa" ou "mãe da casa" é tão importante para o bem-estar da comunidade quanto qualquer outra profissão. Todos têm um local de trabalho e contribuem para algo útil para o funcionamento da aldeia, de acordo com sua capacidade. Nesse âmbito, nenhum dinheiro troca de mãos e o trabalho é visto como algo que é oferecido sem custo dentro da irmandade, reconhecendo que alguns têm maior capacidade do que outros.

As finanças e o dinheiro

Na Noruega, a renda de nossas vilas com a venda de produtos não é grande. Há um Estado de bem-estar social altamente desenvolvido aqui e o governo aloca quantias relativamente generosas para quem "cuida" de pessoas com deficiências intelectuais. Isso é único no movimento. A maioria dos outros países disponibiliza quantidades menores para essas pessoas; outros não dão nada. Em cada país, Camphill acha sua própria solução. Na Grã-Bretanha e nos Estados Unidos, existe um sistema de financiamento bem desenvolvido, com informativos e listas de mala direta. As vendas de produtos e o grau de autossuficiência ajudam a reduzir a necessidade de investimentos externos. Alguns movimentos doam generosamente para outros. Desse modo, o movimento norueguês tem subsidiado a fundação e o desenvolvimento de novas aldeias no Leste Europeu ao longo dos últimos 15 anos, e essa assistência continua na forma de pagamentos em dinheiro e de um grupo regular de construtores que viaja para uma aldeia Camphill na Rússia todo ano para construir e ensinar sobre terra ecológica e construções com fardos de palha.

A maioria dos colaboradores que se comprometeram a viver e trabalhar por um longo tempo em Camphill formou uma irmandade econômica e divide os rendimentos. Isso significa que colocamos todos os nossos ganhos em uma conta e nos reunimos mensalmente para discutir como distribuí-los. A base é a da igualdade, começamos com a mesma quantidade de dinheiro, mas, a partir daí, as divisões se tornam desiguais. Tenho dois filhos em idade escolar, meu vizinho tem cinco e os colaboradores responsáveis pela terceira maior casa de família na aldeia não têm nenhum. As três famílias recebem obviamente quantidades de dinheiro bem diferentes para cobrir os custos de alimentação, vestimentas, educação e para cuidar das crianças.

A maneira mais simples de tratar de questões de dinheiro é valer-se da igualdade, dar a cada pessoa a mesma quantidade e dizer para serem responsáveis por si mesmas. Outro modo, mais difícil, mas muito mais educativo, é trazer nossas diferenças, olhar para elas e garantir que todas as necessidades sejam atendidas. Viver com igualdade é relativamente simples, até mecânico, todos recebem o mesmo e tudo é "justo". Mas, como seres humanos, somos todos diferentes, com necessidades variadas. Aceitar e viver com isso é mais difícil, mas traz a possibilidade de aprender mais sobre outras pessoas e sobre nossas reações a elas. Amar pessoas que são boas e amigáveis não é problema, isso não vai desafiá-lo. Aprender a amar seus inimigos é muito mais desafiador e provavelmente fará você crescer como ser humano. Quando compartilhamos nossas economias, o desafio de morar, trabalhar e amar alguém que é ganancioso, preguiçoso ou "desagradável" faz com que você fique reflexivo e o força a fazer um balanço de seus preconceitos e suas expectativas. Mas isso não é fácil; faz com que você confronte todas as características de ganância, de preguiça ou "desagradáveis" da sua própria personalidade!

As práticas e os princípios ecológicos

As fazendas e hortas nas aldeias Camphill são biodinâmicas, produzindo alimentos da mais alta qualidade, ao mesmo tempo que preservam a terra e a vida selvagem. Geralmente, o resíduo orgânico da cozinha é compostado em uma central de compostagem na aldeia. O transporte a cavalo é muito comum, sendo eficiente e de baixo custo para o tamanho da aldeia. As aldeias na Inglaterra foram pioneiras no tratamento de efluentes usando tanques, canaviais e cascatas. Isso agora é padrão nas aldeias da Noruega e comum por todas as aldeias Camphill no mundo. As construções, tanto as salas comunitárias como as capelas e as grandes casas residenciais, são em grande parte feitas com materiais naturais, evitando o uso de venenos e plásticos o máximo possível. Contudo, ainda há muito a ser feito no aumento da conscientização, na construção, no transporte, na reciclagem e no uso de energia.

Conclusão

As aldeias Camphill são comunas ou comunidades intencionais no sentido clássico, empenhadas em criar uma alternativa para a sociedade tradicional. Tentamos integrar uma visão de mundo espiritual em nosso cotidiano, criar uma irmandade na vida econômica e uma igualdade flexível no âmbito social. Em resumo, oferecemos um modo de vida alternativo, tanto para nós como para aqueles com quem vivemos e com quem nos importamos.

Jan Martin Bang trabalhou com tecnologia alternativa, saúde, agricultura e cooperativas na Grã-Bretanha durante os anos 1970. Em 1984, ele se mudou para Israel com sua mulher e filho. Foi um dos fundadores do Green Kibbutz Group, atuando em nome da Global Ecovillage Network (GEN) em Israel, coordenou o primeiro curso de design em permacultura em Israel, fundou o Israel Permaculture Group, cultivou mil oliveiras orgânicas e concluiu a primeira construção moderna com fardos de palha em Israel. Também ensinou permacultura e design de ecovilas na Turquia e em Chipre. Em 2000, mudou-se com a família para Camphill Solborg, na Noruega, onde tem responsabilidades domésticas e administrativas. É editor do *Landsbyliv* (Vida na Aldeia), revista da comunidade Camphill norueguesa. Atualmente, é secretário da Norweggian Permaculture Association e atua no Norwegian Ecovillage Trust. Escreveu um livro sobre design de permacultura em ecovila intitulado *Ecovillages: A Practical Guide to Sustainable Communities* (2005), publicado pela Floris (Europa) e pela New Society (América do Norte).

MÓDULO 2

Habilidades de comunicação: conflito, facilitação e tomada de decisões

---

A facilitação de encontros e a tomada de decisões
A prática da democracia direta
As reuniões vistas como rituais
Os limites à participação
A facilitação de grupos: um guia passo a passo
Explorando a inteligência coletiva: os novos desafios na ecovila de Sieben Linden

A comunicação em prol da paz
A fofoca como dinâmica de grupo
O Fórum: um caminho para a comunicação de grupo
Do conflito à comunidade: uma democracia profunda e a abordagem de trabalho processual
Rumo a um modelo holístico de resolução de conflitos
Levando a paz ao mundo: trechos de *Speak Peace*

> Starhawk nos mostra a diferença entre os modelos hierárquicos e os modelos baseados na imagem da rede – ambos baseados na natureza. Ela nos aconselha a usar o poder de liderança com prudência e sempre garantir o empoderamento dos que estão a nosso redor.

A prática da democracia direta
Starhawk

A democracia direta, a organização horizontal e a estrutura não hierárquica são aspectos centrais de nosso movimento. Colocá-los em prática é uma arte que requer uma mudança em nossos modelos organizacionais, assim como em nossa forma de pensar.

O modelo hierárquico

A hierarquia é o modelo de liderança e de organização com o qual a maioria das pessoas está familiarizada e no qual está inserida desde o momento em que nasce, em um hospital moderno, até sua educação, em uma escola pública ou privada, e além, atingindo a vida adulta – independentemente de cursar uma universidade, trabalhar servindo hambúrguer no McDonald's, ascender a um cargo gerencial em uma grande empresa, ter uma passagem pelo Exército ou frequentar a igreja do bairro. Apesar de a hierarquia, para muitos de nós, ter uma conotação negativa de ausência de empoderamento e falta de liberdade, a palavra, na verdade, descreve certo padrão que existe tanto na natureza como nas questões humanas. A hierarquia é um padrão de ramificações. Observe uma árvore e veja como os galhos se conectam a um ramo, os ramos a ramos maiores, e estes ao tronco.

Esse padrão de ramificações é extremamente difundido na natureza. É o mesmo padrão encontrado na forma pela qual riachos pequenos se juntam em ribeiras, em córregos maiores e em rios caudalosos. É o padrão de capilares, veias e artérias. A natureza reproduz esse padrão repetidamente, porque é muito útil. Um padrão de ramificações funciona para coletar, concentrar e dispersar. Ele se ramifica para preencher completamente o espaço mais amplo possível. Perceba como uma árvore ocupa o volume máximo de espaço com suas folhas ou extremidades, que captam a luz do Sol do maior número possível de superfícies. A energia solar é transformada em açúcar, depois coletada e concentrada e, em algum momento, espalhada para alimentar as células da árvore e as raízes que, em sua estrutura, se espelham nos ramos. As raízes recolhem água e nutrientes, que, por sua vez, são concentrados e depois distribuídos para os galhos e as folhas.

Um padrão de ramificações liga o tronco à folha mais distante em uma linha clara, mas não permite que as folhas alimentem umas as outras diretamente. O salmão não consegue saltar da nascente de um córrego para a de outro.

Para que um padrão de ramificações seja sustentável, os fluxos nos dois sentidos precisam estar equilibrados. A energia coletada pelas folhas é equilibrada pela água e pelos nutrientes recolhidos pelas raízes. O tronco, que é o local da concentração, é apenas um canal que atende a esse equilíbrio.

Porém, nas sociedades humanas, os padrões de ramificações são geralmente usados para coletar riqueza, recursos e trabalho de um grupo e dispersá-los para outro grupo. Apenas o suficiente para a sobrevivência é oferecido de volta. O valor produzido pelo trabalho é coletado dos trabalhadores, as folhas da árvore corporativa; depois, concentrado nas mãos dos vários níveis gerenciais; e, em algum momento, distribuído para os donos e acionistas.

Nessa hierarquia, o poder e a tomada de decisões fluem na direção oposta. As decisões são tomadas por apenas algumas pessoas no topo dos escalões e comunicadas aos que estão abaixo e não possuem nenhum direito de opinar nas decisões.

Um modelo diferente: a rede

Quando começamos a nos organizar ao redor do princípio de democracia direta e igualdade real, precisamos buscar um modelo diferente, um padrão diferente. Não foi coincidência o fato de o movimento de justiça global ter crescido lado a lado com a internet e de a metáfora mais comum para a comunicação *on-line* ser a da rede. A rede pressupõe um padrão de conexões que são complexas e flexíveis, o que não ocorre no padrão de ramificações. Em uma teia de aranha clássica, raios partem de um ponto central, ligados por uma espiral de fios pegajosos. Uma teia também pode concentrar informação: qualquer ponto da teia pode se comunicar com o centro, mas também pode se comunicar com outros pontos na periferia.

A World Wide Web é um modelo muito conhecido desse padrão. Permite formas múltiplas de comunicação: um a um, um com um grupo selecionado, um com uma grande lista de pessoas. Permite a publicação de informação em um *site*, para que muitos acessem, e as respostas também podem fluir em muitas direções.

A maioria dos grupos antiautoritários trabalha com base em algum tipo de consenso. Consenso não quer dizer unanimidade: significa que as necessidades e preocupações de todos são ouvidas e levadas em consideração. O consenso funciona melhor como um processo de pensamento criativo, em que se aloca tempo suficiente para o debate livre de uma questão, assim como para a síntese e a revisão de ideias que surjam. Em sua melhor expressão, o consenso promove uma atitude de abertura, de respeito pela posição de cada pessoa e por flexibilidade. O consenso pode tomar muito tempo e ser frustrante, como acontece com qualquer processo de decisão em que há diferenças reais a serem resolvidas. Encobrir essas diferenças ou permitir que um lado derrote o outro não as resolve de verdade, e as divisões então aparecem quando o grupo tenta decretar suas decisões. Há vários recursos disponíveis para aprender sobre processos de consenso, e um facilitador hábil pode ser de grande ajuda ao grupo.

Por exemplo: Reclaiming

Por mais de 20 anos, trabalhei com um grupo, organizado com base nesses princípios, chamado Reclaiming. Começamos em 1980 como um pequeno coletivo de cinco mulheres, passando por vários estágios evolutivos à medida que crescíamos e expandíamos.

O Reclaiming surgiu como um círculo integrado de amigas que começaram a dar aulas juntas sobre espiritualidade baseada na terra e feitiçaria. Estávamos todas no mesmo círculo ritual, nos conhecíamos bem e nos encontrávamos com frequência. À medida que dávamos as aulas, recrutávamos novos alunos para as aulas seguintes e, assim, nosso círculo começou a se expandir.

Originalmente, éramos um coletivo aberto: qualquer pessoa podia assistir aos encontros, envolver-se com o trabalho e participar das decisões. Logo, percebemos as armadilhas dessa abertura, quando nos achamos lidando com um psicótico que teve alucinações durante um encontro ou com pessoas que tinham opiniões fortes, mas nenhum interesse no trabalho. Além disso, os encontros eram longos e geralmente tediosos, já que todos estavam envolvidos com cada decisão.

Rapidamente, mudamos para um modelo de grupos de trabalho que chamamos de "células", em parte como uma referência irônica às células comunistas e, em parte, porque a palavra descrevia o que o grupo fazia, ou seja, executava funções específicas para um corpo total: ensinar, organizar um boletim informativo, planejar rituais públicos etc. As células têm autonomia com relação às suas próprias obrigações. Um coletivo central e fechado foi formado para a coordenação e para a tomada de decisões de questões mais abrangentes.

O coletivo tinha um mecanismo rigoroso para a entrada de pessoas novas: sugeria-se o nome de alguém e o grupo inteiro tinha de chegar a um consenso com relação à sua admissão. Não tínhamos mecanismos para retirar pessoas do grupo, e isso se mostrou problemático. Ao longo do tempo, o coletivo se isolou. As pessoas não queriam deixar novas pessoas entrarem e se arriscar a ter que conviver com pessoas de quem não gostavam. Alguns indivíduos permaneciam no coletivo, apesar de não estarem colaborando de verdade, e outros, que estavam se empenhando, não faziam parte do coletivo. Pessoas que talvez tivessem interesse em se associar ficavam completamente perplexas com nosso processo seletivo e não tinham a menor ideia de como fazer para participar.

Depois de 15 anos de existência, começamos um longo processo de reestruturação. Escrevemos coletivamente uma declaração de princípios de unidade. Criamos um novo corpo chamado The Wheel (A Roda), em que as células operantes tinham representantes próprios, escolhidos por elas. O coletivo antigo renunciou e transmitiu seu poder ao novo.

Enquanto isso, no entanto, crescemos de outras maneiras. Por anos, oferecemos cursos intensivos de uma semana, que chamávamos de Witchcamps (acampamentos de feiticeiras), em várias partes dos Estados Unidos, do Canadá e da Europa. Cada acampamento inspirou os moradores locais a começar a ensinar e organizar aulas, rituais e reuniões. Originalmente, os professores da célula de São Francisco escolhiam as equipes e os professores para todos os acampamentos. No entanto, à medida que as pessoas em outras localidades ganhavam experiência e competências, começavam a ressentir o "controle central" e a querer serem ouvidas nas decisões. Acabamos criando uma estrutura de conselho de porta-vozes para toda a estrutura de rede dos acampamentos de feiticeiras. O conselho é formado por um professor e um organizador de cada comunidade de acampamento. Ele não possui poder: as principais decisões devem retornar para as comunidades, a fim de se chegar a um consenso. Ele se reúne uma vez ao ano presencialmente e uma vez ao ano *on-line*, em um encontro baseado em uma lista de e-mails que vai se ampliando.

Ao estabelecer essas estruturas, tentamos garantir liberdade, criatividade e autonomia máximas, enquanto instituímos regras mínimas e o menor controle centralizado possível. Percebemos que certas regras informais são úteis em nossos organismos, celebrações e ações. Demos a elas os nomes de corvos, cobras, graças, dragões e aranhas.

A tarefa dos corvos é manter a visão geral, ter em mente a direção do grupo, de olhar para a frente e compreender o panorama. A tarefa das cobras é de manter a visão subterrânea, perceber o que não está acontecendo, quem não está presente, que problemas estão surgindo.

As graças convidam as pessoas a associarem-se, fazem com que elas se sintam bem-vindas e expandem o grupo. Os dragões controlam as fronteiras, monitorando os detalhes e mantendo a defesa contra os intrusos. E as aranhas ficam no centro da rede, cuidando da integração e da comunicação.

Em certos momentos, esses papéis são formalmente determinados. Em outros, cada um de nós pode desempenhá-los. Todos eles são aspectos de empoderamento da liderança. Quando são articulados, podem ser compartilhados e alternados mais claramente.

Empoderando lideranças na rede

Poder-sobre e poder-entre

A liderança é necessária e valiosa mesmo em grupos não autoritários. No entanto, a liderança empoderadora necessária nesses grupos é muito diferente da liderança em grupos hierárquicos. Não é a autoridade para dar ordens, emitir decretos, tomar decisões unilaterais ou dizer às pessoas o que fazer. Diferentemente disso, a liderança empoderadora lida com a persuasão, a inspiração e o compartilhamento do poder, da informação e da atenção. É a liderança que toma a dianteira e diz: "Gente, vamos tomar este caminho!".

Essa liderança não está baseada no "poder-sobre", na capacidade de controlar ou punir os outros. Utiliza-se de um tipo de poder diferente que eu chamo de "poder-entre". É baseada no respeito, na avaliação das pessoas de que o que estou dizendo vale a pena ser ouvido, talvez porque tenha mais experiência, habilidade ou conhecimento em determinada área. Na maioria das culturas indígenas, os anciãos exercem bastante poder-entre por terem mais experiência.

Ouvir os que têm mais experiência pode nos economizar muitas tentativas e erros. Se o ancião diz: "Não coma essa planta, pois meu tio comeu e morreu agonizando", podemos nos poupar de bastante sofrimento seguindo o conselho. No entanto, o poder-entre também pode levar a uma dependência e se transformar em poder-sobre. Muita obediência às palavras do ancião pode impedir a experimentação. Talvez o tio tenha morrido em agonia não por causa da planta, mas por causa de algo completamente sem relação com isso, e estamos deixando passar uma excelente fonte de alimento. No mundo pós-moderno, quando situações e obstáculos mudam tão rapidamente, a experiência do passado nem sempre é um guia válido para o futuro. Quando o poder-entre é reconhecido e identificado, pode ser avaliado e questionado, se necessário.

Para quem deseja exercer uma liderança de maneira empoderadora, o poder-entre é um recurso precioso, mas devemos pensar nele como um recurso finito. Penso nisso da mesma forma que na água em um reservatório no verão, que é abastecida por uma nascente. Em teoria, é eternamente renovável. Na realidade, ele enche lentamente em agosto, mas todo o armazenamento pode ser perdido se fizer algo estúpido, como deixar a mangueira aberta. Uma vez que a água é perdida, leva-se bastante tempo para recuperá-la. Se uso muito do reservatório, diminuo as reservas.

Recuar e avançar na mesma medida

A influência em um grupo também deve ser usada criteriosamente e sempre de forma respeitosa com os outros. Nunca a considere garantida. Sempre escute as opiniões dos outros com respeito. Permita que os outros aprendam e cometam erros. Se usada em excesso, a influência gera ressentimento e se esgota.

A liderança empoderadora significa recuar à medida que avançamos, deixando de fazer algo em que se é bom, a fim de dar a oportunidade para que outra pessoa aprenda. No entanto, recuar não é empoderador se você se sentar de forma silenciosa, mas internamente estiver contrariado e criticando.

George Lakey, organizador e instrutor, de longa data, em não violência, fala sobre o valor de encorajar seus alunos, de forma silenciosa, enquanto eles praticam um exercício. O apoio silencioso se tornou uma de minhas práticas recorrentes como professora, instrutora e líder. Se recuo e deixo outra pessoa ser a facilitadora de um encontro, eu a encorajo internamente de forma consciente: "Vá, Charles, vá! Foi um lance genial. Agora, sim, golaço!". Imagine a diferença na atmosfera se eu estiver sentada lá pensando. "Isso foi uma burrice. Faria melhor. Ah, não, por que você disse isso? Eu deveria estar lá e não ele!"

A liderança empoderadora não é apenas uma metáfora. Significa literalmente apoiar os outros, de forma enérgica e emocionalmente, e criar uma atmosfera em um grupo em que esse apoio intenso e a atenção respeitosa sejam a norma. Nesse tipo de grupo, as pessoas são mais criativas e inteligentes e tomam decisões melhores, e mais energia é gerada para realizar o trabalho.

O poder-entre deve ser reservado para os momentos em que habilidade e experiência são crucialmente necessárias. No entanto, use-o quando for preciso. Quando as plantas no jardim estiverem prestes a morrer, regue-as – para isso é que serve a água. Quando milhares de pessoas estiverem reunidas para um encontro depois do primeiro dia de bloqueio em Seattle e estiverem tentando decidir o que fazer no dia seguinte, enquanto a polícia usa gás lacrimogêneo nas ruas, o grupo precisa de um facilitador que seja o mais experiente e habilidoso possível. No entanto, essa pessoa enfrentará menos ressentimento, em uma situação tensa, se não tiver previamente facilitado todos os outros encontros.

Liderança de questões e liderança de processos

Há vários tipos de liderança que devemos exercitar em um grupo democrático direto. Podemos chamar o primeiro de liderança de questões, em que ações, direções, táticas e decisões são propostas e em que questões são levantadas, incitando o grupo a tomar decisões. Podemos chamar o segundo de liderança de processos, que ajuda o grupo a achar maneiras eficazes de tomar decisões, compartilhar habilidades e solucionar problemas. Facilitação de reuniões, treinamento, compartilhamento de habilidades, meditação e aconselhamento podem ser algumas das formas pelas quais a liderança de processos pode ser exercida.

Em grupos democráticos diretos, quando desempenhamos a liderança de processos, geralmente tentamos permanecer neutros e não exercer a liderança de discussões. Então, se estamos facilitando um encontro, não argumentamos a favor de uma proposta em particular. Isso concentraria muito poder em apenas uma voz. Se temos uma ação forte para propor ao grupo, não mediamos esse item da agenda. Se estamos envolvidos em um conflito, nem sempre tentamos mediá-lo. Quando estamos treinando um grupo, nossa função é oferecer as competências e uma chance de reflexão sobre experiências, que ajudarão as pessoas a formarem suas opiniões e tomarem decisões, e não impor nossa filosofia ou nossos valores. Impor nossos objetivos seria não apenas um abuso do poder-entre como também seria ineficiente e, provavelmente, causaria ressentimento, em vez de inspirar respeito.

O compartilhamento de poder na democracia direta

A liderança empoderadora significa compartilhar e expandir as competências, transmitindo-as da forma mais ampla possível e abrindo espaço para que outras pessoas colaborem com a própria criatividade, coletem informação e a assimilem e a tornem sua, realizem coisas que você não teria cogitado, cometam os próprios erros, mas também façam as próprias descobertas.

A liderança empoderadora não significa que você mesmo tenha sempre de ter a ideia brilhante, mas diz respeito ao reconhecimento e ao apoio às ideias dos outros. Em um ritual, uma pessoa às vezes começará, com hesitação, a cantarolar uma canção ou articular as palavras de um canto. Um bom líder de rituais está sempre ouvindo o grupo, pronto a unir-se a essa voz e fazer com que essa melodia sutil se torne audível.

O compartilhamento de informação e de habilidades, o apoio à criatividade de todos, o *networking* e a comunicação propagam o poder através de todo o grupo e, dessa forma, aumentam sua eficácia e inteligência.

Por meio da prática da democracia direta, podemos desenvolver formas e modelos que estabelecem um contraste verdadeiro à hierarquia e à dominação. Podemos aprender com nossos erros e experiências, explorando abordagens em pequena escala, que podem, em algum momento, tornar-se uma forma de organização da sociedade em larga escala, de maneira que cada pessoa tenha voz nas decisões que nos afetam.

Para ler a biografia da autora, veja a página 101.

> Beatrice Briggs nos inspira a ver as reuniões como rituais e a impregnar esses momentos de união com respeito, sentido e beleza. Também apela para que não desperdicemos tempo nos conformando com menos!

As reuniões vistas como rituais

Beatrice Briggs

Considere, por um momento, a possibilidade de que as reuniões sejam rituais.

Por rituais, não me refiro aos ritos religiosos, embora também sejam rituais. Nem às rotinas pessoais, como escovar os dentes, ainda mais as que são executadas de forma inconsciente, por hábito. Para esta reflexão, define-se ritual como um exercício cultural repetível, um ato específico executado em uma ocasião específica. Os rituais são comportamentos culturalmente codificados que nos oferecem um senso elevado de identidade e significado. Ajudam a nos definir como uma comunidade e nos fazem lembrar de quem somos, de como nos comportar e do que fundamentalmente tem valor.

A espécie humana inventou a si própria por meio do ritual. As culturas humanas são um produto do ritual, e ele é nosso principal produto cultural. Como os rituais moldam e refletem a evolução cultural, são uma fonte rica de informação a respeito da ordem social e uma ferramenta poderosa para sua transformação. Estou sugerindo aqui que as reuniões são um dos rituais dominantes de nossa época e, assim, se utilizadas corretamente, podem servir como um instrumento eficaz para a mudança social e cultural.

E se víssemos as reuniões – entendidas como encontros cujos objetivos são a discussão de questões de importância mútua e a tomada coletiva de decisões – como uma necessidade humana básica, como comida, sono ou sexo? E se as reuniões fossem tratadas não como uma obrigação entediante, mas como um elemento indispensável para a sobrevivência? E se elas nos conectassem às nossas profundezas psíquicas, à nossa comunidade local e ao grande mistério? E se nos lembrassem do que é sagrado e do que deve ser valorizado e protegido? Quão diferentes seriam as reuniões se as víssemos como uma oportunidade para nos educarmos, guiarmos, nutrirmos e curarmos? E se participássemos delas com paixão, reverência e com um senso de que nossa presença é de vital importância?

Os rituais crescem a partir dos mitos, as "grandes histórias" que contamos sobre nosso papel na jornada evolutiva do Universo. São as narrativas que, quando aliadas ao ritual, criam uma rede de significados com base na qual surge nossa identidade individual e coletiva. Somos as histórias que contamos e os rituais que praticamos. Então, como podemos aproveitar o poder dual do mito e do ritual para tornar nossas reuniões mais toleráveis?

A perda do ritual: a aversão às reuniões

À medida que as culturas locais de todo o planeta foram marginalizadas e até mesmo erradicadas em virtude dos interesses de corporações multinacionais e dos governos que as servem, muitos rituais perderam a conexão com o sagrado. A maioria de nós não celebra mais a lua nova, o solstício, a colheita ou o retorno das aves migratórias. Em vez disso, vamos, em grupo, ao shopping center, lotamos os estádios esportivos e participamos de reuniões horríveis, chatas, constrangedoras, opressivas, alienantes e irritantes.

Os rituais praticados em boa parte das reuniões produzem um tipo específico de sofrimento. Aqueles que tomam as decisões e sabem o que planejam fazer são obrigados a fingir que estão ouvindo as opiniões dos outros. Os participantes são obrigados a aguentar as reuniões até o fim, quando é óbvio que suas ideias, se chegarem a expressá-las, não terão nenhum impacto real na decisão final. As pessoas falam muito ou não falam nada. Os programas das reuniões têm itens de mais, são mal organizados ou inexistentes. As discussões se desviam do tema, as prioridades não são claras e o processo de tomada de decisões oscila entre o despotismo e a anarquia, entre outros problemas.

Aplicando às reuniões os critérios para um bom ritual

Aqui estão algumas lições que podemos aprender dos "bons" rituais, ou seja, os que nos inspiram e nos energizam, e que podem tornar nossas reuniões mais significativas e eficazes.

- **Tenha um propósito claro:** em geral, aqueles que vão a um casamento entendem bem o propósito do ritual. Não o confundem com, por exemplo, um jogo de futebol. Sabemos do propósito verdadeiro das reuniões de vendas na manhã de segunda-feira? Se soubéssemos (e tivéssemos escolha), nos daríamos ao trabalho de participar delas?
- **Conheça seu papel:** os padrinhos em um batizado entendem que estão se comprometendo com a educação espiritual contínua da criança. Qual é o papel dos participantes de uma reunião de condomínio? Reclamar dos vizinhos? Ouvir os relatórios do conselho? Aconselhar a junta de diretores? Se seus papéis fossem mais claros, eles se comportariam de modo diferente?
- **Planeje com antecipação:** os bons rituais demandam uma preparação cuidadosa. Uma reunião em que a sala está limpa, as cadeiras estão no lugar, um programa foi elaborado, as pessoas certas estão presentes e os materiais necessários estão ao alcance estabelece a base para uma sessão eficaz.
- **Torne a experiência especial:** os rituais transformam o comum em algo especial. Quando nos damos ao trabalho de colocar as flores em cima da mesa, de preparar biscoitos para a pausa para o café ou de apenas cumprimentar as pessoas com um sorriso, enquanto elas chegam, passamos uma mensagem de que a beleza, o cuidado e a conexão humana são alguns dos valores que guiam nosso trabalho.
- **Reserve um tempo para a concentração:** o mundo é cheio de dificuldades e distrações que precisam ser postas de lado para que se possa entrar no espaço ritual. Um momento de silêncio pode ajudar todo mundo a entrar mentalmente "na sala" e a se concentrar na intenção de estar lá.
- **Varie o tempo e o formato:** os rituais podem ser curtos ou longos, formais ou improvisados, complexos ou simples. Os formatos certos devem variar de acordo com o propósito.

O facilitador

Se as reuniões são um ritual contemporâneo, então o facilitador pode ser visto como um tipo de "sacerdote ou sacerdotisa do processo", alguém que ajuda a ditar o ritmo, a manter o foco e a guiar o grupo pelos vários estágios do trabalho. Um facilitador principiante, assim como um sacerdote recém-ordenado, pode ficar um pouco inseguro no início. Um facilitador mais experiente pode lidar com grupos maiores e mais complexos. Um facilitador veterano, que já fez seu próprio trabalho interior, pode desempenhar um papel parecido com o de um xamã, acompanhando o grupo em momentos de confusão e confronto até que se alcance alguma resolução. Uma reunião longa ou complexa, como uma "grande" cerimônia, requer uma equipe experiente de facilitadores, assim como de outras funções que fazem parte do processo, para reter a energia.

Conclusão

Se, como sugerido no começo deste artigo, as reuniões são exercícios culturalmente codificados, então podem ser modificadas para satisfazer as urgências de nossa era. Precisamos de reuniões que levem ao diálogo, promovam a compreensão, encorajem a colaboração, despertem a criatividade e satisfaçam nossa necessidade fundamental de sentido e pertencimento. Precisamos de reuniões que engajem nosso coração e nossa mente e que nos deem a oportunidade de fazer uma diferença positiva no mundo. Desperdiçamos nosso tempo quando nos conformamos com menos.

Beatrice Briggs foi diretora do International Institute for Facilitation and Consensus (IIFAC), uma equipe profissional de facilitadores, treinadores e consultores especializados em processos participativos de tomada de decisões. Nascida nos Estados Unidos, morou no México e viajou frequentemente, oferecendo serviços de facilitação, treinamento e consultoria. É autora do manual *Introduction to Consensus* (2000) e fez mestrado na University of Chicago.

> Beatrice Briggs nos mostra como integrar as pessoas conscientemente aos processos de tomada de decisões e onde estabelecer os limites.

Os limites à participação

Beatrice Briggs

Uma das questões mais difíceis para os grupos que querem ser abertos, inclusivos e participativos é o estabelecimento de limites à participação em seus processos de tomada de decisões. Aqui estão quatro cenários comuns que dramatizam algumas das formas que esse dilema pode assumir:

- **Cenário 1:** um grupo comprometido de pessoas trabalha arduamente para estabelecer confiança e desenvolver regras básicas e um processo eficaz para a discussão e a decisão de questões fundamentais. Então, chegam pessoas novas que estão ansiosas por participar, mas que carecem de treinamento no método de tomada de decisões que está em uso, não entendem bem a visão e a missão do grupo e não estão familiarizadas com o contexto das questões que estão sendo abordadas. Como acolher os recém-chegados sem gastar grande parte do tempo das reuniões revisando a história do grupo e seus procedimentos?

- **Cenário 2:** um grupo define um processo para a discussão de uma questão específica, em geral, algo relativamente complexo e/ou controverso. Depois de várias reuniões produtivas em que todos os pontos de vista sobre a questão foram considerados e uma decisão está para ser tomada, um membro do grupo que esteve ausente nas reuniões anteriores aparece, fazendo muitas perguntas que já foram respondidas ou expressando objeções baseadas na ignorância das informações compartilhadas previamente. O grupo deve reservar um tempo adicional para informar o participante atrasado a respeito das reuniões perdidas ou tomar a decisão assim mesmo, correndo o risco de que ele bloqueie a proposta?

- **Cenário 3:** um amigo de um dos membros participa de uma reunião como visitante. Ao longo do encontro, começa a levantar a mão para falar, expressando opiniões sobre os tópicos em debate. Devemos permitir sua participação?

- **Cenário 4:** um comitê pequeno e sobrecarregado está organizando um evento para um grupo que tem um grande número de membros, embora relativamente inativos. A comissão envia relatórios regulares sobre seu progresso aos membros e, de vez em quando, pede um retorno em relação a propostas específicas por e-mail. De repente, dois membros do grupo maior aparecem, muito chateados, em uma reunião do comitê, exigindo tempo na programação para que possam expressar seus pontos de vista a respeito do trabalho do conselho. Eles devem receber tempo para falar?

Em teoria, muitos grupos dizem estar abertos a todos, pois não querem replicar as práticas excludentes de várias organizações tradicionais e hierárquicas. Porém, quando deparam com situações semelhantes às descritas anteriormente, começam a se perguntar como conciliar o ideal de participação com as dificuldades reais que ele implica.

Sejamos claros: um processo participativo nem sempre quer dizer que todos decidirão tudo. Apenas estar presente em uma reunião não lhe confere automaticamente os privilégios de falar ou votar. A estipulação de limites à participação pode ser algo sensato e necessário, desde que a intenção seja estabelecer um processo funcional, e não proteger um círculo interno fechado. O desafio é determinar critérios claros para a participação e, então, fazer com que sejam obedecidos de maneira justa e equitativa.

Aqui estão meus comentários a respeito dos cenários descritos anteriormente. Obviamente, não há um único jeito certo de tratar essas questões.

No caso do grupo 1, minha recomendação seria que eles providenciassem sessões especiais para prováveis novos membros, talvez logo antes da reunião ordinária, e então exigissem que os recém-chegados observassem os vários encontros consecutivos antes de serem convidados a participar das discussões. O direito ao voto (ou bloqueio, no caso do processo de decisão por consenso) só será concedido depois que a pessoa demonstrar comprometimento com os objetivos do grupo, familiaridade com os processos grupais e se tornar um membro de pleno direito.

No caso do grupo 2, a solução ideal seria estabelecer, no início do processo, o requisito de que a participação nas reuniões de debate fosse pré-requisito para que se pudesse tomar parte na decisão final. Como isso não foi feito, não vejo outra opção além de dedicar um tempo para atualizar o participante atrasado antes de tomar uma decisão, por mais que seja frustrante para os outros.

Para o grupo 3, minha recomendação seria estabelecer uma política clara em relação à presença e à participação dos visitantes nos encontros. Em geral, privilegio uma política de reuniões abertas, nas quais os visitantes são bem-vindos, mas apenas como observadores.

O grupo 4 tem um problema ligeiramente diferente, já que um conflito ativo foi deflagrado em seu cerne. Na realidade, o comitê não tem praticamente nenhuma escolha a não ser ouvir o que os membros irritados têm a dizer. Afinal, eles podem chamar a atenção do conselho para perspectivas importantes ou fornecer informações que podem não ter sido levadas em consideração. Esse episódio pode provocar uma crise, caso o próprio comitê seja fraco ou esteja dividido por conflitos internos. Se, no entanto, ele contar com a autorização clara do grupo maior em relação ao trabalho que está fazendo e com um processo sólido e transparente que inclua o estabelecimento de critérios claros para as decisões a serem tomadas, talvez o conselho possa absorver a opinião dos membros irritados com equanimidade, fazer os ajustes necessários em seus planos e seguir em frente, fortalecido pela experiência.

Definindo os limites

O fundamental para lidar com essas situações e com cenários semelhantes é discutir abertamente os limites à participação no grupo. Quem pode participar? Quem pode decidir? Sob que circunstâncias? Fale sobre como foi ser um recém-chegado ao grupo e em que medida foi fácil ou difícil se sentir parte dele. Avalie a gravidade do problema dos participantes que causam perturbação. Essas pessoas estão atrapalhando porque nossas políticas e nossos procedimentos são opressivos e excludentes? Ou simplesmente não entendem como trabalhamos? Elabore uma estrutura e um processo que sejam consistentes com os valores do grupo, anote-os, represente-os graficamente, explique-os para todos e faça ajustes futuros quando necessário. Lembre-se: estabelecer limites à participação é não apenas uma maneira de manter pessoas afastadas como também um jeito de respeitar o trabalho árduo daqueles que têm se envolvido de forma consistente com o processo evolutivo do grupo.

Para ler a biografia da autora, veja a página 140.

> Neste artigo, Giovanni Ciarlo nos dá conselhos precisos, divididos em etapas, para a facilitação de reuniões de grupo. Já que muita energia pode ser gasta sem necessidade nesse campo, vale muito a pena dar uma olhada em seus conselhos!

A facilitação de grupos: um guia passo a passo

Giovanni Ciarlo

Quando grupos se encontram para criar uma visão, tomar decisões ou planejar atividades, há opções de como conduzir suas reuniões. Uma delas é se reunir, identificar o que precisa ser discutido e decidir como proceder. Outra é se preparar previamente, planejando os detalhes da reunião e os procedimentos de forma ordenada e específica. Em ambos os casos, o grupo tem muito a ganhar com o uso de um facilitador.

O papel de um facilitador é guiar o grupo nos processos de diálogos deliberativos, discussões de temas e tomada de decisões durante a reunião. Ele é um interrogador qualificado, que pode ajudar a equalizar a participação, gerar conhecimento e esclarecer a situação em questão.

Ser facilitador é uma arte. Um bom facilitador é paciente e ponderado, tem memória poderosa, vigor, humor, competências e a habilidade de acompanhar sinais complexos e de cuidar de todos. Ele faz com que o processo de reunião seja mais fácil, mais focado e justo, mas ele não assumirá a liderança ou a direção do grupo. O trabalho do facilitador é servir ao grupo de forma profissional e imparcial, e definir claramente seu papel para todos os clientes.

De certo modo, o facilitador está no grupo, mas não faz parte dele. Ele é imparcial. Não emite opiniões com relação ao conteúdo das discussões, não favorece pontos da pauta, não influencia o resultado dos debates e é neutro quanto ao tema. Um facilitador, contudo, guia o grupo ao longo das discussões, mantendo-se alerta e preparado para as diferenças, as interpretações múltiplas e outras formas de conflito. Um bom facilitador considera as necessidades do grupo como um todo e encontra maneiras de concentrar-se nos pontos que encorajam a discussão e levam à solução. Os novatos na função são encorajados a treinar com facilitadores mais experientes e devem praticar sempre que possível. Ser um facilitador de grupos é uma oportunidade para o crescimento pessoal, e é preciso sempre empenhar-se em ampliar sua consciência pessoal.

Um bom facilitador pode poupar um tempo considerável para o grupo e fazer com que a reunião seja uma experiência agradável que garanta entendimento e decisão. Antes de trabalhar com um grupo, ele deve: esboçar um acordo com os clientes, esclarecer o propósito da reunião, criar uma programação, pesquisar antecedentes, avaliar a dinâmica do grupo, assinar contratos, desenhar formatos de processo, selecionar atividades e elaborar orientações. Depois de uma reunião, um facilitador fica responsável por ajudar o grupo a chegar a uma conclusão, assim como por avaliar o encontro e planejar as próximas reuniões.

Os passos a seguir devem ser levados em conta no processo de facilitação.

- **Planeje-se com antecedência:** um facilitador deve participar o máximo possível de preparações de reunião e de planejamentos de programação. Desenvolva uma relação íntima com participantes-chave, inclusive com outros facilitadores, caso haja. Informe-se sobre os projetos e as propostas que serão discutidas. Isso ajudará a direcionar o grupo para soluções criativas e a encorajar até mesmo a participação entre os membros. Algumas reuniões precisam de mais preparação que outras – desde horas ou dias, até semanas ou meses. De uma forma geral, o facilitador deve esclarecer os termos de seu envolvimento duas semanas ou mais antes da reunião marcada. Isso inclui obter qualquer tipo de treinamento apropriado, identificar o horário e local da reunião, e tirar dúvidas quanto à sua remuneração. Também é importante para o facilitador ter uma percepção quanto ao estilo de tomada de decisões do grupo e obter referências para melhor entender a dinâmica grupal.

- **Realize encontros com os membros:** o facilitador deve encontrar-se com os membros do grupo para planejar uma programação e considerar quais processos empregará nas discussões e nos temas inovadores. Ele é responsável por planejar atividades de abertura e fechamento apropriadas, por garantir que cada item da pauta tenha um responsável e que o tempo-limite seja respeitado. Deve, também, prever dificuldades potenciais e planejar estratégias de resolução.

- **Planeje uma visita ao local:** uma visita ao local da reunião com os responsáveis pelo espaço ajudará o facilitador a se preparar. Ele pode planejar a configuração, que inclui decidir o posicionamento dos assentos, manter o controle da temperatura, localizar os banheiros, identificar rotas de fuga etc. Deve estar ciente de como melhorar o espaço da reunião, por exemplo, com toalhas de mesa, flores, velas ou quaisquer outros itens decorativos. Precisa, também, checar com os organizadores as opções de bebidas, quem cuidará das crianças, serviços de tradução etc. É apropriado solicitar que o fornecedor seja o mais ecológico possível.

O facilitador deve, também, armazenar suprimentos e equipamentos necessários, como folhas de papel para o *flipchart*, marcadores para quadro branco, fita adesiva, crachás, projetores, computadores, impressoras etc. Uma boa ideia é ter um *kit* pessoal de ferramentas com alguns desses itens essenciais e checar com os responsáveis pela programação de que equipamentos eles precisarão.

- **Esteja descansado:** o facilitador deve estar alerta para manter uma boa agilidade mental e acompanhar a programação, as ideias, a participação, as mensagens sutis, o tempo e todos os outros aspectos ao realizar a reunião. Tenha à mão uma técnica de concentração, como respirar profundamente, orações ou meditações, para manter-se relaxado e centrado. Vista-se de acordo com a ocasião – os trajes não devem atrair muita atenção ou ser muito diferentes dos do grupo, mas devem projetar uma imagem profissional.

- **Chegue cedo:** o facilitador deve chegar à reunião com tempo hábil para organizar tudo. Examine seu *checklist* e tenha certeza de que o espaço esteja limpo, os equipamentos funcionem, todos os suprimentos e as bebidas estejam prontos, os banheiros estejam abertos etc. Antes de a reunião começar, o facilitador deve escrever a programação, as regras básicas, as responsabilidades e outras informações relevantes no *flipchart* para que todos possam ver. Se alguma alteração ou correção precisar ser feita, escreva-as claramente nas mesmas folhas.

- **Prepare as atividades de abertura:** o facilitador deve preparar atividades de abertura, dando informações relevantes ao grupo sobre a facilitação, o grupo, as expectativas, o propósito e a extensão da reunião. Quando apropriado, o facilitador assume a direção da cerimônia de abertura ou pede que alguém do grupo o faça. Isso é geralmente seguido de uma rodada de apresentações, que dá aos membros uma chance de "quebrar o gelo", ouvir as vozes uns dos outros, estabelecer familiaridade, identificar participantes e, em geral, "aquecer os motores" para a reunião. A essa altura, o facilitador esclarece o processo de tomada de decisões, apresentando perguntas como: quem decide? Visitantes e ouvintes têm permissão de participar? Em caso afirmativo, como? Todos entenderam o mecanismo de tomada de decisão adotado? Será por consenso? Decisão majoritária? Ou por porcentagem de votos? Esse também é um bom momento para identificar quem usará os minutos da reunião e em que formato.

- **Identifique as regras básicas:** antes de se dirigir à pauta proposta, é recomendável que o facilitador reveja as regras básicas para a reunião. Estas devem estar claramente publicadas para fácil referência, caso a reunião comece a se desviar. Grupos que tenham trabalhado com os mesmos acordos por algum tempo podem dispensar essa fase, mas grupos novos ou aqueles que estejam passando por um novo processo de reunião devem rever as regras básicas. Entre elas, pode-se incluir: iniciar e finalizar no tempo determinado, uma pessoa falar por vez, falar apenas por si, sem interrupções, oferecer oportunidade de falar a todos, buscar soluções, desligar celulares, manter sigilo etc.
- **Faça referências à programação:** quando o grupo estiver pronto para rever a programação proposta para a reunião, o facilitador deve identificar quem a preparou e dar a posse da programação ao grupo. Nesse momento, ele negocia mudanças, checa se há tempo suficiente para todos os temas, esclarece a natureza de cada um deles (introdução, informação, discussão e decisão), estabelece um contrato com os participantes e dá uma visão geral sobre como será a reunião e quando ela acabará. Uma vez que a revisão da programação seja finalizada, o facilitador deve tirar a palavra "proposta" do título. O reconhecimento de que a programação à frente do grupo é a agenda de trabalho é uma ferramenta poderosa para evitar crises e/ou desvios durante o evento.
- **Facilite a reunião:** nesse estágio, o facilitador cede a palavra para as pessoas que promovem cada tópico na programação. O facilitador apresenta um assunto e viabiliza quaisquer discussões. Durante os debates, é interessante que ele esclareça o que está sendo dito. É aí que um processo claro se torna útil. Para evitar que o grupo fique preso em *icebergs* (assuntos que parecem não avançar), ajude-o a descobrir como lidar com questões mal resolvidas.
- Se, depois do debate, um tema exigir uma decisão, o facilitador deve reiterar a proposta, para garantir um entendimento transparente, e perguntar ao grupo se estão prontos para decidir. Se a resposta for "sim" e o grupo estiver trabalhando com consenso, o facilitador deve perguntar se alguém quer bloquear a decisão. Se não houver bloqueios, ele deve perguntar se alguém quer se "manter neutro" e, então, ter certeza de que todas as respostas tenham sido registradas nas atas da reunião. Se não houver bloqueio algum e poucas pessoas se mantiverem neutras, o grupo

terá chegado a um acordo quanto àquele assunto e poderá prosseguir. O facilitador deve, também, pedir ao secretário de ata que leia cada decisão, para que todos ouçam e aprovem.

- **Inclua temas leves:** ao longo da reunião, "temas leves", como comunicados, devem ser incluídos para mudar o ritmo e dar aos participantes um momento para respirar, antes de tratar do próximo tema programado. Se houver muitos comunicados, intercale-os ou peça aos participantes que apresentem apenas comunicados escritos, a fim de poupar tempo. Intervalos e jogos são boas técnicas para alterar o ritmo da reunião. É altamente recomendável que o grupo faça pausas a cada 90 minutos ou menos, para dar às pessoas uma oportunidade de recobrar a concentração, cuidar de assuntos pessoais, ir ao banheiro ou fazer ligações sem atrapalhar a reunião. O facilitador deve informar ao grupo quando devem se reencontrar. Geralmente, 15 minutos representam um intervalo razoável, a menos que seja a hora do almoço ou que o grupo já esteja no encontro por um tempo longo. Por vezes, a energia da reunião exige que o facilitador introduza uma brincadeira ou outra atividade em grupo para aliviar a atmosfera. É útil que o facilitador desenvolva um repertório de jogos para uma variedade de situações ou peça que alguém coordene uma brincadeira. Essas são ferramentas excelentes para estabelecer laços e ajudar o grupo a seguir adiante em temas difíceis.

- **Adote uma postura:** o facilitador deve se posicionar de frente para o grupo, quando estiver apresentando um tópico ou chamando participantes, e ficar de lado enquanto outros se apresentam. Deve evitar linguagem controversa, julgamentos, o uso da palavra "mas" ou a atribuição da autoria de uma ideia a uma pessoa específica. Deve tentar ser o mais natural possível e identificar os poucos pontos cruciais da conversa. Isso pode ser feito por meio de consciência não verbal, presença de espírito e habilidade de enxergar, além da verbosidade, as questões importantes. O facilitador também precisa ser justo, correto e imparcial quanto às discussões.

- **Mantenha-se no tema:** as funções principais do facilitador são manter a ordem de quem tem a palavra e acompanhar a agenda. Quando muitas pessoas quiserem falar ao mesmo tempo, crie uma fila em ordem sequencial. Não deixe o grupo se desviar do tópico ou seguir em debates que interfiram na programação. Contudo, quando houver poucas intervenções, o facilitador pode permitir que as pessoas falem aleatoriamente. Quando um tópico se estender mais do que o previsto (um *iceberg*), pergunte ao grupo se querem dar mais tempo a ele e de onde esse tempo será tirado. Em alguns casos, o facilitador pode recomendar o envio do assunto a um comitê ou continuar a discussão em uma reunião futura.

- **Poupe tempo:** existem várias técnicas para poupar o tempo do grupo, inclusive fazer enquetes, *brainstorming*, solicitar o uso do consenso, pedir a opinião daqueles que não tenham falado, ajudar alguém a formular uma proposta etc. Lembre-se de que o facilitador não oferece respostas; em vez disso, age como um interrogador habilidoso, que consegue fazer com que as coisas sigam adiante com uma simples pergunta na hora certa ou fazendo referência às regras básicas previamente estabelecidas. Essas técnicas podem equalizar a participação, suscitar a sensatez, esclarecer situações, resumir assuntos, dar suporte aos tímidos, silenciar os prolixos, ajudar a lidar com os "especialistas" ou tornar o envolvimento mais dinâmico.

- **Lide com o estresse:** o facilitador certamente encontrará situações estressantes. Nesses momentos, dê-se um tempo para recuperar o foco ou pedir ajuda ao grupo. Conversas paralelas perturbam as reuniões, e o facilitador pode lidar com elas de várias formas. Chame a atenção de conversas paralelas ficando de pé, ao lado das pessoas que estejam falando. Se todos estiverem falando ao mesmo tempo, se houver alguma explosão emocional ou outra distração qualquer, estabeleça um intervalo de 10 a 15 minutos e retorne à programação assim que a reunião reiniciar. Em todos os casos, o facilitador deve proteger o grupo e a si mesmo contra ataques verbais. Caso isso ocorra, refira-se às regras básicas, fale em particular com o transgressor e/ou aqueles que foram ofendidos e tome cuidado com as "batalhas pelo poder" daqueles que querem impor sua vontade.

- **Inclua uma avaliação:** ao final da reunião, o facilitador ajudará o grupo a encontrar formas de lidar com assuntos não resolvidos, planejar a próxima reunião, implementar propostas aprovadas, reescrever propostas que não foram aprovadas, colher temas para a programação da próxima reunião e realizar uma avaliação da reunião em curso. A avaliação é um passo crítico e não deve ser ignorada. É aqui que o grupo tem a chance de educar seus membros quanto aos temas em processo e de falar publicamente sobre as coisas que correram bem, assim como as coisas que requerem melhorias. Uma avaliação permite que o grupo tenha uma noção de ter finalizado o encontro em um tom construtivo e, com sorte, positivo. Nesse momento, o facilitador pode agradecer ao grupo, aos organizadores e a indivíduos em particular por suas contribuições, e dar ao grupo a oportunidade de fazer o mesmo.

- **Finalize a reunião:** a conclusão formal da reunião permite que as pessoas façam observações finais e gera uma sensação de intimidade entre os participantes. O facilitador deve liderar uma atividade de fechamento ou pedir que alguém no grupo o faça. Pode ser uma música, uma rodada de palavras finais, um breve momento de silêncio para meditação, uma dança ou qualquer outro elemento de cunho coletivo ou participativo.

- **Peça que o grupo deixe a sala como estava antes de começar:** o facilitador ou um participante deve recolher as páginas do *flipchart* e arquivá-las até que a ata e as questões da reunião tenham sido finalizadas. Lembre o secretário de digitar a ata em um formato claro e conciso, e de enviá-la à pessoa apropriada para distribuição e aprovação. Tenha certeza de que a ata esteja segura e de que o secretário de ata possa ser contatado para um acompanhamento futuro, caso seja necessário.

- **Dedique tempo para o relaxamento:** depois da reunião, o facilitador pode se sentir exaurido e precisar de tempo para recarregar as baterias. Converse com um colega de facilitação (recomendado, quando em grandes grupos) ou um colega próximo. Reserve um tempo para refletir, relaxar e escrever um diário. Esse é um passo muito importante para o crescimento pessoal, o desenvolvimento profissional e a autoavaliação.

As informações foram condensadas da obra de Beatrice Briggs, *Introduction to Consensus*.

Giovanni Ciarlo é um dos fundadores da Ecoaldea Huehuecoyotl, centro para a exploração das artes e da ecologia na região central do México. Ajudou a montar a Global Ecovillage Network North America (GEN North America) e trabalha no conselho da Global Ecovillage Network (GEN). Também é consultor profissional na área de aplicação das artes na educação e um facilitador de grupos. É membro associado do International Institute for Facilitation and Change (IIFAC) e comanda treinamentos e oficinas em facilitação de grupos nos Estados Unidos e no México. Desde 2003, é diretor de programas de sustentabilidade no México, em colaboração com o Goddard College, de Vermont, e a Living Routes Ecovillage Studies, de Massachusetts. Atualmente, divide seu tempo entre os Estados Unidos e o México, conectando projetos de sustentabilidade comunitária entre os dois países.

> Kosha Anja Joubert analisa brevemente a situação na ecovila de Sieben Linden e mostra como o conceito de inteligência coletiva pode nos inspirar em novas e diferentes maneiras de abordar as reuniões.

Explorando a inteligência coletiva: os novos desafios na ecovila de Sieben Linden

Kosha Anja Joubert

Se quisermos sobreviver à crise social e ecológica que criamos, precisamos nos envolver profundamente no desenvolvimento de novas estruturas comunitárias dentro da sociedade.
Lynn Margulis, bióloga evolutiva

Este artigo analisa a situação atual na ecovila de Sieben Linden. Meu foco será o aspecto social, mas, para dar uma ideia de como as diferentes dimensões (ecológica, financeira, visão de mundo e social) estão profundamente interligadas, falarei rapidamente sobre cada uma delas. Afinal, precisamos de comunidades socialmente sustentáveis para projetar estilos de vida ecologicamente sustentáveis, assim como precisamos que as comunidades economicamente sustentáveis evoluam espiritualmente. A criatividade humana desdobra-se, holisticamente, em conexão com o círculo da vida.

A situação

Sieben Linden é uma ecovila no sentido mais clássico: uma "ilha" verde na área rural da Alemanha Oriental, trabalhando, com sucesso, para regenerar um rico sistema ecossocial em uma antiga área agroindustrial. Fundada com o objetivo de se tornar uma aldeia-modelo para uma nova cultura de sustentabilidade e um centro para pesquisa e educação, Sieben Linden foi projetada para acomodar 300 moradores quando todas as construções estiverem prontas.

Hoje, dez anos após o primeiro morador ter se mudado para a ilha, 80 adultos e 32 crianças vivem aqui. Ao nosso redor, a taxa de desemprego predomina e as aldeias estão se esvaziando. Ao contrário de Sieben Linden, que não é capaz de absorver a quantidade de pessoas que gostariam de entrar na comunidade!

O design ecológico

"Pisar suavemente na terra" e "simplicidade luxuosa" se tornaram nossas marcas registradas. Começamos com uma grande ênfase nos aspectos materiais e ecológicos da sustentabilidade. Fazem parte de nosso projeto geral: construções com fardos de palha, vasos sanitários compostáveis, sistema fechado de circulação de água, alimentação solar conectada à rede elétrica, aquecimento com madeira de nossa floresta e alimentação proveniente de nossas hortas. É um luxo permanente viver em um lugar que nos permite seguir esse estilo de vida tão saudável. Sendo uma mãe com conhecimento do estado de nosso planeta, eu me sinto grata quando vejo meus filhos andando por esses campos e florestas.

O design financeiro

Fundamos uma cooperativa e, assim, possuímos 42 hectares de terra com infraestrutura comunitária coletiva. Cada pessoa paga 12,3 mil euros para entrar. A divisão da responsabilidade e do direito de propriedade serve como base sólida para a construção da comunidade. As casas da vizinhança são financiadas por uma cooperativa de construção. Cada um é responsável por seus rendimentos, ao mesmo tempo que há muita partilha e apoio mútuo.

Juntos, dirigimos uma associação educacional. Pessoas de todas as idades e posições sociais vêm, por períodos curtos ou longos, para aprender e compartilhar nosso modo de vida e, geralmente, saem com novas inspirações para colocar em prática a sustentabilidade de modo mais consistente. Simultaneamente, esses convidados trazem recursos financeiros valiosos para nosso pequeno sistema econômico local, o que, por sua vez, estimula o desenvolvimento nas regiões vizinhas.

Visão de mundo

Em Sieben Linden, existe uma grande diversidade de caminhos no campo espiritual, mas todos estão conectados a um processo essencial de escuta e reconexão com a natureza. Pequenos grupos se reúnem, pela manhã, para fazer ioga e meditação, alguns seguem a ecologia profunda ou o xamanismo, outros andam pelos jardins e contemplam o céu noturno. Todos nós já demos um passo e estamos dispostos a mudar nosso estilo de vida a fim de achar uma expressão para nossa compaixão pela vida na Terra.

Entretanto, somos crianças de uma cultura que parece propensa à destruição. Carregamos resíduos de desconfiança e separação dentro de nós. Fomos ensinados que é mais seguro supor que a natureza, as outras pessoas e o Universo são hostis do que conhecê-los sem reservas. Temos uma tendência a achar que nossa maneira de ver as coisas é a melhor e a nos sentir ameaçados por outras perspectivas. Isso faz parte do que trazemos para a vida em comunidade e do que precisamos transformar juntos.

O design social

Reuniões

No campo social, distinguimos o tempo e o espaço para sentimentos, pensamentos e planejamento. Temos:

- reuniões para compartilhar emoções profundas, com o objetivo de fortalecer o amor, a compaixão e a confiança mútua;
- reuniões para compartilhar as visões de mundo, os caminhos espirituais e os pensamentos políticos, com o objetivo de aumentar a conscientização e construir um conjunto de valores comuns;
- reuniões de planejamento, com o objetivo de concretizar nossos sonhos juntos.

Sempre que negligenciamos os dois primeiros, o terceiro – as reuniões de planejamento – se torna muito entediante.

Contudo, precisamos nos concentrar bastante para ter tempo e espaço suficientes para um compartilhamento emocional profundo e um intercâmbio de visões de mundo. Há sempre tanto a ser feito! Reservar um tempo para esses processos internos parece um luxo para muitos, embora tenhamos vivenciado várias vezes como eles aumentam nosso nível geral de confiança, alegria, criatividade e eficácia como comunidade! O método que descobrimos ser o mais útil na construção de confiança dentro de nossa diversidade é o Fórum. (Veja o artigo de Dolores Richter, página 166.)

Em Sieben Linden, temos uma forte afinidade com a diversidade e a democracia de base, que se originam, como nós, de uma história alemã que inclui o nazismo e, mais recentemente, o comunismo da Alemanha Oriental. Somos muito cautelosos com o que Irving Janis, em 1972, chamou de *Groupthink* (um esforço excessivo para a harmonia do grupo à custa de uma avaliação crítica da situação em questão).

Um exemplo desse cuidado pode ser encontrado em uma cultura da comunicação que enfatiza a razão e a reflexão crítica. Embora tenha muitos benefícios, isso, às vezes, sufoca o entusiasmo e a criação de ideias novas nos estágios iniciais da discussão em grupo. E tomar decisões pode se tornar demorado e cansativo quando as pessoas entram nos debates com o objetivo de convencer os outros de seu ponto de vista.

A TOMADA DE DECISÕES

Nossos procedimentos de tomada de decisões são baseados no consenso, na crença de que cada pessoa tem uma parte da verdade e de que as decisões se tornam duradouras quando têm o apoio de todos. No entanto, à medida que nossa comunidade cresceu, muitas coisas aconteceram em diferentes locais e ficamos sobrecarregados. Acabamos falando muito e fazendo pouco. Redesenhamos nossa estrutura organizacional, a fim de delegar o máximo possível de poder de decisão e confiança aos subgrupos (estes trabalham com consenso). O ideal é que só os assuntos mais relevantes, que interessam a todos, apareçam em nossas reuniões gerais.

No início, achamos que havia muita falta de entusiasmo oculta em nossas decisões consensuais e desenvolvemos um desejo de maior franqueza e transparência. Hoje, uma decisão precisa de dois terços de apoio total dos moradores antes de ser aprovada. Existem quatro opções de voto:

1. totalmente favorável;
2. não sou totalmente favorável, mas vou apoiar;
3. não apoio, mas vou me abster;
4. veto.

Se você exercer seu direito de veto, cuidado! Isso significa entrar em longas conversas com todos os outros envolvidos e assumir a responsabilidade de achar uma solução melhor!

Assumindo a responsabilidade

A realidade também nos ensina o que Manitonquat descreve tão bem:

> Por um tempo, achei que estávamos indo bem sem líderes. Mas comecei a reparar que, sempre que fazíamos algo bem-feito, havia um líder; não com esse título, mas alguém que, discretamente, assumia a responsabilidade, pensava no que era necessário para que o trabalho fosse feito, apresentava propostas, pedia ajuda, inspirava e encorajava os outros.

Temos responsabilidade suficiente para que cada um faça sua parte! Na prática, o limite entre a criatividade e o poder de repressão permanece uma linha tênue e a causa principal de disputas. O grupo sempre tem um olhar crítico para os indivíduos que assumem muitas responsabilidades, a fim de captar bem cedo sinais de manipulação para interesse próprio. E, enquanto esperamos que muitos de nossos líderes comunitários sejam capazes de assimilar as críticas, às vezes, isso os leva à exaustão.

Os bairros

Outro exemplo de nosso cuidado para não acabarmos no *Groupthink* pode ser encontrado em Sieben Linden, por ela ser uma comunidade de comunidades: projetamos a ecovila como subgrupos de 15-30 pessoas, chamados de bairros. A ideia original era que cada região seguiria uma abordagem diferente para a sustentabilidade, construiria em conjunto e ofereceria uma base de operações para seus membros. A realidade mostrou muitos exemplos de redes e sistemas sendo criados, em vez de bairros bem definidos. O tecido social total que constitui o maior organismo da comunidade é, dessa forma, costurado a partir de retalhos: padrões complexos e fios coloridos que mudam constantemente.

As tensões dentro da dimensão social

A comunicação em grupo em encontros organizacionais é sempre tediosa e utiliza recursos humanos valiosos. Depois de anos de envolvimento intenso, as pessoas tendem a perder o interesse e sair dessas atividades.

Como podemos criar oportunidades para que mais potenciais individuais se desenvolvam dentro do contexto do grupo?

> Precisamos nos perguntar se estamos encontrando consenso no nível do menor denominador comum ou no mais alto nível de potencial individual em nossa comunidade. Ao visitar diferentes comunidades, encontrei uma tendência de escolha do menor denominador possível.
>
> Thomas Hübl, mestre espiritual trabalhando com comunidades na Alemanha

Como podemos usar a diversidade para empoderar a união, em vez de enfraquecê-la? Algumas vezes, os 10% dos quais discordamos ofuscam os 90% com os quais concordamos.

Nossos novos desafios: o caminho a seguir

> Nenhum problema pode ser resolvido com base no mesmo nível de consciência que o criou. Precisamos aprender a ver o mundo de maneira diferente.
>
> Albert Einstein

Em Sieben Linden, assim como em toda a humanidade, estamos no meio de uma mudança de paradigma: de desconfiança para confiança e de separação para conectividade. Só podemos encontrar as soluções para as questões que enfrentamos pela evolução da consciência interna. A seguir, apesar de estar focando nossos novos desafios na dimensão social, começarei com uma reflexão pessoal de nosso caminho à frente na dimensão de visão de mundo.

A visão de mundo

A nova física, a teoria do caos, os pensamentos sistêmicos, a teoria de Gaia e o conceito de campos morfogenéticos estão infiltrando nossa consciência. Eles estão transformando o mundo que vemos em um conjunto mais holográfico e completo. Estamos começando a perceber que partículas elementares, humanos e comunidades são integridades que estão localizadas holograficamente em integridades maiores e podem ser vistas como feixes de potencialidades, em vez de matéria inerte: não existe nada que seja independente da observação de outros. Estamos descobrindo que temos o poder para evocar certas qualidades uns dentro dos outros e no mundo. A comunidade (e o mundo) em que vivemos é um espelho de nossas experiências interiores, a todo momento. Se estamos em um estado de confiança e alegria com a vida, nossa comunidade parece sorrir de volta para nós. Se estamos em um estado de desconfiança, ela geralmente responde de forma ríspida.

Apesar do fluxo de novas percepções, nossos pensamentos e nossas ações parecem sempre retornar para a separação e desconfiança habituais, especialmente quando estamos ansiosos. Como afirma David Bohm (físico): "Geralmente, nossos pensamentos nos têm, em vez de nós os termos". A mudança de consciência é uma tarefa que não deve ser subestimada. Como podemos fazer para que nossas comunidades trilhem esse caminho juntas? Acredito que nossa capacidade de pensar em conjunto, em vez de separadamente, pode nos ajudar muito na aceleração da evolução interna.

O design social

> O que é novo no mundo de hoje é que a melhor e mais acessível entrada para experiências espirituais mais profundas não é mais a meditação individual, mas o trabalho em grupo.
>
> Otto Scharmer

Conversas significativas têm o potencial não só de transformar as relações humanas como também de transformar a consciência humana!

Com a finalidade de sair do padrão habitual de pensamento, David Bohm propôs entrar no "diálogo". Sua ideia era bem simples: traga 20-40 pessoas para uma sala e deixe-as falar livremente sobre qualquer tópico. Dê algumas instruções simples, porém desafiadoras, como "abandonem suas suposições, escutem com atenção e se expressem de modo autêntico", e, com certeza, você dará início a um processo que exporá nossas visões de mundo inconscientes e levará o grupo para um nível mais elevado de coerência e entendimento coletivo.

Muitos métodos com objetivos similares têm sido desenvolvidos e usados por diferentes comunidades, como círculos do bastão falante (Veja *The Way of Council*), por milhares de anos. O Fórum, o Método de Espaço Aberto de Harrison Owen e o movimento World Café (Juanita Brown e David Isaacs) são outros métodos que me vêm à mente. Todos preparam o ambiente para a exploração da inteligência coletiva humana.

Um ponto de partida comum é o que Francisco Varela chamou de suspensão: abandonarmos nossos preconceitos e formas históricas de fazer sentido, em vez de irmos aos encontros com uma série de argumentos definidos, prontos para convencer todo mundo. Quando pararmos de defender nosso ponto de vista em um esforço para sermos reconhecidos, poderemos começar a nos comunicar *com*, em vez de *contra* o outro. Poderemos passar a ter conversas significativas, em que reforçamos a contribuição dos outros antes de incluir a nossa. Os pré-requisitos para a suspensão parecem ser certo nível de confiança e foco de atenção em um objetivo comum maior.

As pessoas que pertencem a grupos de todas as classes sociais têm tido experiências em que a totalidade de um grupo, durante a prática da conversação, de repente se torna mais do que a soma de suas partes e é capaz de explorar um novo nível de sabedoria. Quando um grupo atinge esse tipo de nível de coerência, entra em ação um nível mais elevado de ordem organizacional. A intuição do grupo é ativada, de maneira que parece direcionada, como uma antena, para onde pode ir a próxima inspiração. O grupo começa a ser criativo como um todo. Esse fenômeno sinergético é chamado de *inteligência coletiva*, e todos nós provavelmente vivenciamos isso em algum momento. Em Sieben Linden, vivenciamos, mas muito raramente. Por que quereríamos reverter para níveis menores de comunicação?

Essa opção torna-se ainda mais atraente quando percebemos que as realidades que enfrentamos são muito complexas para nossos processos de pensamento e modos individualizados de raciocínio habituais compreenderem. Sentir a profundidade da conectividade nas realidades externas conduz a novos níveis de conexão em nossos sistemas nervosos:

> O cérebro humano normal vem com sistemas potenciais similares a *softwares* que apenas estão à espera de ser ativados – atualizações latentes!
>
> BECK AND COWAN

Quando os grupos se tornam realmente bons nisso, podem ocorrer procedimentos de tomada de decisões muito rápidos, pois nos baseamos em nossa intuição, em vez de no processo linear da razão.

ROBERT KENNY, consultor organizacional

Nessas situações, realmente criamos algo novo juntos. Isso é o que faz com que nossa participação seja tão empolgante. Damos origem à próxima fase de consciência evolutiva.

JUANITA BROWN

Agora, para voltar às tensões que existem atualmente na dimensão social de Sieben Linden, acredito que o conhecimento do fenômeno da inteligência coletiva e uma intenção clara de explorar isso juntos responde às questões apresentadas anteriormente ("As Tensões dentro da Dimensão Social").

1. As comunicações de grupo são sempre tediosas

Quando compartilhamos profundamente, o tédio não surge. Isso só acontece em encontros organizacionais em que há um conflito de opiniões, em vez de inspiração mútua. Ter uma intenção clara, como grupo, de alcançar um nível mais elevado de coerência e sinergia nessas situações é uma necessidade se quisermos que haja uma circulação maior de alegria e energia! (Veja "As Reuniões Vistas como Rituais", de Beatrice Briggs, na página 137.)

Etapas úteis:

- Cuide do espaço do grupo, deixando pontualidade e prazos claros.
- Comece com um exercício de abertura que crie intimidade e confiança no grupo.
- Tenha certeza de que o assunto em questão está claro e é significativo (conectado com um objetivo maior) para todos. Se não, combine com uma composição diferente de pessoas (as que consideram o tema significativo) de retomar o assunto em outro local.
- Peça às pessoas que estejam atentas aos julgamentos anteriores e os interrompam.
- Chame a atenção para a qualidade da inteligência coletiva e peça que mantenham esse campo de consciência durante toda a reunião.
- Solicite um tempo de silêncio, enquanto pede às pessoas para se abrirem para a inspiração e as soluções.
- Peça que ouçam com atenção e se expressem com autenticidade.
- Permita momentos de silêncio entre as contribuições.
- Confie no grupo e peça que excelentes facilitadores apoiem o grupo.

Depois de anos de envolvimento intenso, os indivíduos perdem o interesse e abandonam as atividades grupais.

Podemos ver isso como um sinal claro de que chegou a hora de o grupo mudar e ir para um nível mais alto de conscientização. Uma possibilidade seria usar a Dinâmica em Espiral como um modelo para acessar onde o grupo está e qual seria o próximo passo.

2. Como podemos criar oportunidades para que mais potenciais individuais se desenvolvam no contexto do grupo?

A inteligência coletiva implica uma interação de indivíduos poderosos que permite a expressão de nosso potencial máximo direcionado para um objetivo maior comum. Nesse tipo de trabalho de equipe, as pessoas podem explorar um nível de inteligência e criatividade mais alto do que quando sozinhas. Paradoxalmente, quando paramos de lutar pelo reconhecimento individual, podemos ultrapassar os padrões habituais de pensamento e expressar nossa individualidade com mais facilidade.

> A individualidade, e não o individualismo, é o alicerce da comunidade.
> Ela é sinônimo de singularidade. Isso significa que cada pessoa e seus dons são únicos e insubstituíveis. A comunidade adora ver todos os seus membros prosperarem e atuarem na sua potencialidade ideal. Na verdade, uma comunidade só pode prosperar e sobreviver quando cada membro prospera, vivendo no potencial máximo de seu propósito.
>
> Malidoma Somé

O todo se tornará mais que a soma de suas partes quando cada parte achar seu lugar dentro do todo.

Etapas úteis:

- Reserve um tempo para descobrir sobre os sonhos e as visões uns dos outros.
- Reserve um tempo para refletir as qualidades uns dos outros.
- Saia da dualidade da hierarquia e heterarquia. Enquanto a hierarquia é o poder de um sobre muitos no nível vertical, a heterarquia é o poder de muitos sobre um no nível horizontal. "A heterarquia em si é a diferenciação sem integração, uma coleção de partes únicas sem um objetivo mais profundo: um amontoado, e não um conjunto" (Ken Wilber).
- Pelo contrário, crie holarquias! O conceito de hólons, criado por Arthur Koestler, descreve os diferentes níveis de complexidade que constituem nosso mundo natural. Moléculas, células, tecidos, órgãos e organismos, por exemplo, são hólons (unidades localizadas) em uma holarquia biológica. As informações circulam vertical e horizontalmente em todas as direções. Cada nível reflete e influencia todos os outros.
- Projete e aprimore uma holarquia natural para toda a comunidade que permita a máxima circulação de energia. Existem níveis sistêmicos que não es-

tamos integrando conscientemente? Nossa visão dos círculos de influência da comunidade se tornou muito reduzida? Podemos expandir nossa visão para incluir os potenciais máximos de todos os membros?
- Compreenda que, em nossa realidade holográfica, não importa em que nível assumimos a responsabilidade total (liderança), contanto que façamos isso!

3. Como podemos usar a diversidade para empoderar a união, em vez de enfraquecê-la?

Os rios e os córregos não precisam se apegar a um conceito do eu para cumprir seu destino. Com uma confiança enfervescente, eles escoam por fendas e ao redor das montanhas, transformando-se em uma gota na estação seca e crescendo para uma corrente poderosa na estação chuvosa, nunca perdendo seu senso de direção. Eles sempre terminam no oceano.

Poderemos vivenciar nossos diversos modos individuais de ver o mundo como algo enriquecedor, quando pararmos de competir e nos abrirmos para nossa inteligência coletiva. Poderemos trazer mais consciência ao processo constante de união comunitária, depois, de recuo individual e, então, de união novamente... É como se o organismo da comunidade inspirasse e expirasse. Os dois movimentos são necessários para a realização da vida.

Etapas úteis:

- **Sensibilidade:** abrir-se individualmente para nossos sentidos. Ouvir a vida dentro e ao nosso redor. Decidir confiar.
- **Responsabilidade pelo eu:** assumir responsabilidade por nossos sentimentos, pensamentos e ações.
- **Abrir-se:** entrar em contato e valorizar o outro.
- **Diálogo:** falar a minha verdade e ouvir atentamente a verdade dos outros.
- **Abraçar a diversidade:** abrir-se para uma visão mais profunda da realidade que abranja pontos de vista individuais.
- **Alinhamento:** procurar ajustar a visão e ação do grupo.
- **Evolução:** estabelecer um plano comum de ação.

Vivenciar os ensaios de nossos planos de ação nos leva ao próximo nível de observação, de sensibilidade e de escuta da vida dentro e fora de nós. O ciclo recomeça.

Conclusão

Apesar de vivermos as "etapas úteis" mencionadas anteriormente somente em nossos melhores momentos aqui em Sieben Linden, é como provar o mel... e continuamos testando nossos limites para chegar lá novamente.

Para ler a biografia da autora, veja a página 10.

> Combinados aos métodos formais de comunicação, que podem ser muito úteis na criação da estrutura social da comunidade, sempre haverá canais de comunicação informal. Quando as pessoas se encontram e batem papo, se olham nos olhos e se conectam, discutem no corredor... tudo isso faz parte da criação do elo comunitário. As fofocas constituem um desses canais.

A fofoca como dinâmica de grupo

Beatrice Briggs

A fofoca é um fenômeno ancestral e universal. Evoluiu com a linguagem e faz parte da moeda da economia da informação informal. Assim como as contas e as peles de animais, a fofoca tem sido uma moeda de troca desde os tempos antigos. Nós a trocamos por mais fofocas e para nos sentirmos parte de algo. Afinal, ninguém faz fofoca sozinho. Ela acontece em todos os grupos humanos. Alguns tentam proibi-la ou controlá-la; outros se esforçam demasiadamente para quebrar o hábito, mas ela persiste. Qual é sua função social? Como podemos explicar seu poder remanescente? Como podemos capturar a energia contida na fofoca e transformá-la em algo mais construtivo?

A fofoca, que significa falar da vida dos outros, intercambiada em conversas informais (normalmente quando a pessoa em questão está ausente), pode assumir várias formas. Pode ser bem-intencionada ou maliciosa, precisa ou falsa, trivial ou uma questão de vida ou morte, de domínio público ou um segredo compartilhado por poucos privilegiados. Pode ser uma notícia fresca ou a repetição do folclore comunitário. Pode unir um grupo ou destruí-lo.

Os grupos fazem fofoca para se definir. Quem está de fora e os recém-chegados podem ler o guia de visitantes, o manual do empregado, os estatutos e os boletins, mas apenas quem está envolvido conhece e entende (ou se importa com) a fofoca. Nossos parceiros de fofoca são geralmente nossos amigos mais próximos. Diga-me com quem fofocas e sobre o quê, e te direi onde estás na hierarquia do grupo.

A fofoca é um meio de comunicação do submundo, não oficial, não regulamentada, não sancionada e geralmente falsa. A precisão da informação é secundária à sensação de conexão emocional entre os fofoqueiros. Não são jornalistas treinados, coletando fatos a fim de apresentar uma história equilibrada. São seres humanos comuns tentando entender o que está acontecendo nas situações intrigantes em que se encontram.

Para quem está à margem da sociedade, a fofoca é uma ferramenta para a sobrevivência. Extirpados do banquete de informação à disposição dos poderosos, quem está nas castas inferiores precisa vasculhar qualquer migalha caída em seu caminho. Compartilhar esses apanhados de informação com os outros é um ato de solidariedade. As mulheres são normalmente estereotipadas como fofoqueiras crônicas, fruto de sua opressão histórica. Ao se reunirem perto de rios e poços artesianos, nossas antepassadas trocavam informações sobre as coisas que definiam suas vidas: nascimentos, mortes, doenças e as atividades dos homens. De que outra forma saberiam o que estava acontecendo?

Ouvir sobre o que as pessoas estão fofocando é uma das formas de descobrir os conflitos que estão se formando no grupo. A fofoca serve de válvula de segurança e pode atrasar ou prevenir a erupção de um conflito não resolvido. Desabafar sentimentos como medo, ciúmes, raiva, confusão ou frustração por meio da fofoca não afasta o problema que se encontra na obscuridade, mas uma "fofoca de reparação" pode aliviar a dor temporariamente. Pode também instaurar um hábito.

Os grupos normalmente desperdiçam sua energia reclamando e fofocando uns dos outros, em vez de unir forças em prol de uma mudança positiva. Se a fofoca for a única forma de comunicação do grupo, a confiança se enfraquece e a paranoia se espalha. Nunca se sabe o que está sendo dito pelas costas.

Nos dois níveis, pessoal e grupal, a fofoca pode ser uma brincadeira perigosa. Apesar de ser uma atividade ancestral e aparentemente universal, suas regras são tácitas. Só se descobre que foi longe demais quando já é muito tarde. Trai-se a confiança, a pessoa sobre quem se está falando ouve a fofoca por acaso e a informação que foi passada acaba revelando-se falsa. Pode-se causar mágoa, destruir a reputação de alguém e trazer vergonha a quem fez a fofoca. Em um grau mais sinistro, os infiltrados que desejam destruir um grupo podem usar a rede de fofocas para espalhar rumores falsos, difamar certos membros e ainda manipular a opinião popular.

A alternativa, no plano individual, é falar com os outros apenas como uma forma de esclarecer seus pensamentos e sentimentos, antes de decidir quando e como falar diretamente com a pessoa sobre quem você está fofocando. O desafio dos grupos é criar alternativas viáveis às fofocas: oportunidades para diálogos sinceros, partilha de emoções, solução de conflitos e outros processos programados para compartilhar informações, verificar a precisão destas, expressar sentimentos e decidir o que fazer.

Mas nem tente reprimir a fofoca de uma vez por todas. Como qualquer marginal, ela sempre se proliferará fora da lei.

Para ler a biografia da autora, veja a página 140.

> O Fórum é um processo de comunicação de grupo que tem sido de tão grande ajuda tanto para as comunidades Zegg, na Alemanha, como para Tamera, em Portugal, que mais e mais comunidades começaram a aprender sobre ele.

O Fórum: um caminho para a comunicação de grupo

Dolores Richter

Os objetivos do Fórum

O Fórum é um facilitador para o desenvolvimento de autoconhecimento, comunicação honesta e confiança nas comunidades. É uma maneira criativa de manter as trocas pessoais, ao disponibilizar um palco onde os membros da comunidade possam tornar públicas suas reais motivações, seus sentimentos profundos e suas ideias com seus companheiros. Ao compartilhar com transparência, as questões do cotidiano podem se tornar um foco e um catalisador inestimáveis para o crescimento do indivíduo e da comunidade.

O Fórum é projetado para funcionar com pessoas que vivem e trabalham juntas, compartilhando uma visão comum, e que estão comprometidas com certos valores, como autorresponsabilidade, compaixão, solidariedade e verdade.

No intuito de entender o Fórum, é importante saber que seu objetivo principal é promover uma cultura de não violência. No processo, procuramos responder às seguintes questões: que condições mentais, espirituais e sociais são necessárias para que os seres humanos possam viver juntos na verdade, na solidariedade e na liberdade? Qual é a fonte da violência e como podemos criar condições para um mundo não violento?

O Fórum quer apoiar a transformação de uma cultura de violência em uma que coopere com a vida e seus princípios; de uma cultura de dominação em uma de parceria; de uma cultura de competição em uma de cooperação; de uma cultura de exploração em uma de autoconhecimento e compaixão; e de uma cultura de possessividade em uma de contato e intimidade.

Esse processo de transformação precisa acontecer nos níveis individual e social ao mesmo tempo, e o Fórum foi criado para trabalhar esse processo, encorajando o autoconhecimento e o autodesenvolvimento, apoiado e testemunhado pelos colegas da comunidade.

Pelo trabalho pessoal dos indivíduos no Fórum e o *feedback* que recebem, a comunidade conhece a si mesma, descobre seus valores, reflete sobre suas experiências, aprimora e desenvolve suas visões.

O que é o Fórum?

O Fórum tem a ver com libertação, compreensão e comunicação *agora*, fornecendo uma estrutura para investigar a natureza humana. Não é uma terapia nem um método em si, sendo, mais propriamente, uma forma ritualizada de comunicação, desenhada para melhorar a clareza, o crescimento espiritual e a comunidade.

O Fórum é um processo de comunicação especial. É uma maneira criativa para um grupo com uma visão e um sistema de valores comuns criar um lugar seguro em que os membros podem compartilhar com o grupo, de maneira que tanto a consciência do indivíduo como a do grupo aumentem. No Fórum, o pessoal é transmutado para o universal. Isso é alcançado pelo afrouxamento da identificação com – e do apego a – estados emocionais mediante um clima leve de cuidado e aceitação sem julgamento.

Em parte, o Fórum abre espaço para pensamentos e sentimentos que estão sempre presentes no cotidiano, mas estão escondidos ou reprimidos por medo de rejeição ou julgamento. É uma ferramenta desenhada para trazer ao conhecimento do grupo o que esteve, até agora, presente apenas na consciência do indivíduo. No curso desse processo de tornar público o que era privado, podem surgir implicações e conexões que estavam apenas latentes. Em uma única sessão, muitas pessoas podem trabalhar e, em uma série de Fóruns, todos terão trabalhado. Assim, com o tempo, o Fórum se torna uma base poderosa para elevar o nível de consciência de toda a comunidade.

No entanto, o Fórum não é uma coleção de compartilhamentos pessoais aleatórios. Por se basear, desde o começo, em um conjunto de valores compartilhados e objetivos de longo prazo, o que emerge é canalizado pelo compromisso de mudança pessoal, honestidade e vivacidade. Quando usado com frequência em um grupo, o Fórum se torna uma escola da vida, uma sala de aula dedicada à exploração da Vida e da Verdade.

Em comunidade, isso pode ser útil para separar a resolução de problema da tomada de decisão. Quando uma decisão está para ser tomada, ela pode começar com um processo de Fórum desenhado para tornar claras as ideias, as intenções pessoais ou as experiências emocionais. Uma vez que isso tenha acontecido, o processo de tomada de decisão pode continuar sem ser sabotado por agendas pessoais.

Às vezes, você se surpreenderá com o que fala quando assume inteiramente o papel de ator no centro do Fórum e o processo começa a fluir. O que surge é a complexidade da condição humana: sua beleza, seu potencial, seus paradoxos e sua violência. No Fórum, você vivencia os ecos da história humana refletidos na experiência dos indivíduos, e todas essas descobertas preparam o caminho para a mudança e o desenvolvimento.

Como o Fórum pode incentivar a não violência?

O que nos faz querer dominar é nosso medo da insegurança e da imprevisibilidade. Tememos o que não é possível controlar ou organizar (os sentimentos, os anseios, a solidão, a fraqueza), ou outras pessoas, que são diferentes de nós. A energia vital no mundo e dentro de nós não pode ser controlada, mas não estamos confortáveis em nos desapegarmos e nos abrirmos para a mudança constante que é fundamental para toda a vida.

Para transformar a cultura da dominação, precisamos nos familiarizar com tudo que está dentro de nós: nossos sentimentos, nossa solidão e nosso desejo profundo por intimidade. A violência acontece quando nos sentimos desconectados dos outros, da natureza e de nós mesmos; a não violência pode acontecer quando permitimos que um contato verdadeiro aconteça.

E um contato real pode ser um desafio! Ansiamos por uma amizade íntima, por comunhão, embora esse desejo de estar conectado traga muitos medos para a maioria de nós. A ideia de "outro" cria medo de comparação e insegurança – sou bom o bastante? Sou muito barulhento? Sou muito baixo? Gosto dele/dela; eles gostam de mim?

Desse modo, criamos estilos de vida que mantêm as pessoas afastadas, nos mantendo seguros em nossos empregos, nos sentindo confortáveis com a TV ou o computador, usando estruturas hierárquicas de comunicação, nos escondendo em padrões de comportamento viciados em trabalho e em bebida ou morando sozinhos. Tememos o contato verdadeiro com as pessoas, porque isso nos leva a confrontar o desconhecido em nós. Podemos debater sobre ecologia, finanças, política, tomar decisões e, ainda assim, continuar nos escondendo uns dos outros. A vida quer uma comunhão verdadeira – conhecer os outros por dentro, ser visto no nível mais profundo –, mas esse tipo de contato pode ser perturbador e vai trazer, com certeza, mudança e transtorno. Ele também traz um grande presente: uma pessoa em contato verdadeiro com os outros não pode mentir, machucar, matar ou estuprar.

O Fórum quer ser parte desse aprendizado de entrar em contato real comigo mesmo – meus anseios, meu potencial mais alto e meu lado sombrio –, com outras pessoas, com a natureza, com a vida. O que vem à tona quando começamos a trabalhar com o Fórum nem sempre é bom. O que está reprimido e escondido pode vir à luz da consciência. Isso pode ser feito de forma lúdica ou de modo sério; de um jeito ou de outro, ajuda a criar um contato mais profundo.

Como funciona o Fórum

Os indivíduos que estão participando do Fórum se sentam em círculo. Uma pessoa vai até o centro, como se fosse um palco, enquanto os outros são a plateia. O apresentador ou ator tem o poder e o espaço para atuar e falar sem ser interrompido pelos outros, que, no início, atuam como espectadores.

O apresentador traz consigo seu desejo de comunicar e aprender, mostrando em palavras e ações os pensamentos, os sentimentos, os valores, as opiniões, as emoções e os julgamentos sobre a situação. O outro, o facilitador, focaliza e guia o processo, intervindo de vez em quando no decorrer da apresentação. Dessa maneira, o apresentador e o facilitador encenam um tipo de peça improvisada, no centro do Fórum, enquanto o grupo, em círculo ao redor deles, compõe a plateia silenciosa até o trabalho terminar.

Quando o apresentador tiver terminado, outros podem ir ao centro para dar o *feedback* e expressar suas percepções. Agora, o apresentador pode saber o que os outros acham dele ou dela e o que eles têm a dizer que complementa, amplia ou define as questões pessoais que ele ou ela trouxe. A descoberta do que os outros pensam e valorizam em nós, o que os impede de nos amar e que importância temos para eles nos fornece um *feedback* social essencial.

Depois do *feedback*, um novo apresentador se levanta e se arrisca no centro da roda.

O papel do facilitador

Cada sessão do Fórum, que dura entre 60 e 90 minutos, é guiada por um facilitador e um cofacilitador, que permanecem como membros do grupo, mas assumem o papel temporário de facilitar o processo. Os facilitadores são os únicos que podem intervir no processo do apresentador. Eles devem manter um alto nível de autoconhecimento e ser capazes de canalizar as energias, as questões e os processos do Fórum. É uma função de assistência e pode ser cumprida de diferentes maneiras: como uma moderação suave que guia apenas fazendo perguntas que levam à fonte do problema; de modo lúdico e artístico; de maneira direta e rigorosa. Mas todas as formas de mediação são para ajudar o apresentador, que permanece o único responsável pelo conteúdo e estilo do que é apresentado.

Os facilitadores são pessoas que se sentem atraídas para a função e treinaram suas habilidades. A mediação não é neutra, porque o Fórum apoia o que é autêntico, vivo e verdadeiro, aquilo que vem à tona além da educação e do jogo diário de esconder e disfarçar. O ideal do Fórum é realçar a beleza da pessoa, revelando seu maior potencial. Se uma pessoa está paralisada com um problema, o facilitador ouve os fatos, mas também o ajuda a se desprender. O facilitador vai encorajar o apresentador a olhar para o problema de uma perspectiva mais elevada e aprender com isso. Por exemplo, se uma pessoa inveja uma qualidade no outro, o facilitador pode pedir que ele ou ela demonstre essa qualidade brincando, agindo como se ela a possuísse. Dessa maneira, o apresentador pode descobrir se ela possui essa qualidade escondida querendo emergir – e guiá-la para aceitá-la e fortalecê-la pela representação.

Quanto mais conhecimento se tem sobre os próprios padrões habituais de pensamento e comportamento, mais rápido é possível percebê-los nos outros e intervir de modo a apoiá-los. Um facilitador hábil possui um amplo conhecimento humano, uma consciência social elevada e um profundo senso de responsabilidade. Enquanto o facilitador, até certo ponto, dirige e estrutura o processo do Fórum, ele ou ela continua na função de facilitador, fazendo perguntas para esclarecer as questões, espelhando o ator a fim de permitir uma investigação, revelar conexões e se conectar com a situação como um todo. A partir daí as soluções podem aparecer.

O processo de desapego

O Fórum não tem como objetivo principal resolver problemas. Seu propósito é tornar visível a essência de uma questão ou de uma pessoa. Quando vemos a essência de uma pessoa, surge um sentimento de amor que transcende a simpatia pessoal. Geralmente, o Fórum organiza os diferentes fatores e sentimentos que influenciam uma situação. A solução mais frequente de um problema é o desapego. Quando se atinge uma compreensão mais completa, o desapego acontece. Porém, isso raramente ocorre atacando o problema diretamente. É mais provável que ele aconteça pela abordagem lúdica, que a princípio parece se desviar da solução.

O Fórum pretende elevar o nível de energia e desencadear a expressão da força da vida. Quando o nível de energia pode ser elevado com sucesso, acontece uma mudança de perspectiva no corpo e na alma. Às vezes, essa mudança de energia pode ser bem simples – quando o facilitador convida o apresentador a se mover mais rápido, ou exagerar os gestos, ou verbalizar um sentimento com um som. Quando a energia se altera, uma nova perspectiva pode se abrir.

Nós nos acostumamos tanto a esconder nossos sentimentos que geralmente perdemos o contato com eles por completo. Rimos quando temos vontade de chorar, dizemos não quando queremos dizer sim, e sim quando queremos dizer não. No Fórum, deixamos que diferentes aspectos de nosso ser se manifestem. Você pode ir para um canto e falar sobre uma característica e ir para outro canto e falar de outra, oposta. As sugestões teatrais podem mudar a energia o suficiente para um pensamento bem verdadeiro, até então muito escondido, se manifestar.

Você pode descobrir que estar zangado com alguém é uma emoção superficial. Em outro nível, pode perceber que o desejo íntimo que você não ousa expressar é por uma conexão íntima. Logo que alguém entra em contato com uma necessidade mais profunda e encontra uma maneira de expressá-la e de ser ouvido, a raiva desaparece.

A encenação de diálogos internos ou processos emocionais é um passo para a desidentificação: vejo que não sou essa raiva; não sou esse medo; não sou essa inveja. Essa é uma entre várias maneiras possíveis de reagir. Perder a identificação com esses sentimentos passageiros significa que encontrei uma posição dentro de mim como observador desses sentimentos. Achei meu centro imutável. Nesse lugar, você não se encontra mais preso a planos aparentemente importantes, necessidades e medos que estão presentes a todo momento. Esse *insight* permite uma atitude mais descontraída. Da perspectiva de um observador, você para de projetar as experiências do passado para o futuro, e sua inteligência está livre para agir.

Quando seu parceiro ou amante, por exemplo, faz planos que não o incluem e você reage com medo do abandono, você se identifica com esse medo da perda. À medida que você expressa seu medo e tristeza, essa mesma expressão o traz de volta para seu humor e alegria de existir. Você perde a identificação com o medo e pode ver que o comportamento de seu amante ou parceiro é simplesmente seu verdadeiro caminho naquele momento. Você pode se desconectar e apenas ser testemunha disso.

Esse tipo de trabalho nos leva à nossa essência, à nossa verdade interior, à expressão livre de esconderijos e aparências. O Fórum é, acima de tudo, sobre a verdade; não como uma categoria moral, mas a verdade que aparece quando ouvimos com atenção e nos permitimos confiar nos outros, a verdade que surge quando não faz mais sentido usar máscaras e se isolar.

Sem dúvida, o caminho para a consciência social, a compaixão e o contato exige uma metamorfose interna, e o Fórum, por ser pessoal e social ao mesmo tempo, tem o poder de trazer isso à tona em nós.

O Fórum na prática

O Fórum evolui como uma maneira de criar uma transparência essencial, aceitando e cultivando a autenticidade e diversidade de seus membros. Na comunidade Zegg, grandes Fóruns acontecem periodicamente, nos quais toda a comunidade participa; existem Fóruns menores realizados por subgrupos como o departamento de trabalho, grupos com interesses especiais, os jovens; e existem também Fóruns especiais de treinamento para visitantes e convidados de outros centros e comunidades. O Fórum combina bem com outras ferramentas como o coaconselhamento, a comunicação não violenta ou o trabalho de constelação.

Para ler a biografia da autora, veja a página 107.

> Gill Emslie introduz uma abordagem de trabalho processivo para transformar conflitos, abraçando as habilidades de uma democracia profunda. Ela ilustra sua aplicação com exemplos de seu trabalho em um projeto de base na Bolívia.

Do conflito à comunidade: uma democracia profunda e a abordagem do trabalho processivo

Gill Emslie

O trabalho processivo é uma abordagem interdisciplinar para a mudança coletiva e individual. O que chama mais a minha atenção, particularmente ao trabalhar em projetos na Bolívia e em diversos locais na Europa, é que as habilidades descritas a seguir podem ser aplicadas em qualquer contexto e, embora a língua e a metáfora usadas talvez precisem ser adaptadas a uma situação específica, toda a abordagem estrutural do sistema e a atitude solidária necessária à experiência humana são as mesmas, seja em organizações de base no hemisfério Sul, seja na Global Ecovillage Network (GEN), seja na Europa corporativa.

Por meio dessas experiências, ganhamos em humildade ao perceber quanto somos semelhantes. A profusão de traços comuns que podem ser encontrados em todos esses locais aprofundou meu entendimento da natureza sistêmica e interconectada do mundo em que vivemos, dando-me esperanças de que aumentar nossas habilidades e consciência nessa área pode fazer a diferença e nos levar a uma mudança importante e permanente.

O trabalho processivo

O trabalho processivo foi concebido e desenvolvido ao longo dos últimos 25 anos pelos doutores Arnold e Amy Mindell e seus colegas. Começou como um trabalho terapêutico e, então, passou para o trabalho em grupo e para os trabalhos organizacionais e de liderança. Arnold Mindell, inicialmente um físico, estudou psicologia no C. G. Jung-Institut, em Zurique. A teoria e prática do trabalho processivo se baseia na psicologia junguiana, na física, na teoria quântica, nas tradições xamânicas e no taoismo.

O trabalho processivo busca elevar a consciência e, assim, apoiar o indivíduo, o grupo ou a organização preocupada em encontrar uma percepção mais elevada, com base na qual se possa tomar decisões. Obstáculos, perturbações e até conflitos são vistos como uma tentativa de trazer novas informações a uma pessoa, um grupo ou uma organização, ou mesmo de ajudá-los a tomarem consciência de seu potencial máximo. O trabalho processivo pressupõe que cada alma, individual ou coletiva, tende à totalidade, o que cria uma motivação subjacente para a busca de um sentido na vida.

A democracia profunda

Para que organizações, comunidades e nações obtenham sucesso agora e sobrevivam no futuro, elas devem ser profundamente democráticas, ou seja, todas as pessoas e todos os sentimentos devem ter representação. A democracia profunda é um reconhecimento da diversidade de pessoas, papéis e sentimentos relacionados a determinadas questões. Quando somos convidados a reconhecer e valorizar nossas experiências mais profundas, quase todos os grupos ou a situação mundial se tornam imediatamente diferentes e manejáveis (Mindell, 2002).

A democracia profunda é um dos pilares do trabalho processivo. Ela conecta as atitudes e os sistemas de crença do indivíduo às suas experiências exteriores, oferecendo uma abordagem que corrobora uma maior compreensão da relação interconectada de nossas realidades "interiores" e "exteriores". Cultivar essa abordagem nos níveis organizacional ou grupal leva a uma sensação mais profunda de resolução e congruência em todos os aspectos da vida organizacional ou grupal. Isso resulta em uma mudança no ambiente de trabalho, possibilitando o aumento de expressões criativas individuais e coletivas, o que leva a um aprimoramento do desempenho e da concentração.

Os três níveis de consciência

No trabalho processivo existem três níveis que o facilitador deve reconhecer no processo de mediação de conflitos. Tais níveis podem surgir simultaneamente ou em momentos diferentes, requerendo qualificação e fluidez do facilitador para se manter bastante presente à medida que surgirem quaisquer sinais típicos de conflito, que indicarão em que nível deve haver a mediação.

- **A realidade consensual:** aqui, lidamos com eventos, problemas e questões "reais" ligados ao desenvolvimento de indivíduos, casais ou grupos. Fatos e sentimentos são usados para descrever conflitos, questões ou problemas. A dinâmica de posição, poder e privilégio está evidente aqui.
- **O nível dos sonhos:** o que aflora aqui são sonhos, sentimentos profundos, verdades não ditas, sinais "duplos" ou acidentais e funções-fantasma (figuras sem representação), bem como os *Zeitgeister* (espíritos de nossa época) que normalmente influenciam, de forma inconsciente, a "esfera" de nossos grupos ou comunidades.
- **O nível não dualista ou "nível da essência":** no nível mais profundo não dualista ou "da essência", o trabalho processivo lida com a detecção de tendências que nos movem, mas que ainda não são facilmente expressas em palavras. Essa área da vida humana se parece, às vezes, com uma atmosfera sutil em torno de pessoas e eventos.

A democracia profunda reconhece a importância simultânea dos três níveis de experiência. A realidade diária e seus problemas são tão importantes quanto as figuras refletidas no nível dos sonhos e a experiência espiritual no nível da essência da realidade onde a posição não existe mais.

O poder da posição e do privilégio

Mindell (1995) define a posição como:

> [...] a soma de privilégios pessoais. Uma habilidade social ou pessoal, consciente ou inconsciente, ou poder decorrente da cultura, do apoio comunitário, da psicologia pessoal e/ou do poder espiritual. Tenha você merecido ou herdado sua posição, ela organiza muito de seu comportamento ao se comunicar, especialmente em situações-limite e zonas de conflito.

Ao mediar indivíduos ou grupos, é interessante apoiar os pontos fortes de cada pessoa e como eles os usam em benefício do todo. Muitos de nós temos dificuldade em fazer isso, mas os efeitos da posição são sentidos de qualquer forma. Admitir e reconhecer a posição de alguém ajuda a criar um clima mais harmônico e autêntico. Quando não reconhecida, ela se pronunciará de forma acidental ou em sinais duplos, em que a linguagem corporal, o conteúdo e o tom do que está sendo dito não combinam. Tendemos a reagir, com frequência, a esses sinais e, quando as pessoas, ou o grupo, não se identificam com as posições, o conflito é o resultado.

Há quatro aspectos da posição:

- **Posição social:** derivada do privilégio e do poder provenientes de dinheiro, classe, gênero, raça, educação, idade, saúde, aparência física e de outros valores mais respeitados pela maioria.

- **Posição psicológica:** vem do fato de se sentir seguro e bem cuidado ou de ter superado o sofrimento e se tornado mais forte e mais solidário.

- **Posição espiritual:** resulta de uma conexão com algo sagrado, que mantém o indivíduo centrado em momentos difíceis.

- **Posição contextual:** vem do poder e privilégio resultantes de uma posição ou cargo, em um contexto particular.

Trabalhando, na Bolívia, com a consciência da posição

Ana Rhodes (uma amiga e colega de Findhorn) e eu fomos convidadas a trabalhar com um grupo formado, em grande parte, por agricultores indígenas em Caranavi, um pequeno povoado fronteiriço, à beira da floresta tropical de Los Yungas, na Bolívia. Os agricultores eram representantes de uma rede de produtores agrícolas, voltada à manufatura de produtos orgânicos de comércio justo. Contaram-nos que o grupo sofria de apatia e falta de engajamento, e que nossa tarefa era ensinar a eles as habilidades da facilitação e da motivação.

O contexto cultural

A Bolívia é um país extremamente bonito. Abrigada pelos Andes, na América do Sul. Sua capital, La Paz, está a 3.800 metros acima do nível do mar. Estendendo-se desde os picos congelados e majestosos da cordilheira Real e os desertos áridos de altitudes elevadas dos Andes até as florestas exuberantes e amplas savanas da bacia Amazônica, a Bolívia é uma fonte rica de biodiversidade. A beleza e a variedade dessa paisagem se igualam à diversidade étnica e cultural da população, cuja maioria descende de indígenas. As línguas aimará e quíchua, entre outras, são faladas ainda como línguas nativas por muitos. Um dos países mais "pobres" do mundo, seu subdesenvolvimento tem sido, talvez, uma bênção disfarçada para o meio ambiente, permitindo que várias áreas selvagens sobrevivam praticamente intocadas.

Infelizmente, apesar de sua incrível riqueza natural, a pressão progressiva do Norte e dos acordos de livre comércio fazem com que seja cada vez mais difícil, para o mercado nacional, proteger os interesses locais. Nos últimos 30-40 anos, 40% da população de 5 milhões de habitantes seguiu tendências globais, mudando-se para as favelas urbanas de La Paz, que estão em rápida progressão.

O treinamento

No segundo dia de treinamento, trabalhamos com o conceito de que o conflito não é apenas algo que acontece fora de nós. Somos parte do sistema em que o conflito está acontecendo e, consequentemente, o afetamos e somos afetados por ele. Introduzimos, então, a dinâmica de posição, poder e privilégio, e encorajamos o grupo a encontrar áreas do posicionamento que pudessem celebrar.

Ao final desse exercício, um dos participantes, Victor, se levantou de repente e começou a falar às pessoas na sala em sua língua nativa, aimará. Sua presença e postura sofreram uma mudança radical. Sendo relativamente calmo e respeitoso por natureza, sua postura, seu tom de voz e sua presença mudaram completamente, dominando, inesperadamente, a atenção de todos os presentes. Parecia que não era apenas Victor falando, mas algo maior que emanava dele. Havia uma sensação tangível de que ele estava falando não apenas em prol de si mesmo, de sua família e de sua comunidade como também em prol de todos os indígenas orgulhosos de sua origem inca e, talvez, em prol do espírito de todas as pessoas que haviam sido marginalizadas ao longo dos séculos, encontrando sua voz e a deles. O poder de suas presenças era palpável.

Quando Victor se levantou, ficamos bastante emocionados, especialmente quando ele continuou falando, compartilhando como havia perdido sua autoconfiança depois de anos sendo humilhado por ser indígena. Vimos como o "sintoma" de apatia, que nos haviam pedido para trabalhar durante o treinamento, estava diretamente relacionado à falta de autoconfiança, por causa das vozes da humilhação e crítica que ele e seu povo tinham internalizado ao longo dos séculos.

Quando Victor percebeu sua posição, encontrando inspiração e coragem para falar sem hesitações, o clima na sala mudou totalmente. Uma sensação de paixão e compromisso em adotar uma nova postura preencheu o ambiente. Foi exatamente a energia que o grupo precisava para enfrentar os conflitos travados em sua região, onde uma grande empresa estava forçando as comunidades locais a venderem terras, perderem sua autonomia e se tornarem empregadas. A reação dos líderes comunitários até aquele momento tinha sido, basicamente, a de gritar com os representantes das empresas e se recusar a negociar, fazendo com que os membros mais vulneráveis da comunidade fossem persuadidos por promessas falsas. Ao acessar o senso de sabedoria, dignidade e legitimidade em si mesmo e no grupo, seus direitos e a habilidade para defender a autonomia e o modo de vida sustentável se tornaram mais fortes.

Esse exemplo mostra a importância de compreender as dinâmicas de posição e poder em qualquer grupo ou organização. Quando a posição é usada sem consciência, ela pode levar ao abuso, o que pode acontecer tanto em uma estrutura hierárquica de um grupo ou organização que esteja clara como em grupos que se identificam com a igualdade, mas nos quais geralmente há estruturas de poder ocultas, que levam a conflitos.

Trabalhando com fóruns abertos

Um fórum aberto é a aplicação dos princípios do trabalho processivo em interações de grande escala. É uma maneira de trabalhar com grupos, lidando com conflitos ou dificuldades à medida que surgem na atmosfera ou "campo". Essa abordagem implica:

- identificar os problemas ou temas que estão em voga no grupo;
- chegar a acordos ou consensos sobre que tema trabalhar;
- identificar os papéis, as vozes ou os pontos de vista divergentes que estão representados ou que possam não estar representados, mas que são, de qualquer forma, sentidos por todos os envolvidos;
- facilitar um debate interativo ou desdobramento do tema, inclusive os aspectos menos tangíveis ou óbvios da dinâmica;
- notar resoluções temporárias e mudanças no clima, assim como pontos de tensão e "arestas" do grupo.

Uma atmosfera, ou "campo", inclui não só os indivíduos envolvidos como também a organização como um todo ou a cultura da qual o grupo faz parte. Consiste nos aspectos mais familiares e evidentes do grupo, como itens na agenda, funções identificadas e debates racionais; e aspectos menos óbvios e mais difíceis presentes em qualquer grupo, como visões minoritárias, sombras ou "elefantes brancos", influências culturais que refletem os sistemas de crença e "espíritos" da época, e os "fantasmas", que são os pontos de vista, ou opiniões, que não são identificados ou facilmente expressos no grupo, mas que influenciam profundamente o campo. Geralmente, quando se interage e se dá voz a esses "fantasmas", há uma sensação de alívio e resolução.

É importante se dirigir ao conteúdo e à estrutura das preocupações nos grupos. Contudo, se as questões subjacentes ou os sentimentos de fundo não são abordados, dificilmente se chegará a uma definição sentida de forma plena.

Aplicando o fórum aberto no treinamento

No terceiro dia, começamos a ensinar uma abordagem de fórum aberto para trabalhar com conflitos em grandes grupos. O tema que o grupo escolheu para explorar foi o conflito entre suas cooperativas e as grandes empresas que batiam à sua porta, pressionando-as a vender todos os grãos de café cru. Havia uma sensação de urgência no grupo, porque eles tinham que tomar essa decisão dentro de dois meses. A alternativa era assumir o risco de fortalecer e organizar suas próprias cooperativas, defendendo o direito de negociar livremente, e ativar o apoio necessário do governo local a fim de fazer isso.

Apesar de haver um desejo claro de escolher a última opção, havia também um clima de apatia ou desesperança, que havíamos começado a abordar no dia anterior, com Victor. No grupo de 26 participantes, havia duas pessoas que já tinham trabalhado para a empresa e estavam aptos a representar o ponto de vista dela. Isso era muito útil, pois, assim, tínhamos todos os lados do conflito representados.

Facilitamos o fórum aberto convidando pessoas a assumir posições ou "papéis" que representassem os vários pontos de vista. Depois de discutir esses pontos de vista e sentimentos variados, os participantes começaram a expressar aquele desespero e raiva que sentiam, mas, por termos trabalhado os papéis, encorajando as pessoas a experimentarem lados diferentes do diálogo e "o outro lado", o clima começou a mudar. A noção de absoluta legitimidade e clareza que vivenciaram como tão opressiva vinda dos representantes das grandes empresas se tornou uma aliada, considerando que conseguiam acessar aquele estado dentro de si mesmos.

Começou a aflorar um senso renovado de decisão, solidariedade e compromisso, com fins de fortalecer as cooperativas e buscar soluções que permitissem que elas se tornassem mais eficientes em todas as áreas da produção do café. Em vez de simplesmente se concentrarem na briga com a empresa, eles puderam usar essa energia para construir alianças, melhorar as práticas internas de suas próprias organizações e encontrar meios de serem mais inclusivos quanto aos outros produtores.

Finalizamos o treinamento com um processo de tomada de decisões, que ajudou o grupo a elaborar novos passos a serem seguidos, a fim de embasar suas intenções e de se fortalecer como cooperativas.

O presidente das cooperativas de café chegou, inesperadamente, para ouvir os resultados do *workshop* e ficou tão impressionado com os novos passos a serem seguidos, elaborados pelo grupo no fórum aberto, que ofereceu seu apoio para levar o diálogo para a próxima etapa, com o governo local.

O papel do facilitador

Este capítulo oferece um esboço de algumas ideias tiradas do trabalho processivo que temos aplicado em nossas atividades nos últimos anos. Por não ser uma abordagem prescritiva, mas baseada na revelação de sinais à medida que surgem, ela se torna um processo criativo, vivo e intuitivo. Isso requer o engajamento total do facilitador e o desejo de trabalhar no aprimoramento de seus próprios níveis de consciência, particularmente na área do sistema de crenças e preconceitos, para que possa fazer o trabalho de facilitação a partir do lugar mais claro possível. Já que faz parte do campo, suas atitudes internas serão comunicadas seja diretamente, quando administradas com consciência, seja por sinais duplos, se não forem identificadas conscientemente. Por isso, a habilidade de refletir internamente, ou de fazer o "trabalho interno", é uma parte importante do leque de qualificações de um facilitador. Ser completamente coerente é o que suscita segurança e gera confiança. É o que ajudará na construção da qualidade da relação entre o facilitador e o grupo, que é necessária para trabalhar nos níveis profundos exigidos pela transformação organizacional.

Na Bolívia, também demos treinamentos sobre liderança, construção de autoconfiança para as mulheres e desenvolvimento organizacional. Retornaremos, nos próximos anos, para dar treinamento sobre programas de instrutores, a fim de que os nativos possam, por conta própria, incorporar essas ferramentas, em conjunto com outras, em seus próprios programas de treinamentos.

Gostaria de agradecer a meus colegas e professores que, ao longo dos anos, me ofereceram e continuam a oferecer uma quantidade enorme de inspiração e apoio, sem os quais eu não teria conseguido realizar esse trabalho.

Gill Emslie, especialista em trabalho processivo, tem anos de experiência como facilitadora internacional, instrutora e psicoterapeuta. Foi membro do Comitê de Gerenciamento da Findhorn Foundation por cinco anos, de 1995 a 2000, onde era responsável por recursos humanos, treinamento interno, supervisão e facilitação de conflitos dentro da organização. Durante esse tempo, também introduziu habilidades de supervisão e estruturas de apoio organizacional interno, que continuam servindo para que a entidade funcione de forma mais eficaz. É membro-fundadora do Findhorn Consultancy Service, criado em 1999.

Seu treinamento e sua experiência em psicologia transpessoal e desenvolvimento organizacional oferecem a estrutura para seu trabalho como treinadora e instrutora nas áreas de desenvolvimento organizacional, liderança, desenvolvimento pessoal e profissional, treinamento de equipe, trabalho processivo, supervisão, facilitação de conflitos, qualificações específicas para mulheres em liderança, construção de autoconfiança e uma abordagem holística para o design intencional, o monitoramento e a avaliação (mapeamento de resultados).

Atualmente, Gill trabalha nos setores corporativo e voluntário, tanto na Europa como na América Latina, sendo afiliada ao International Institute of Facilitation and Consensus (IIFAC) e à Research Society for Process Oriented Psychology UK (RSPOPUK).

> Azriel Cohen compartilha sua experiência de estreitar laços entre pessoas de diferentes religiões, na aldeia do Dalai Lama, na Índia, e em uma comunidade budista, na França. Seu artigo nos desafia a pensar como as realidades interiores e a relação com nosso corpo afetam nosso trabalho pela paz.

Rumo a um modelo holístico de resolução de conflitos

Azriel Cohen

Percebi que poderia encontrar uma bondade profunda em pessoas de origens diferentes da minha somente por volta de meus 25 anos. Acreditar que o "outro" desconhecido não é bom é algo muito comum e uma das dinâmicas subjacentes à guerra. Essa tomada de consciência lançou-me em uma jornada de 15 anos de convívios transformadores com "outros", que me levou a encontros profundos com pessoas e culturas sobre as quais tinha ideias negativas. Mais recentemente, isso incluiu explorar minhas relações com os animais e as plantas. Minha própria transformação fez com que me especializasse na elaboração de ambientes não ameaçadores que facilitassem encontros transformadores entre pessoas de origens distintas.

Partilharei um pouco do que aprendi ao longo do caminho e que talvez possa ser útil para os interessados na resolução de conflitos e no trabalho com a diversidade.

Pacificador, cura-te a ti mesmo

Em Toronto, cresci em uma comunidade judaica ortodoxa bondosa, gentil, devota e muito unida. Havia tanto sentido e tanta profundidade em nosso mundo que nunca pensei muito em como enxergava as pessoas fora da comunidade. A mudança aconteceu em um verão, na hora do almoço, no Ontario College of Art. Sempre me sentava sozinho depois do almoço para rezar, pois não queria que ninguém soubesse o que eu estava fazendo. Um dia, um aluno de quem eu não gostava por causa da aparência – cabelo comprido e roupas incomuns – não saiu do local após a refeição. De forma um pouco hesitante, eu disse que oraria, em silêncio, por alguns minutos. Ele fez perguntas sobre minha prática religiosa de um jeito surpreendente, pois estava curioso, foi sincero e respeitoso, e sabia muito a respeito de minha tradição. Fiquei abalado. Que pessoa maravilhosa! Quantas outras pessoas julguei de forma equivocada? Minha jornada começou.

Desde então, estudei diversos modelos de resolução de conflitos e de construção de comunidades, e me envolvi em encontros e amizades profundas com indivíduos e comunidades provenientes de grupos dos quais não achava que podia me aproximar. Isso inclui os judeus não ortodoxos, os cristãos, os muçulmanos, os hindus, os budistas, os alemães e os árabes.

Você não precisa pegar um voo até um país em guerra para trabalhar pela paz. O trabalho começa com você mesmo. Existe um exercício que todos podem fazer para contribuir para a paz e a solução de conflitos: faça um inventário de quem, em sua vida, você julga negativamente ou considera "outro". Pense nas pessoas com que você convive, incluindo familiares, amigos, vizinhos e colegas de trabalho.

A maioria das pessoas não experimenta uma mudança positiva em relação ao "outro" quando tem uma arma apontada para a cabeça. Em geral, um momento de "ahá!" – quando se percebe o "outro" de uma forma inédita – ocorre quando há segurança e oportunidade de interagir com o "outro" em um contexto que não tem nada a ver com o tema do conflito. Então seja criativo e gentil em seu trabalho rumo ao restabelecimento de sua relação com os demais. Ponha uma música inspiradora para tocar, acenda uma vela, permita-se sonhar acordado sobre como você poderia se relacionar com os "outros", registre seus pensamentos com uma caneta e deixe sua intuição guiá-lo.

Estreitando os laços entre as religiões na aldeia do Dalai Lama

Em 1997, a minutos de chegar à aldeia do Dalai Lama, na Índia, criei o projeto Ohr Olam, um experimento para estabelecer comunidades de pessoas que, geralmente, são vistas como incompatíveis. Dharamshala, no sopé da cordilheira do Himalaia, atrai milhares de buscadores espirituais de todas as partes do mundo. Embora bem longe de qualquer comunidade judaica existente, sempre há centenas de judeus, de diversas origens, vindos do mundo inteiro, principalmente ex-militares israelenses. A comunidade local é budista tibetana, hindu e muçulmana. Distanciados dos políticos do mundo judaico, sonhávamos com uma comunidade que fomentasse encontros transformadores entre tipos diferentes de judeus e entre judeus e pessoas de outras religiões.

O profundo respeito que o Dalai Lama tem por todas as religiões mundiais, algo que costuma escapar à atenção das três principais religiões monoteístas, foi uma das razões fundamentais para escolhermos Dharamshala. Tivemos um encontro privado com o Dalai Lama, que aprovou inteiramente a criação do projeto. Ele disse:

> Porém, sou mais velho que vocês e sei que um trabalho de resolução de conflitos assim não será concluído antes de vocês morrerem. Ele levará gerações. Ainda assim, se afetar uma pessoa, terá valido a pena. Se afetar dez pessoas, será maravilhoso e, se afetar 100, mais ainda.

Falamos com o Dalai Lama sobre estreitar laços entre grupos em conflito, e ele compartilhou conosco um programa de vários níveis que esboçou em parceria com o bispo Tutu. O esboço incluía:

- programas que permitissem que os líderes se encontrassem simplesmente como pessoas, e não no papel de líderes;
- fóruns intelectuais;
- reuniões entre leigos;
- projetos de serviço em que as duas partes em conflito atendessem a uma terceira parte em necessidade.

O modelo Ohr Olam

O programa criou um ambiente que atraía pessoas de todas as esferas da vida, abrangendo desde a gama de crenças e práticas judaicas até pessoas de muitas outras religiões. O modelo incluía:

- **Funcionários adequados:** amigos andando por um caminho de transformação pessoal que se dão bem com pessoas de origens muito diversas.
- **Programa em vários níveis:** para satisfazer as necessidades da maior diversidade de pessoas possível. Ele incluía um ritual – um farto Seder de Pessach,

sessões de orações, aulas e *workshops* sobre misticismo judaico, programas sociais e musicais, e diálogos inter-religiosos.

- **Abandono de expectativas de mudar as pessoas e clara intenção de fazer com que todos se sintam bem-vindos:** não importa qual seja sua origem.

O programa ficou ativo por quase cinco anos e contou com a participação de mais de 2.500 pessoas. Teve muito êxito, afetou profundamente a vida de muita gente e atraiu um interesse significativo por parte da mídia.

A Paz Começa Comigo: a experiência de Plum Village

Na primavera de 2001, iniciei um projeto chamado Peace Begins with Myself (A Paz Começa Comigo), um programa que levou grupos antagônicos a Plum Village, de Thich Naht Hanh, na França. Seguindo o espírito da tradição budista, Thich Nhat Hanh ensina que a consolidação da paz sempre se resume à transformação do indivíduo e está ligada a todos os aspectos vitais. O estabelecimento da paz entre grupos em conflito faz parte de um processo holístico mais amplo, que tem relação com todos os elementos da nossa vida, incluindo até mesmo como respiramos, comemos e andamos. De maneira humilde, a paz chega a cada pessoa, etapa por etapa.

Uma transformação assim leva muito mais tempo do que estamos acostumados. Minhas primeiras lições em Plum Village foram sobre paciência. Havia conflito no grupo e alguns participantes não seguiam a orientação de Thich Nhat Hanh. Solicitei uma conversa privada com a monja Gina, a facilitadora de nosso grupo. Dividi com ela minha aflição. Ela disse que, no início de sua permanência em Plum Village, quando Thây (que significa "professor", como Thich Nhat Hanh era comumente conhecido por seus seguidores) compartilhava uma visão, ela se sentia responsável por executá-la. Porém, a manifestação não ocorria tão depressa quanto a monja esperava e vinha um sentimento de frustração. "Thây partilha visões conosco e nós tentamos realizá-las com urgência, mas ele tem toda a paciência do mundo", disse. "Ele fala conosco sobre os processos. O que não entendi naquele momento, mas entendo agora, foi que, às vezes, ele enxerga processos que podem levar trezentos anos."

Sabedoria budista: a atenção plena

Em Plum Village, aprendi sobre o poder de reduzir a quantidade de coisas que fazemos enquanto aumentamos nossa "atenção plena". Na verdade, o ato de fazer menos, mas com mais presença, aprimora nossa eficácia, ao contrário da percepção da maioria dos ocidentais. Por exemplo, como pintor, estou aprendendo que é melhor diminuir o número de horas que passo criando e pintar com uma sensação de estar mais centrado internamente. Nesse caminho, há uma qualidade de autocontrole, pois, de vez em quando, deve-se conter o impulso da criação. Ter atenção plena significa encarar a vida com um senso expandido de ser, prestando atenção especial em como dormimos, comemos e falamos, em como usamos nosso tempo e até mesmo em como andamos. A prática da atenção plena nos inclina mais para a qualidade do que para a quantidade. Sua essência é simplificar e desacelerar. A alimentação consciente refere-se a só comer enquanto comemos, concentrando-se na ideia "estou comendo" e com atenção plena em relação ao pensamento e à sensação física do processo. Ter atenção plena em relação a todos os aspectos da vida influencia como eu pinto e afeta como conquistamos a paz, como aprendi em Plum Village.

A prática mais potente no estabelecimento da paz é a escuta consciente. Meu primeiro vislumbre do poder dessa prática aconteceu depois de escutar com atenção plena um membro da delegação israelense em Plum Village por 20 minutos. Não só me lembrei de cada palavra dita como também vivenciei de forma extraordinária as imagens e sensações por trás das palavras. A escuta consciente é uma experiência de escuta contínua. É simples e você pode tentar com um amigo. Peça que seu amigo compartilhe algo com você. Enquanto ele estiver falando, sente-se o mais relaxado e alerta possível, quem sabe em uma pose de meditação. Tenha consciência de seu corpo e concentre-se em sua respiração. Deixe que seu único pensamento seja: "Estou sentado aqui, presente, para você". Não responda a outra pessoa. Apenas fique com sua respiração e o pensamento mencionado acima. Permita que as palavras da pessoa atravessem você sem tentar processá-las ou lembrar delas. Perceba como essa experiência é diferente de como você escuta normalmente. Então, troque de lugar com seu amigo e veja como é ser ouvido dessa forma.

Estabilidade

Outro tema central do programa em Plum Village foi a estabilidade. Durante os primeiros dias, não debatemos o conflito, mas nos envolvemos em um processo em que aprendemos a nos sentar, a andar, a comer, a falar e a ouvir com atenção plena, entrando em sintonia com a natureza e imergindo na comunidade internacional. O objetivo era nos tornarmos estáveis o suficiente para nos envolvermos com a energia do conflito. Adotamos uma prática baseada em um antigo exercício monástico budista, que Thich Nhat Hanh chamou de Watering the Flowers (Regar as Plantas), como uma maneira de manter a comunidade e resolver os conflitos. Nós nos reuníamos e tínhamos que "regar as plantas uns dos outros", ou seja, partilhar o que víamos de belo nos demais. Essa atividade cria uma base estável necessária para conter o que é penoso e difícil. Thich Nhat Hanh costumava dizer que os grupos fracassam porque abordam questões dolorosas antes de consolidar a estabilidade.

As sessões de escuta em Plum Village estavam limitadas tanto pelo tempo – em geral, não mais do que 2 horas por dia – como pelas pessoas. Víamos como o conhecimento das necessidades da dinâmica de grupo e da teoria da resolução de conflitos não era o bastante. Os facilitadores de nosso grupo eram os principais monges e monjas de Plum Village, pessoas que tinham muitos anos de prática na transformação de seu próprio sofrimento e conflito.

Aprendendo com os animais

Comecei a perceber que algo estava acontecendo comigo apenas por estar vivendo em um ambiente de violência e medo. Tinha uma sensação física de que algum tipo de veneno estava se infiltrando em meu sistema.

Decidi me afastar de Israel e fui a um retiro na ecovila Findhorn, na Escócia, pois senti que havia algo para aprender sobre a paz, ficando longe não só de uma zona de guerra como também das cidades. Queria entrar em sintonia com a sabedoria do corpo e com a frequência reparadora da natureza, e Findhorn era o ponto de partida ideal. Os curandeiros me orientaram a aprender sobre as sensações físicas de estar seguro e como elas podem ser alimentadas independentemente dos arredores. Durante longas caminhadas na natureza, explorei sincronizando meus movimentos, relaxando minha respiração e escutando o silêncio até que eu alcançasse uma frequência desconhecida, mas incrivelmente pacífica. Uma semana depois de Findhorn, eu estava caminhando por uma região campestre, entrando em sintonia com essa frequência, quando vi um cervo a cerca de 150 metros de distância. Tendo plena consciência de meus movimentos, de minha respiração, de meus pensamentos e até de como eu usava meus olhos, vi o cervo vir mais perto, até que chegou a mim, cheirou-me e lambeu minhas roupas. Comecei a andar e o cervo me seguiu lado a lado por aproximadamente 30 minutos. Os animais parecem ter o segredo da cura. Comecei a me perguntar se os animais selvagens fogem das pessoas porque os humanos costumam emanar uma frequência de violência.

Trauma, violência e o sistema nervoso

Alguns meses depois, nos Estados Unidos, conheci a experiência somática (SE; do inglês, *somatic experiencing*) e, de repente, muitas peças do quebra-cabeça se encaixaram. A SE é um sistema de cura do trauma baseado na observação de que animais selvagens, embora constantemente em perigo, raramente exibem sintomas de trauma. Aprendi como o trauma é armazenado no corpo, que a pesquisa neurológica contemporânea descobriu que o cérebro é afetado por traumas não resolvidos e que a resolução do trauma no sistema nervoso pode romper os ciclos de violência. A SE refere-se a "vórtices de trauma" e "vórtices de cura". Cada vórtice exerce uma atração magnética sobre as pessoas e as afeta ou influencia. Um lugar como Findhorn é um vórtice de cura; uma área de terrorismo é um vórtice de trauma. Somente o fato de estar nesses lugares pode curar ou traumatizar o sistema nervoso.

Sociedades traumatizadas podem ficar presas a reações de fuga, luta ou congelamento. Se há uma fisiologia dos ciclos de guerra e violência, então os diálogos e os grupos de reuniões não são suficientes; deve-se abordar também a reparação do corpo.

Conclusão

Resolver conflitos entre os humanos é uma questão holística, relacionada ao coletivo, ao individual, à mente, ao corpo, à alma e à nossa relação com o mundo não humano à nossa volta. Várias teorias de resolução de conflitos e de reparação podem ser vistas como expressões de facetas diferentes em um cristal imenso. Podemos ser capazes de perceber uma forma inteira inédita quando ultrapassamos a tendência de comparar que abordagem é a melhor e nos rendemos à possibilidade de que múltiplas realidades coexistem. A paz é um processo de rendição e de revelação da harmonia entre todas as partes.

> Aqueles que quiserem trabalhar na resolução de conflitos entre as pessoas estão convidados a adotar uma abordagem holística. Existem diversas teorias sobre como resolver conflitos e guerras, e inúmeros indivíduos e organizações trabalham em busca desse objetivo. Alguns desses princípios têm relação com a solução de conflitos entre grupos; outros, com a cura mental e corporal dentro do indivíduo; e outros, com a reparação entre humanos, outras formas de vida e a Terra. Como já mencionei, resolver conflitos entre pessoas é uma questão holística e, portanto, deve incluir contribuições dessas várias teorias.

> Você pode tentar uma experiência simples com animais: veja onde há tensão em seu corpo, permita que seus músculos relaxem e corrija a postura. Sinta todo o seu corpo e fique atento à respiração, fazendo com que ela fique calma e profunda. Caminhe da forma mais delicada possível, pensando apenas em coisas positivas em relação ao animal, como: "Estou seguro". Aproxime-se de um animal. Veja se ele deixará que você chegue mais perto que o normal e tente sentir como vocês percebem um ao outro. Atualmente, tenho usado a fotografia para aprofundar a exploração de minha relação com formas de vida não humana em um processo que chamo de resolução de conflitos entre espécies.

> Eu também continuo a explorar minha relação com indivíduos que, inicialmente, me deixam desconfortável e com os que me irritam.

Azriel Cohen, mestre em belas-artes, era pintor, fotógrafo, facilitador intercultural e orador. Suas paixões incluíam dança de improvisação, música e ecologia. Como cresceu em uma remota comunidade judaica ortodoxa, com noções muito específicas a respeito do mundo exterior, conduzia pesquisas sobre o que acontece quando entramos em contato com "outras" culturas desconhecidas e até mesmo ameaçadoras. Suas profundas explorações pessoais concentravam-se nas reações cognitivas, emocionais e até corporais. Suas conclusões se traduziam nas instalações artísticas multimídia e nos projetos sociais criativos que estreitavam laços entre as culturas. Ele era especialista em relações inter-religiosas. Conheceu mais de 30 países e fundou programas em Dharamshala, na Índia – local de exílio do Dalai Lama –; em Plum Village, de Thich Nhat Hanh, na França; nos Estados Unidos; e em Israel. Também trabalhou como consultor criativo no desenvolvimento de projetos culturais e ambientais. Ele morava em Israel.

> Marshall B. Rosenberg descreve os princípios fundamentais da comunicação não violenta (CNV) – uma prática que possibilita a conexão franca entre as pessoas e os grupos. A CNV leva-nos para além do julgamento e do paradigma de ganhos e perdas, para um paradigma em que as necessidades e os sentimentos mais profundos são articulados e estratégias que nos permitem reconectar com a alegria natural de doar para os outros são desenvolvidas.

Levando a paz ao mundo: trechos de *Speak Peace*

Marshall B. Rosenberg
COMPILADO POR Kosha Anja Joubert

Precisamos de um mundo mais pacífico, que nasça de famílias, bairros e comunidades mais pacíficos. Para assegurar e cultivar a paz, precisamos amar os outros, inclusive os inimigos.
Howard W. Hunter

Neste artigo, analisaremos a criação da paz com base na capacidade de conexão com a vida em três níveis:

- **Primeiro:** dentro de nós mesmos, como podemos nos conectar à vida interior para que possamos aprender com nossas limitações, sem nos culpar e nos punir. Se não podemos fazer isso, não fico muito otimista sobre como vamos nos relacionar pacificamente no mundo.
- **Segundo:** como criar conexões que enriquecem a vida com outras pessoas, permitindo que as doações compassivas ocorram naturalmente.
- **Terceiro:** como transformar as estruturas que criamos – corporativas, judiciais, governamentais e outras – que não suportam conexões pacíficas, enriquecedoras, entre nós.

Falar a linguagem da paz é comunicar-se sem violência, é uma forma de nos conectarmos com os outros que permite que nossa compaixão natural floresça.

Não encontrei nenhuma maneira mais efetiva de alcançar resoluções pacíficas de conflitos.

Comecei a pesquisar novas formas de comunicação por causa de algumas perguntas que não me saíam da cabeça desde a infância. O que leva as pessoas a desejarem fazer o mal a outras? Como é possível haver pessoas que gostam de contribuir para o bem-estar dos outros e, ao mesmo tempo, outros seres humanos que querem ser violentos uns com os outros?

O propósito primário da comunicação não violenta é a conexão com outras pessoas de uma maneira que permita que a doação aconteça, uma doação generosa. É generosa no sentido de que a doação surge voluntariamente do coração. Estamos prestando serviço aos outros e a nós mesmos – não como dever ou obrigação, não por causa do medo de punição ou esperança de uma recompensa, não por culpa ou vergonha, mas pelo que considero ser parte de nossa natureza. É parte de nossa natureza sentir alegria em doar.

Se esse for o caso, então como é possível a violência? Acredito que a violência ocorre como consequência de nossa educação, e não de nossa natureza. Creio que começou, há muito tempo, com os mitos da natureza humana que conceberam os humanos como basicamente maus e egoístas – e uma vida voltada para o bem como forças heroicas esmagando as forças do mal. Vivemos sob essa mitologia destrutiva por muito tempo, que foi complementada por uma linguagem que desumaniza as pessoas e as transforma em objetos.

Aprendemos a pensar em termos de julgamentos morais. Temos palavras em nossa mente como: certo, errado, bom, mau, egoísta, altruísta, terroristas, combatentes pela liberdade. E, conectado a esses julgamentos, está um conceito de justiça baseado no que "merecemos". Se fizer coisas erradas, merece ser punido. Se fizer coisas boas, merece ser recompensado. Infelizmente, submetemo-nos a essa percepção, essa educação faltosa, por um período extremamente longo. Acho que aí está a essência da violência no planeta.

A paz interior

Para a maioria de nós, o processo de promover uma mudança pacífica começa com o trabalho sobre nossos próprios padrões de pensamento, nossa maneira de perceber a nós mesmos e aos outros, a forma como satisfazemos nossas necessidades. Esse trabalho básico é, de muitas formas, o aspecto mais desafiador de se falar a linguagem da paz, porque requer grande honestidade e abertura, desenvolvendo certa habilidade de expressão e superando os aprendizados profundamente arraigados que enfatizam o julgamento, o medo, a obrigação, o dever, a punição e a recompensa, e a vergonha. Pode não ser fácil, mas os resultados valem os esforços.

A comunicação não violenta mantém nossa atenção focada em duas questões críticas:

1. O que está vivo em nós?
2. O que podemos fazer para tornar a vida mais maravilhosa?

O que está vivo em nós?

Para dizer às pessoas o que está vivo em nós, precisamos ser capazes de dizer a elas o que estão fazendo para amparar a vida em nós, assim como o que estão fazendo que não esteja sustentando essa vida. Porém, é muito importante aprender como dizer isso a elas sem introduzir um julgamento de valor. Isso envolve *um aprendizado sobre observação*. Quaisquer palavras que usemos que pressuponham o erro dos outros são expressões trágicas e suicidas do que está vivo em nós, porque não levam as pessoas a gostarem de contribuir para nosso bem-estar. Provocam uma atitude defensiva e agressiva em represália. Rotular as pessoas faz com que profecias se concretizem. É ineficaz.

Queremos entrar em nós mesmos e dizer às pessoas o que está vivo em nós quando fazem o que fazem. Isso envolve *um aprendizado sobre sentimentos e sobre necessidades*. Precisamos ter bem claro o que sentimos e do que precisamos para dizer com clareza o que está vivo em nós. Temos sentimentos o tempo todo. O problema é que não fomos educados a ter consciência sobre o que está vivo em nós. Há formas diferentes de expressar nossos sentimentos que dependem da cultura em que crescemos, mas é importante ter um vocabulário de sentimentos que descreva apenas o que está vivo em nós, e isso não envolve interpretações de outras pessoas, de jeito nenhum. Infelizmente, pouca gente tem um vocabulário de sentimentos.

Os sentimentos podem ser usados de forma destrutiva se tentarmos pressupor que o comportamento dos outros é a causa de nossos sentimentos. A causa de nossos sentimentos não é o comportamento de outras pessoas, mas nossas necessidades. O comportamento delas é um *estímulo* para os seus sentimentos, e não a *causa* deles. Tenho certeza de que a maioria de nós já compreendeu isso em algum momento. Não é o que os outros fazem que pode nos magoar; é como recebemos o que fizeram.

É muito importante que, quando expressarmos nossos sentimentos, acrescentemos a essa expressão uma afirmação que deixe claro que a causa de nossos sentimentos são nossas necessidades. É impressionante como os conflitos que parecem sem solução começam a se tornar solucionáveis quando conseguimos nos conectar no nível da necessidade.

O que podemos fazer para tornar a vida mais maravilhosa?

Agora, vamos analisar a outra questão básica: o que podemos fazer para tornar a vida mais maravilhosa? Para responder à segunda questão básica, você fará um pedido claro e específico. Sua linguagem é positiva no sentido de que solicita o que você *quer* que a outra pessoa faça, em vez de o que *não quer* ou o que você *quer que parem de fazer*.

Uma vez que tenhamos feito esse pedido claro, precisamos nos assegurar de que não seja entendido como uma exigência. Já falamos anteriormente sobre a crítica, sobre como qualquer coisa que pressuponha erro é um tipo de comunicação que não conseguirá atender às nossas necessidades. Outra forma de comunicação que é muito destrutiva nas relações humanas é a *exigência*. O que determina a diferença entre o pedido e a exigência é como tratamos as pessoas quando não respondem a nosso pedido. Para que acreditem que se trata de um pedido, precisam saber que podem discordar e que entenderemos isso. É preciso ser capaz de solidarizar-se com a divergência de forma que as pessoas se sintam confortáveis ao discordarem. Quando você alcançar isso, chegará a acordos que todos respeitarão.

Quando nosso objetivo é fazer com que alguém pare de fazer algo, a punição parece uma estratégia efetiva. Porém, se nos indagarmos a respeito de duas questões, jamais usaremos a punição novamente:

1. O que queremos que a outra pessoa faça?
2. Que motivos desejamos que a outra pessoa tenha para fazer o que queremos que faça?

Como mencionei, o propósito da comunicação não violenta é criar conexões para que as pessoas doem umas às outras por compaixão, e não por medo de punição, ou por esperar uma recompensa, mas por causa da alegria natural que sentimos ao contribuir para o bem-estar alheio.

Agora, algumas pessoas não acreditam que seja possível manter a ordem em sua casa, seu negócio, sua organização ou seu governo, a não ser que se exija e force as pessoas a fazerem as coisas. No entanto, quando fazemos coisas que não se originam dessa energia divina que faz com que doar seja um ato natural e compassivo, quando elas vêm desse padrão culturalmente aprendido de fazer algo porque *temos de* ou *devemos* ser recompensados, ou por culpa, vergonha, dever ou obrigação... bem, então todos pagam por isso. Todos.

Uma distinção que precisamos ter clara é o conceito de "poder-sobre" *versus* "poder-com". Poder *sobre* os outros faz com que as coisas sejam executadas ao fazer com que as pessoas obedeçam. Pesquisas mostram que as empresas, famílias ou escolas que usam táticas de poder-sobre pagam por isso indiretamente por meio de problemas morais, violência e ações sutis contra o sistema.

Poder *com* é levar as pessoas a fazer as coisas voluntariamente, porque percebem como isso enriquecerá o bem-estar de todos. Isso é a comunicação não violenta. Uma das maneiras mais poderosas que encontramos de criar poder *com* as pessoas é a intensidade pela qual demonstramos que estamos tão interessados em suas necessidades quanto na nossa própria necessidade. Criamos mais poder *com* pessoas à medida que avaliamos de forma honesta e vulnerável, sem crítica. As pessoas ficam muito mais preocupadas com nosso bem-estar quando compartilhamos poder do que quando dizemos o que há de errado com elas.

Como mudar

> Quem não tem tempo para lamentar não tem tempo para reparar.
>
> Sir Henry Taylor

Queremos que as pessoas mudem porque perceberam formas melhores de atender às suas necessidades com um custo menor, e não pelo medo de que as puniremos ou as "culparemos" se não o fizerem. Primeiro, vamos ver como essa mudança pode acontecer em nós mesmos, depois com as outras pessoas cujos comportamentos não estão em harmonia com nossos valores.

Primeiro, nós mesmos: pense em um erro que cometeu recentemente, algo que tenha feito e de que se arrepende. Então, pense: *como posso me educar quando tiver feito algo que desejaria não ter feito?* Ou seja, o que você fala para si mesmo no momento em que se arrepende do que fez?

Muitas pessoas se educam da mesma forma que fomos educados quando fizemos algo que desagradou as autoridades. Elas nos culparam e nos puniram, e internalizamos isso. Como sabemos que estamos nos educando de uma forma violenta? Três sentimentos nos dirão: depressão, culpa e vergonha. Precisamos aprender, mas sem nos odiarmos. O aprendizado que se dá por meio da culpa ou da vergonha é um aprendizado custoso.

Olhe para além desses julgamentos, para a necessidade em suas raízes. Isso é o mesmo que se perguntar: que necessidade sua não foi atendida por tal comportamento? Quando nos conectamos com as nossas necessidades que não foram atendidas por nosso comportamento, ocorre o que chamo de lamentar – lamentar nossas ações. Porém, trata-se de lamentar sem culpa, sem pensar que há algo de errado conosco por termos feito o que fizemos. Quando ajudo pessoas a chegarem a essa conexão, geralmente elas descrevem a dor quase como se fosse uma dor suave, comparada com a depressão que sentimos quando nos educamos através da culpa e de julgamentos.

Olhe para as boas razões pelas quais você fez o que fez. Acho que o ser humano só faz o que quer que seja por bons motivos. E esses bons motivos estão ligados ao desejo de atender a uma necessidade. *Tudo* que fazemos está a serviço das necessidades. Geralmente, não é fácil se conectar de forma empática com essa necessidade. Se você olhar para dentro de si e expressar o que estava sentindo quando fez o que fez, com frequência, dirá coisas para si como: "Eu tinha de fazer isso. Não tinha escolha". Isso nunca é verdade! Sempre temos uma opção. Não fazemos nada que não escolhemos fazer. Escolhemos nos comportar daquela forma para atender a uma necessidade. Uma parte muito importante da comunicação não violenta é o reconhecimento de escolhas a todo momento, de que escolhemos o que fazer e que não fazemos nada que não seja fruto de nossa escolha. Além disso, cada escolha que fazemos está a serviço de uma necessidade.

Muitas pessoas carregam uma dor bastante intensa envolvendo coisas que fizeram ou experiências em sua vida. Ao ajudar as pessoas a abordarem a fonte de suas dores, a primeira coisa que fazemos é ajudá-las a estarem cientes das coisas que estão contando a elas mesmas sobre o que causou a dor. Se não formos capazes de sentir empatia por nós mesmos, será muito difícil sentir por outras pessoas. Se ainda pensamos que, quando cometemos um erro, há algo de errado conosco, então como não pensaremos que há algo de errado com as outras pessoas por fazerem o que fazem?

Conexões com os outros que enriquecem a vida

A outra metade da comunicação não violenta nos mostra como nos conectarmos de forma empática com *o que está vivo na outra pessoa* e *o que fará a vida mais maravilhosa para ela*.

Conexões empáticas têm um significado e um propósito muito específicos. A conexão empática é uma compreensão do coração em que vemos a beleza na outra pessoa, a energia divina na outra pessoa, a vida que está viva nela. Conectamo-nos com isso. O objetivo não é compreender intelectualmente, o objetivo é nos conectarmos com empatia. O que não quer dizer que precisamos sentir os mesmos sentimentos que a outra pessoa. Isso é solidariedade, quando ficamos tristes quando outra pessoa está chateada. A conexão empática significa que estamos *com* a outra pessoa. Essa qualidade de compreensão requer um dos mais preciosos presentes que um ser humano pode dar ao outro: nossa presença naquele momento.

Deixe-me mostrar as escolhas que você tem para cada mensagem difícil dirigida a você por outra pessoa:

- Você pode considerar um ataque pessoal. Sugiro que nunca, nunca mesmo, dê atenção para o que as outras pessoas pensam de você. Antecipo que viverá muito mais e aproveitará mais a vida se nunca escutar o que as pessoas pensam de você. E nunca leve para o lado pessoal.
- Você pode julgar a outra pessoa pelo que lhe disse. Pode pensar ou falar alto "Isso não é justo. Que coisa idiota", ou seja lá o que for. Não recomendaria isso.
- A recomendação que tenho é aprender a se conectar com empatia com qualquer mensagem que chegue até você vinda de outras pessoas. Para fazer isso, é preciso ver o que está vivo nelas.

Quando ensinamos os outros a sentir empatia por pessoas de outras culturas que estejam se comportando de uma forma que não gostamos, achamos maneiras de resolver nossos problemas pacificamente. É bom perceber que, no cerne da nossa humanidade, temos todos as mesmas necessidades.

Quando tentamos sentir o que a outra pessoa sente e precisa, podemos nos enganar. Porém, mesmo que estejamos errados, se estivermos tentando nos conectar sinceramente com a energia divina em outro ser humano – seus sentimentos e suas necessidades naquele momento –, isso mostra para a outra pessoa que, independentemente de como ela se comunica conosco, nós nos importamos com o que está vivo nelas. Quando uma pessoa acredita nisso, estamos no caminho certo para desenvolver uma conexão em que as necessidades de todos podem ser atendidas.

Quando uma pessoa pode confiar que nos importamos sinceramente com o que ela está sentindo, quais são suas necessidades, ela pode começar a nos ouvir. Perceba que isso não requer que concordemos com ela. Não significa que precisamos gostar do que ela esteja falando. Significa que lhe oferecemos o presente precioso de nossa presença.

Então, quando colocamos tudo junto, fica assim:

- Podemos começar um diálogo com outra pessoa, dizendo o que está vivo em nós e o que gostaríamos que ela fizesse para tornar a vida ainda mais maravilhosa para nós.
- Independentemente de sua resposta, tentamos nos conectar com o que está vivo nela e com o que tornaria sua vida mais maravilhosa.
- Mantemos esse fluxo de comunicação acontecendo até acharmos estratégias que atendam às necessidades de todos.

É muito mais fácil que as pessoas se abram para outras possibilidades, uma vez que não precisem mais se defender contra a mentalidade simplória do propósito de mudá-las, uma vez que se sintam compreendidas pelo que estão fazendo.

Mudança social

Em nosso treinamento, queremos que as pessoas não apenas passem a entender como a comunicação não violenta pode ser usada para transformar nosso mundo interior como também vejam como ela pode ser usada para criar um mundo exterior em que queiramos viver. Podemos mostrar que temos o poder, a energia ou que, pelo menos, é possível obtê-los. Como fazemos isso?

Estruturas de dominação

De acordo com algumas pessoas como o teólogo histórico Walter Wink, cerca de 8 mil a 10 mil anos atrás, desenvolveu-se o mito de que a vida decente era feita de pessoas boas punindo e conquistando pessoas más. Esse mito parecia justificar a vida sob regimes autoritários. E essas *sociedades da dominação* são excelentes para programar as pessoas para pensarem de um jeito que as levarão a ser pessoas de bem, pessoas mortas. Elas farão o que lhes mandarem fazer.

Ao mesmo tempo, desenvolvemos essa maneira de pensar, de julgar uns aos outros de modo que a recompensa e a punição são justificadas. Criamos sistemas judiciais baseados em justiça *retributiva*, em vez de *restaurativa*, e então corroboramos a ideia de que recompensa e punição são merecidas. Acredito que essa forma de pensar e se comportar está no âmago da violência no planeta.

Ainda temos uma sociedade da dominação, exceto pelo fato de que substituímos um rei por uma oligarquia. Temos o que chamo de uma *gangue* nos dominando, em vez de um indivíduo. Em muitos de nossos esforços de mudança social, estamos supostamente preocupados com as ações de grupos de pessoas, e não com o comportamento individual. Em minha forma de pensar, gangues são grupos que se comportam de uma maneira de que não gostamos. Algumas gangues se autodeclaram gangues de rua. Não são as que mais me assustam. Outras gangues se autodenominam empresas multinacionais. Outras gangues se autodenominam governos.

Não acho que pessoas embrenhadas nos sistemas de dominação são pessoas ruins tentando explicitamente manipular as massas. Ao contrário, desenvolveram a estrutura, acreditam que são abençoadas por estarem próximas das autoridades superiores e fazem isso para preservar a presença dessa autoridade superior na Terra. A comunicação não violenta oferece às pessoas envolvidas nos sistemas de dominação uma forma de pensar e de se comunicar que, com certeza, tornaria suas vidas muito mais maravilhosas. Podemos mostrar-lhes um jogo que é muito mais divertido de jogar do que a dominação de outras pessoas e a criação de guerras!

Trabalhar o desespero

Trabalhar o desespero é um conceito de Joanna Macy. Ela está trabalhando com mudança social, e eu a admiro muito. Ela destaca a importância de trabalhar o desespero, observando que a espiritualidade e a mudança social andam juntas. Se tivermos uma espiritualidade boa e poderosa, é bem mais provável que consigamos atingir nossos objetivos de mudança social.

Trabalhar o desespero na comunicação não violenta pode tomar a seguinte forma: eu me junto com meus colegas na noite anterior a um encontro importante e digo-lhes: "Será difícil, para mim, ver esse homem como um ser humano amanhã quando estivermos lá. Tenho tanta raiva dentro de mim que preciso trabalhar isso comigo mesmo". Minha equipe escuta com empatia o que está acontecendo comigo. Tenho essa oportunidade maravilhosa de expressar minha dor e ser entendido. Eles podem sentir a raiva que sinto e, por trás da raiva, meu medo com relação à minha desesperança de que possamos, algum dia, fazer com que essa pessoa se conecte conosco de uma forma que seja positiva para todos.

Talvez leve bastante tempo para trabalhar essas questões, caso eu tenha muita dor e muito desespero. Em determinado momento, talvez eu diga: "Aqueles entre vocês que o viram se comunicar poderiam fazer uma dramatização? Gostaria de tentar perceber sua humanidade pela forma como ele geralmente fala". Eu nunca tinha realmente visto o homem, mas eles tinham e me mostraram como ele se comunicava. Dediquei-me bastante, na noite anterior, a tentar ver sua humanidade para não percebê-lo como um inimigo.

Comunicando-se com "gangues"

> Para além das ideias de certo e errado, há outro domínio:
> eu o encontrarei lá.
>
> RUMI

Primeiro, precisamos nos liberar das imagens de *inimigo*, do pensamento que diz que há algo errado com as pessoas que fazem parte dessas gangues. Assim que os dois lados superam a imagem de inimigo e reconhecem as necessidades do outro, é incrível como a etapa seguinte, que é procurar por estratégias para atender às necessidades de todos, se torna muito mais fácil. Trata-se de fazer com que as pessoas percebam que não é possível beneficiar-se à custa dos outros.

O elemento mais comum que encontrei nos conflitos que fui convidado a mediar é o seguinte: as pessoas, em vez de saberem como dizer claramente quais são suas necessidades e seus pedidos, são bem eloquentes em diagnosticar a patologia de outras pessoas – o que está errado com elas para agirem como agem. Podem ser dois indivíduos, dois grupos ou dois países que estejam em conflito, todos começam a discussão com a imagem do inimigo, dizendo ao outro o que há de errado com ele. Os tribunais de divórcio – e as bombas – nunca estão longe. Todas as vezes que buscamos, em nossa mente, formas de julgar os outros, em vez de buscar, em nosso coração, maneiras de compreender suas necessidades, diminuímos as chances de outras pessoas quererem doar algo para nós.

Conclusão

A paz requer algo muito mais difícil do que a vingança ou meramente dar a outra face. Ela requer que se tenha empatia pelos medos e pelas necessidades não satisfeitas que produzem o ímpeto para que as pessoas ataquem umas às outras. Estando consciente desses sentimentos e necessidades, as pessoas perdem o desejo de atacar de volta porque conseguem enxergar a ignorância humana que promove esses ataques; em vez disso, suas metas passam a ser proporcionar a conexão empática e a educação que as possibilitará transcender sua violência e engajar-se em relações cooperativas.

A comunicação não violenta mostra-nos como ter a coragem para enfrentar o poder e a beleza que existe em cada um de nós.

Acredito, assim como Teilhard de Chardin, que um mundo pacífico não é apenas possível, é inevitável.

Algumas necessidades básicas que todos temos

Autonomia: escolher sonhos/objetivos/valores e planos para sua realização.

Celebração: celebrar a criação da vida e os sonhos realizados; celebrar as perdas de pessoas amadas e de sonhos.

Integridade: autenticidade, criatividade, significado, amor-próprio.

Interdependência: aceitação, valorização, aproximação, comunidade, consideração, contribuição, segurança emocional, empatia, honestidade, amor, reconforto, respeito, apoio, confiança, compreensão.

Estímulo físico: ar, alimento, movimento, proteção, descanso, expressão sexual, abrigo, toque, água.

Lazer: diversão, risada.

Comunhão espiritual: beleza, harmonia, inspiração, ordem, paz.

Fonte: Marshall B. Rosenberg, *Speak Peace in a World of Conflict: What You Say Next Will Change Your World*, Encinitas: PuddleDancer, 2005.

O doutor Marshall B. Rosenberg foi fundador e diretor dos serviços educacionais do Center for Nonviolent Communication, uma organização internacional de treinamento e instauração da paz. É Autor de *Speak Peace in a World of Conflict: What You Say Next Will Change Your World* (2005) e do *best-seller Comunicação Não Violenta: Técnicas para Aprimorar Relacionamentos Pessoais e Profissionais* (2006). Em 2006, foi o ganhador dos prêmios Global Village Foundation's Bridge of Peace Award e Association of Unity Churches International 2006 Light of God Expressing Award. Passava mais de 250 dias ao ano viajando pelo mundo, ensinando comunicação não violenta (CNV) em centenas de comunidades locais, em conferências nacionais e em alguns dos locais mais empobrecidos e destruídos por guerras do mundo. Tendo sido criado em uma vizinhança turbulenta de Detroit, nos Estados Unidos, desenvolveu um interesse intenso por novas formas de comunicação que ofereceriam alternativas pacíficas à violência que encontrou. O doutor Rosenberg usou pela primeira vez o processo CNV em projetos de integração escolar, financiados pelo governo federal, para proporcionar mediação e competências comunicacionais durante os anos 1960.

MÓDULO 3

Empoderamento pessoal e habilidades de liderança

Capacitação pessoal
O discurso da ganhadora do Prêmio Nobel da Paz de 2004
O poder da não violência
Como podemos nos apoiar mutuamente para dominar nosso poder?

Liderança integral
A liderança nos círculos
A liderança holística

> Neste discurso, Wangari Maathai fala especialmente para as mulheres africanas e, através delas, para todos nós, fazendo-nos relembrar do poder de agir concretamente e fazer a diferença.

O discurso da ganhadora do Prêmio Nobel da Paz de 2004

Wangari Maathai

Vossas Majestades,
Vossas Altezas Reais,
Ilustres membros do Comitê Nobel norueguês,
Excelências,
Senhoras e senhores,

Humildemente, perante os senhores e o mundo, recebo este reconhecimento e sinto-me entusiasmada pela honra de ser a vencedora do Prêmio Nobel da Paz de 2004.

Como a primeira mulher africana a receber este prêmio, eu o aceito em nome do povo do Quênia e da África e, de fato, do mundo. Penso especialmente nas mulheres e nas meninas. Espero que as encoraje a erguerem sua voz e ocuparem espaços de liderança. Sei que essa homenagem também deixa nossos homens muito orgulhosos, tanto os velhos como os jovens. Como mãe, agradeço pela inspiração que o prêmio traz aos jovens e os incito a perseguirem seus sonhos.

Apesar de o prêmio ser dado a mim, reconhece o trabalho de inúmeros indivíduos e grupos ao redor do mundo. Eles trabalham silenciosamente e, em geral, sem reconhecimento, pela proteção do meio ambiente, promoção da democracia, defesa dos direitos humanos e garantia de igualdade entre homens e mulheres. Ao fazer isso, plantam as sementes da paz. Sei que também estão orgulhosos hoje. A todos que se sentem representados por este prêmio, digo-lhes para usá-lo para avançar em sua missão e atender às grandes expectativas que o mundo colocará sobre nós.

Esta homenagem também é para minha família, amigos, parceiros e colaboradores ao redor do mundo. Todos ajudaram a moldar a visão e sustentar nosso trabalho, que foi geralmente realizado sob condições hostis. Também sou grata ao povo do Quênia, que permaneceu obstinadamente esperançoso de que a democracia poderia ser alcançada e o meio ambiente gerido de forma sustentável. Graças a esse apoio, estou aqui hoje para receber esta grande homenagem.

Sou extremamente privilegiada por me unir aos companheiros africanos ganhadores do Prêmio Nobel da Paz, os presidentes Nelson Mandela e F. W. de Clerk, o arcebispo Desmond Tutu, o falecido chefe Albert Luthuli, o falecido Anwar el-Sadat e o secretário-geral das Nações Unidas, Kofi Annan.

Sei que o povo africano em todos os cantos do mundo se sente motivado por esta notícia. Meus companheiros africanos, ao aceitarmos este reconhecimento, vamos usá-lo para intensificar nosso compromisso com o povo, reduzir conflitos e pobreza e, desse modo, melhorar a qualidade de vida de nossa população. Vamos adotar uma governança democrática, proteger os direitos humanos e o meio ambiente. Estou confiante de que estaremos à altura dessa ocasião. Sempre acreditei que as soluções para a maioria de nossos problemas devem vir de nós mesmos.

No prêmio deste ano, o Comitê Nobel norueguês apresentou, ao mundo, a questão crítica do meio ambiente e sua ligação com a democracia e a paz. Por sua ação visionária, sinto-me profundamente grata. Reconhecer que o desenvolvimento sustentável, a democracia e a paz são indivisíveis é uma ideia que merece ser reconhecida neste momento. Nosso trabalho nos últimos 30 anos sempre valorizou e se empenhou nessas conexões.

Minha inspiração vem, em parte, de minhas experiências de infância e de observações da natureza na área rural do Quênia. Ela foi influenciada e fomentada pela educação formal que tive o privilégio de receber no Quênia, nos Estados Unidos e na Alemanha. Enquanto crescia, presenciei florestas serem destruídas e substituídas por plantações comerciais, o que acabou com a biodiversidade local e a capacidade das florestas de preservar água.

Em 1977, quando começamos o Green Belt Movement (Movimento Cinturão Verde), estava, em parte, respondendo às necessidades identificadas pelas mulheres rurais, que eram a falta de lenha, água potável, dietas balanceadas, abrigo e renda.

Ao redor da África, as mulheres são as principais cuidadoras, sendo responsáveis por cultivar a terra e alimentar suas famílias. Como resultado, são geralmente as primeiras a perceberem os danos causados ao meio ambiente, tendo em vista que os recursos se tornam escassos e incapazes de sustentar suas famílias.

As mulheres com quem trabalhamos relataram que, diferentemente do passado, eram incapazes de atender às necessidades básicas. Isso acontecia por causa da degradação do meio ambiente ao redor, assim como por causa da agricultura comercial, que substituiu a plantação de culturas alimentares familiares. O comércio internacional controlava o preço das exportações dos pequenos fazendeiros e uma renda justa e razoável não era mais garantida. Compreendi que, quando o meio ambiente é destruído, depredado ou mal administrado, prejudicamos nossa qualidade de vida e a de futuras gerações.

A plantação de árvores tornou-se uma escolha natural para abordar algumas das necessidades básicas identificadas pelas mulheres. Além disso, plantar árvores é simples, possível e garante bons resultados em um tempo razoável. Isso faz com que o interesse e o comprometimento sejam mantidos.

Então, plantamos juntas mais de 30 milhões de árvores que oferecem combustível, alimento, abrigo e renda para financiar a educação dos filhos e as necessidades da casa. Essa atividade também criou empregos e melhorou o solo e as bacias hidrográficas. As mulheres adquiriram algum nível de poder sobre sua vida, em particular sobre sua posição social e econômica, e relevância em sua família. Esse trabalho continua.

No início, o trabalho era difícil porque, historicamente, nosso povo foi convencido a acreditar que, por serem pessoas pobres, não tinham capital nem conhecimento e habilidades para enfrentar os desafios. Foram condicionadas a acreditar que as soluções para os problemas deveriam vir de "fora". Além disso, as mulheres não percebiam que, para atender a suas necessidades, era preciso manter o meio ambiente saudável e bem gerenciado. Também não estavam conscientes de que um meio ambiente degradado leva à luta por recursos escassos, que pode culminar em pobreza e até mesmo conflito. Também desconheciam as injustiças dos arranjos econômicos internacionais.

Para auxiliar as comunidades a compreender essas ligações, desenvolvemos um programa educacional do cidadão, em que as pessoas identificam seus problemas, suas causas e possíveis soluções. Fazem, então, conexões entre suas ações pessoais e os problemas que testemunham em seu ambiente e na sociedade. Aprendem que o mundo é confrontado por uma série de males: corrupção, violência contra as mulheres e as crianças, rupturas e desagregações familiares e a desintegração de culturas e comunidades. Também identificam a dependência de drogas e substâncias químicas, em particular entre os mais jovens. Há ainda doenças devastadoras que desafiam a possibilidade de cura ou ocorrem em proporções epidêmicas. Preocupam, em particular, o HIV/AIDS, a malária e as doenças associadas à desnutrição.

Na frente ambiental, os indivíduos estão expostos a muitas atividades humanas que estão devastando o meio ambiente e as sociedades. Elas incluem a destruição generalizada dos ecossistemas, especialmente por meio do desmatamento, da instabilidade climática e da contaminação dos solos e das águas, que contribuem para a pobreza excruciante.

Durante o processo, os participantes descobrem que devem fazer parte das soluções. Percebem o potencial oculto e se sentem capazes de superar a inércia e partir para a ação. Passam a reconhecer que são os guardiões e beneficiários do meio ambiente que os sustenta.

Comunidades inteiras também passaram a entender que, enquanto é necessário responsabilizar os governos por suas ações, também é importante que, em suas próprias relações uns com os outros, sirvam de exemplo e pratiquem os valores de liderança que pretendem ver em seus líderes, mais especificamente, justiça, integridade e confiança.

Embora, inicialmente, as atividades de plantio de árvores do Green Belt Movement não abordassem questões de democracia e paz, ficou rapidamente claro que uma governança responsável do meio ambiente era impossível sem um espaço democrático. Dessa maneira, a árvore tornou-se o símbolo de uma luta democrática no Quênia. Os cidadãos foram mobilizados a questionar os amplos abusos de poder, a corrupção e a má gestão do meio ambiente. Na Freedom Corner (Esquina da Liberdade), no Uhuru Park, em Nairóbi, e em muitas partes do país, árvores da paz eram plantadas para exigir a libertação dos prisioneiros de consciência e uma transição pacífica para a democracia.

Por meio do Green Belt Movement, milhares de cidadãos comuns foram mobilizados e empoderados a agir e realizar mudanças. Aprenderam a superar o medo e a sensação de impotência e partir para a defesa de direitos democráticos.

Com o passar do tempo, a árvore também passou a ser o símbolo da paz e da resolução de conflitos, em particular durante os conflitos étnicos no Quênia, onde o Green Belt Movement usou as árvores da paz para fazer com que comunidades em conflito fizessem as pazes. Durante a reescritura da Constituição do Quênia, árvores da paz semelhantes foram plantadas em muitas partes do país para promover a cultura da paz. Usar árvores para simbolizar a paz está em conformidade com uma difundida tradição africana. Por exemplo, os anciãos do povo quicuio carregam uma vara feita de uma árvore local – *thigi* –, que, quando posicionada entre dois lados em disputa, faz com que eles parem de lutar e busquem a reconciliação. Muitas comunidades na África possuem essas tradições.

Essas práticas fazem parte de uma herança cultural considerável, que contribui para a conservação tanto dos *habitats* como das culturas da paz. Com a destruição dessas culturas e a introdução de valores novos, a biodiversidade local não é mais valorizada ou protegida e, como resultado, é rapidamente degradada e desaparece. Por essa razão, o Green Belt Movement explora o conceito de biodiversidade cultural, em particular no que diz respeito às sementes indígenas e às plantas medicinais.

Conforme entendemos as causas da degradação ambiental, percebemos a necessidade de uma boa governança. De fato, o estado de qualquer meio ambiente de um país é reflexo do tipo de governança existente, e a paz não é possível sem uma boa liderança. Muitos países, que possuem sistemas ineficazes de governança, estão também propícios a terem conflitos e leis inadequadas protegendo o meio ambiente.

Em 2002, a coragem, a resiliência, a paciência e o comprometimento dos membros do Green Belt Movement, de outras organizações da sociedade civil e do povo queniano culminaram em uma transição pacífica para um governo democrático e no estabelecimento das bases para uma sociedade mais estável.

Começamos esse trabalho há 30 anos. Atividades que devastaram o meio ambiente e as sociedades continuam inalteradas. Hoje em dia, estamos diante de um desafio que pede por uma mudança de nossa forma de pensar, para que a humanidade pare de ameaçar o sistema que sustenta a vida. Somos chamados para auxiliar a Terra a curar suas feridas e, no processo, curar as nossas – na verdade, a acolher toda a criação em sua diversidade, beleza e encanto. Isso acontecerá se percebermos a necessidade de reavivar nosso sentimento de pertencimento a uma família da vida mais ampla, com a qual compartilhamos o processo evolucionário.

No decorrer da história, chega um momento em que a humanidade é chamada a se deslocar para um novo nível de consciência, a atingir patamares morais mais elevados. Um momento em que precisamos perder nossos medos e oferecer esperança uns aos outros.

Esse momento é agora.

O Comitê Nobel norueguês desafiou o mundo a ampliar o entendimento da paz: ela não é possível sem desenvolvimento igualitário; e não pode haver desenvolvimento sem uma gestão sustentável do meio ambiente em um espaço democrático e pacífico. Essa mudança é uma ideia que encontrou seu momento agora.

Convoco os líderes, principalmente da África, para expandir o espaço democrático e construir sociedades imparciais e justas que permitam que a criatividade e a energia de seus cidadãos floresçam.

Os que tiveram o privilégio de ter recebido educação, qualificações, experiências e, até mesmo, poder devem ser modelos para as próximas gerações de liderança. Nesse sentido, gostaria também de pedir pela liberdade da também ganhadora do Nobel da Paz, Aung San Suu Kyi, para que continue seu trabalho pela paz e pela democracia do povo da Birmânia e do mundo em geral.

A cultura tem um papel fundamental na vida política, econômica e social das comunidades. De fato, a cultura pode ser o elo perdido no desenvolvimento da África. Ela é dinâmica e se desenvolve ao longo do tempo, descartando conscientemente tradições retrógradas, como a mutilação genital feminina (MGF), e adotando aspectos bons e úteis.

Os africanos, em particular, devem redescobrir os aspectos positivos de sua cultura. Ao aceitá-los, devem criar um sentimento de pertencimento, identidade e autoconfiança.

Também há uma necessidade de galvanizar a sociedade civil e os movimentos populares para catalisar as mudanças. Invoco os governos a reconhecer o papel desses movimentos sociais na construção de uma massa crítica de cidadãos responsáveis, que ajudam a fiscalizar o poder na sociedade. De sua parte, a sociedade civil deve não apenas aceitar seus direitos como também suas responsabilidades.

Além disso, as indústrias e as instituições globais devem entender que a garantia da justiça econômica, da equidade e da integridade ecológica é mais valiosa do que o lucro a qualquer custo.

As injustiças globais extremas e os padrões de consumo predominantes continuam à custa do meio ambiente e da coexistência pacífica. A escolha é nossa.

Gostaria de apelar aos jovens a se comprometerem com atividades que contribuam para atingir seus sonhos de longo prazo. Eles possuem energia e criatividade para moldar um futuro sustentável. Aos jovens, eu digo: "Vocês são um presente para sua comunidade e, na realidade, para o mundo. São nossa esperança e nosso futuro".

A abordagem holística de desenvolvimento, como exemplificada pelo Green Belt Movement, pode ser adotada em outras partes da África e do mundo. É por essa razão que eu fundei a Wangari Maathai Foundation, para garantir a continuação e expansão dessas atividades. Apesar de muito já ter sido conquistado, muito ainda pode ser feito.

Para concluir, gostaria de refletir sobre uma experiência de infância, época em que frequentava um riacho perto de minha casa para buscar água para minha mãe. Tomava água direto dele. Brincando entre as folhas de araruta, tentava, em vão, pegar os cordões de ovos de sapo, acreditando serem um colar. Mas, sempre que colocava minhas mãos por baixo deles, partiam-se. Mais tarde, via milhares de girinos: negros e ágeis se mexendo na água cristalina, em contraste com a terra marrom. Esse era o mundo que herdei de meus pais.

Hoje, 50 anos mais tarde, o riacho secou, as mulheres caminham longas distâncias para encontrar água, que nem sempre é limpa, e as crianças nunca saberão o que perderam. O desafio é restaurar a casa dos girinos e devolver às crianças um mundo de beleza e fascinação.

Muito obrigada.

Wangari Maathai enfrentou obstáculos enormes durante a vida, entre eles a própria tradição queniana que considera a mulher submissa e propriedade do homem. Apesar disso, ela prosseguiu estudando, obstinadamente, e acabou se tornando professora de veterinária. Um pouco depois disso, casou-se e, durante esse casamento nos moldes tradicionais, teve três filhos. Porém, em virtude de seu ativismo crescente, seu marido a considerava "muito educada, muito forte, muito bem-sucedida, muito teimosa e muito difícil de controlar", divorciando-se dela. O presidente do Quênia rotulou-a como "uma mulher louca que é uma ameaça à ordem e à segurança do país". Ameaçada de morte e vivendo escondida durante boa parte de seus vários anos de ativismo pelos direitos humanos, das mulheres e do meio ambiente, ela permaneceu corajosamente firme. Entre suas várias realizações, está a fundação do Green Belt Movement, uma organização que se concentra na preservação ambiental e no desenvolvimento de comunidades ao plantar árvores para proteger o solo. Foi por meio dessa organização que ela se tornou conhecida no mundo todo e, em 2004, tornou-se a primeira africana a receber o Prêmio Nobel da Paz, "por ajudar a democracia e tentar salvar as florestas da África".

> Scilla Elworthy nos convoca a uma conexão intercontinental a fim de ajudarmos a trazer a paz ao mundo. Ela mostra como redes de apoio humano e comunitário não param nas fronteiras, mas se espalham para transformar as estruturas de violência em redes de não violência.

O poder da não violência
Scilla Elworthy

O cenário atual

No relatório *A Secure Europe in a Better World* (2003), Xavier Solana, alto representante da União Europeia (UE) para a política externa, escreveu o seguinte:

> Quase 3 bilhões de pessoas, metade da população mundial, vivem com menos de 2 euros por dia. Continuam a morrer de fome e desnutrição todos os dias 45 milhões. A África Subsaariana é mais pobre hoje do que era dez anos atrás. Em muitos casos, o fracasso no crescimento econômico foi vinculado a problemas políticos e conflitos violentos. Em algumas partes do mundo, especialmente na África Subsaariana, surgiu um ciclo de insegurança. Desde 1990, quase 4 milhões de pessoas morreram em guerras, 90% delas civis. Mais de 18 milhões de pessoas deixaram sua casa ou seu país como resultado de conflitos.

Cada vez mais, economistas chegam à conclusão de que as maiores causas para essa situação estão nas políticas globais, em vez das locais: o apoio governamental para o comércio mundial massivo de armamentos, o encorajamento de uma obsessão pelo consumo e políticas econômicas que punem os países mais pobres. Se observarmos mais a fundo, descobriremos que essas políticas estão causando conflito.

Heróis comuns

Ainda assim, pessoas comuns ao redor do mundo estão fazendo algo quanto a esses grandes problemas. Em nossa pesquisa (Oxford Research Group) sobre mais de 200 conflitos em todo o planeta, descobrimos que, em cada um deles, há pessoas suficientemente corajosas para seguir o caminho mais difícil e perigoso da consolidação da paz, em vez de pegar uma AK-47. É um privilégio para mim contar-lhes sobre alguns deles.

Quinze anos depois de seu pai ter sido morto no bombardeio da conferência do Partido Conservador britânico, em 1984, Jo Berry decidiu encontrar Patrick Magee, o homem que armou a bomba. Ela teve a coragem de se reconciliar com ele. Agora, trabalham juntos estreitando laços entre aqueles que sofreram com os problemas da Irlanda do Norte, vítimas e perpetradores.

A doutora Sima Semar, afegã, é agora presidente da Comissão Independente de Direitos Humanos no Iraque. Ela não é apenas uma mulher, é também integrante do povo hazara, uma minoria perseguida. Desde muito nova, lutou pelas mulheres vítimas de discriminação. Recebeu seu título de doutora em Cabul, em 1982. Mais tarde, teve de fugir para o Paquistão, onde fundou o primeiro hospital para mulheres. Hoje em dia, com base nesse modelo, 12 clínicas, quatro hospitais e 60 escolas (com 37 mil alunos) para mulheres foram construídos.

Maria Mangte, da Índia, perdeu seus pais, marido e dois filhos para guerras entre etnias em Manipur (nordeste da Índia). Na luta pela liberdade do estado de Manipur, apesar das diferenças políticas, descobriu que podia ser neutra entre os dois lados e se tornou uma mediadora. Por fim, em 1996, foi indicada como secretária-geral da Confederação Indiana dos Povos Indígenas e Tribais (ICITP; do inglês, Indian Confederation of Indigenous and Tribal Peoples).

Peace Direct

Enquanto falamos, existem grupos de pessoas em meio à violência no Afeganistão, na República Democrática do Congo, até mesmo no Iraque, arriscando sua vida para prevenir que outras sejam assassinadas. Estão mediando, estreitando laços entre comunidades, confiscando armas, resolvendo conflitos e protegendo os vulneráveis. O problema é que a maioria dessas pessoas está completamente desamparada e corre o risco de desistir por falta de recursos.

Ao mesmo tempo, há muitas pessoas ao redor do mundo que estão fartas de guerras como meio de resolver conflitos, que querem soluções pacíficas, mas não sabem o que fazer para ajudar. Criamos a Peace Direct (Paz Direta) para oferecer às pessoas pequenas porções do problema da guerra, colocando-as em contato com um grupo de pacificadores em certa área de conflito. Esses "grupos parceiros" podem aprender uns com os outros: os do Ocidente podem oferecer apoio sob a forma de cobertura de imprensa para seus amigos "heróis desarmados", fornecendo recursos (como celulares ou uma câmera para filmar atrocidades), ajudando a mudar as políticas do próprio governo ou, simplesmente, enviando um cartão-postal semanal de apoio:

- A Peace Direct uniu profissionais de resolução de conflitos nas regiões mais violentas do Congo a um indivíduo em Londres, que os ajudou a angariar fundos para o centro de solução de conflitos naquele país.
- Trouxemos para o Reino Unido o senhor Gandhi, diretor da Lucknow Montessori School, com dois alunos e um colega. Eles contaram a história de como, quando o nordeste da Índia estava inflamado pela violência pública depois que a mesquita de Ayodhya foi destruída, em 1991, a escola atuou com outros grupos para garantir que a paz prevalecesse em Lucknow (a apenas 128 quilômetros do local atacado). Tivemos reuniões em seis localidades por toda a Inglaterra e oportunidades de trocar experiências sobre a criação de comunidades pacíficas com escolas, grupos de jovens, grupos inter-religiosos e universidades.
- Conectamos um *webdesigner* no País de Gales com uma rede de profissionais de resolução de conflitos na África, a fim de oferecer a eles ferramentas para criar seu próprio *website*, facilitando, assim, o compartilhamento de experiências e habilidades.
- Sami Velioglu é um anglo-iraquiano que foi encorajado a retornar à sua cidade natal, Kirkuk, para fundar o Humanitarian Liaison Centre, no qual indivíduos que tenham sofrido injustiças como resultado dos conflitos no Iraque possam contar suas histórias e obter ajuda para buscar uma reparação. "Tenho que alcançar as pessoas antes que peguem uma arma e tomem medidas com as próprias mãos", diz Sami. Por meio da Peace Direct, pessoas em Bristol vêm financiando o centro desde sua inauguração, em julho de 2004, enviando mensagens regulares de apoio e ajudando Sami a encontrar outras fontes de financiamento.
- O Centre Resolution Conflits foi inaugurado na República Democrática do Congo, em 1993, e se tornou uma organização formal em 1997. No início, as

aulas sobre alternativas à violência começaram com o treinamento de anciãos da comunidade, organizações eclesiásticas e não governamentais e líderes políticos. Em 2000, a ênfase mudou para o treinamento de jovens. O centro já foi destruído duas vezes. Em ambas, os líderes se realocaram; na segunda vez, eles contaram com o apoio financeiro de uma mulher em Oxford, por intermédio da Peace Direct, e deram seguimento a seu trabalho.

Optando pela não violência

Em um combate, pode-se arriscar a vida para matar outros; na não violência, pode-se arriscar a vida para que ninguém mais seja morto. Isso requer treinamento rigoroso e convicção sólida; o efeito que tem sobre pessoas violentas, cruéis e enraivecidas é *mais poderoso do que mais violência*. Elas são amplamente afetadas. É a força de Satyagraha, elaborada por Gandhi e completamente eficaz na retirada dos britânicos da Índia. Voluntariamente e por princípios, o praticante renuncia ao uso da força, substituindo-a pela determinação aliada à compaixão e à coragem.

Esse é o poder que Martin Luther King ensinou e usou de forma muito eficaz ao eliminar a segregação do extremo sul dos Estados Unidos. É o que Aung San Suu Khi utilizou quando andou desarmada em direção às metralhadoras dos soldados birmaneses, que haviam recebido ordens de atirar nos manifestantes que ela liderava. Foi o que Nelson Mandela desenvolveu durante 27 anos de prisão e usou para evitar uma guerra civil na África do Sul no momento de sua soltura. Foi o poder por trás da Revolução de Veludo, que derrubou a Cortina de Ferro. Foi o poder que depôs o presidente Marcos, nas Filipinas, o general Pinochet, no Chile, e Slobodan Milošević, na Sérvia.

A não violência requer um compromisso extraordinário daqueles que a praticam, independentemente de sua bagagem religiosa ou cultural. Exige aprendizado sério, que agora se encontra disponível; requer prática e devoção; e, acima de tudo, demanda autotransformação. Temos que olhar a fundo para nossa raiva, agressividade e medo. É tão pesado quanto o treinamento para as Olimpíadas. E os resultados não são menos gratificantes. Quando se conhece um pacificador verdadeiro, sente-se quão radiante ele é. Ele irradia uma amplitude interna, uma felicidade e um poder que são maiores que qualquer arma.

O professor Michael Nagler, fundador do programa de estudos sobre paz e conflitos da University of California, estima que aproximadamente um terço da população mundial praticou algum tipo de não violência, ou "força vital", para a compensação de rancores:

> Este é o conceito de "poder das pessoas". A ideia é que o poder de uma população desperta é maior do que o poder de um Estado, já que este depende do consentimento e da cooperação de seus cidadãos. E, quando cidadãos se erguem, como notoriamente o fizeram nas Filipinas duas vezes, recentemente, o Estado fica impotente para detê-los. Mas o poder das pessoas é apenas a ponta do *iceberg*. A verdadeira não violência, a meu ver, é um poder da pessoa. Ou seja, o poder de um único indivíduo.

Esse é você. Sei que você nasceu em um mundo difícil. Mas você também tem oportunidades fantásticas de conversar e entender o mundo do ponto de vista de outra pessoa. Pratique a noção de se colocar, por um momento, no lugar de alguém e ver o mundo como essa pessoa vê. Dessa forma, você traz a mudança à tona. Dessa forma, você será um inovador. Dessa forma, você se recusará a fazer o que a mídia e a cultura de massa querem que faça, que é fazer o que lhe mandam e viver com medo e aprender a odiar. Dessa forma, você se tornará o que chamamos de "herói desarmado". Dessa forma, você tornará o mundo um lugar mais seguro e mais feliz do que o mundo em que nasceu.

A doutora Scilla Elworthy fundou o Oxford Research Group em 1982, sendo sua diretora executiva até dezembro de 2003. É por esse trabalho que recebeu o Prêmio Niwano da Paz em 2003 e foi indicada três vezes ao Prêmio Nobel da Paz. Fundou, então, a Peace Direct, que se desenvolveu com base no trabalho de prevenção de conflitos do Oxford Research Group, tornou-se uma organização não governamental (ONG) independente com *status* de beneficente durante 2004 e foi nomeada Best New Charity na premiação do Charity Awards de 2005.

> Hide Enomoto resume a filosofia e a prática do *coaching* coativo, uma ferramenta de empoderamento pessoal que também pode ajudar as ecovilas a alcançar seu propósito no mundo.

Como podemos nos apoiar mutuamente para dominar nosso poder?

Hide Enomoto

O que é *coaching*?

Há inúmeros modelos na área de *coaching*, mas a maioria se origina do mundo dos esportes. A palavra *coach* apareceu primeiro na Idade Média, na Europa Oriental, significando um tipo de carruagem. É por isso que ainda é usada para descrever, em inglês, um ônibus ou um avião no mundo moderno. Ela leva as pessoas aonde querem ir. Da mesma forma, um *coach*, termo da língua inglesa usado também para "treinador", apoia os atletas para que atinjam seus objetivos. Porém, a maneira como fazem isso é, em geral, dizendo a eles o que devem fazer, normalmente com o uso de recompensa e punição.

No fim dos anos 1970, alguns treinadores começaram a duvidar da eficácia desse tipo de método e tentaram uma abordagem diferente. Preferiram fazer perguntas sobre o que os atletas estavam percebendo enquanto exerciam a atividade. Usando o exemplo do tênis, um treinador perguntaria coisas como "Onde está o foco de sua atenção quando acerta a bola?" ou "Como seu corpo se sentiu quando balançou sua raquete?". Já um treinador tradicional poderia dizer algo como "Não tire os olhos da bola!" ou "Você deve manter a face de sua raquete paralela ao chão quando acertar a bola". Qual é o efeito sobre o atleta? Quando um treinador dá uma ordem, o atleta não tem escolha a não ser segui-la, ainda mais se o treinador utilizar uma voz de autoridade. Nesse caso, a própria vontade do atleta é irrelevante. Entretanto, quando um treinador faz perguntas, o atleta torna-se mais consciente. Se o treinador fizer outra pergunta como "Do que você quer se lembrar da próxima vez?", o atleta terá escolha e poderá exercer seu livre-arbítrio. Esses tipos de treinadores utilizam uma abordagem "pergunte-e-capacite" em oposição a uma abordagem tradicional "comande-e-controle". Descobriram que os atletas que recebem um apoio assim costumam ter uma motivação maior e alcançar melhores resultados em longo prazo.

Outro benefício dessa abordagem é que o treinador não precisa ser um especialista em determinado esporte. Em geral, em uma abordagem comande-e-controle, os atletas que tiveram alto nível de desempenho durante suas carreiras tornam-se treinadores. Espera-se que transfiram sua experiência a seus atletas. Isso é possível e válido se o foco estiver no desempenho e nos resultados. Porém, essa abordagem deixa de fora o aspecto do desenvolvimento humano pessoal. Já o método pergunte-e-capacite enfatiza o desenvolvimento dos atletas como seres humanos para muito além de suas carreiras esportivas. Qualquer um que saiba capacitar os outros pode se tornar um treinador, independentemente do esporte praticado pelos atletas. Na verdade, chegou-se à conclusão de que o *coaching* não precisa ter nenhuma relação com os esportes, pois qualquer um pode se beneficiar dele para viver uma vida empoderada. Foi assim que o *coaching* se tornou muito mais do que o treinamento de atletas no mundo esportivo.

Nos anos 1990, o *coaching* chegou à esfera pessoal, dando origem aos *coaches* pessoais e aos *life coaches* (*coaches* de vida). Passou a ser uma tendência nos Estados Unidos e, mais tarde, em outros países industrializados. Descobri o *coaching* nos Estados Unidos, em 1995, quando estava cursando uma matéria de pós-graduação, e me dei conta de seu poder e potencial de mudar a vida das pessoas. Descreverei um modelo de *coaching* chamado *coaching* coativo, que foi elaborado pelo Coaches Training Institute (CTI), cuja sede fica em São Rafael, Califórnia, uma das organizações pioneiras na área.

O *coaching* também chegou à esfera corporativa. Costuma ser visto como uma das competências mais importantes que as pessoas em cargos de gerência precisam desenvolver para capacitar aqueles que estão sob sua supervisão. O *coaching* corporativo/empresarial tem a tendência de concentrar-se mais no desempenho quando comparado a seu equivalente no âmbito pessoal.

A filosofia do *coaching*

Em certo nível, o *coaching* é um conjunto de habilidades e processos de comunicação projetado para empoderar aqueles com quem nos comunicamos.

Porém, há outro nível que tem a ver com a filosofia do *coaching*. No *coaching* coativo, ela assume a forma dos Quatro Pilares:

1. O *coach* considera o cliente criativo, engenhoso e completo por natureza.
2. O *coach* trata da vida do cliente como um todo.
3. O *coach* segue os planos do cliente.
4. O *coach* dança conforme a música do cliente.

Em um contexto profissional, o cliente costuma pagar ao *coach* para receber seus serviços de forma regular. Porém, neste artigo, falo de *coaching* em um contexto mais amplo. Assim, mesmo que eu use o termo "cliente" para simplificar, ele pode ser qualquer um. Pode ser sua esposa, seu filho, seu colega, seu amigo ou seu vizinho. Dessa forma, gostaria de explicar mais detalhadamente o que cada um desses pilares significa.

O coach *considera o cliente criativo, engenhoso e completo por natureza*

Para empoderar os outros de verdade, temos que, primeiro, enxergá-los como seres humanos completos, e não como "problemas por resolver". Costumamos nos aproximar dos outros pensando: "Qual é o problema dessa pessoa?". Entretanto, no *coaching*, acreditamos veementemente que ninguém tem nada de errado. É claro que falhamos e cometemos erros de vez em quando, mas isso não significa que estejamos errados. Na realidade, um dos maiores obstáculos para viver uma vida empoderada vem de julgar os outros e nós mesmos como errados. Aprendemos mais quando cometemos erros. Isso fica óbvio quando vemos como os bebês aprendem a andar. Mas, à medida que crescemos, ficamos com medo do fracasso. Como podemos manifestar nosso potencial máximo se não corremos o risco de errar? Temos que encorajar uns aos outros a fracassar se quisermos viver nossas vidas de forma plena.

Outro aspecto deste pilar é a premissa de que temos todas as respostas de que necessitamos dentro de nós. Muitos de nós somos treinados e educados a crer que as respostas estão nas mãos das autoridades e dos especialistas: os pais, os professores, os gerentes, os consultores, e assim por diante. Olhamos para fora, em vez de olhar para dentro, quando buscamos uma solução. Mas a verdade é que não há resposta definitiva, principalmente para uma pergunta relacionada à nossa própria vida. Sim, é inquietante e, às vezes, difícil quando uma pergunta sem resposta paira sobre sua cabeça exigindo uma solução.

Porém, as próprias perguntas podem ser catalisadoras muito mais poderosas para o crescimento do que as respostas "fáceis" vindas de fora. E, quando uma solução, por fim, surge de dentro, costuma vir acompanhada de um sentimento revigorante, porque é a SUA resposta, e não a de outra pessoa. É por isso que, no *coaching*, fazemos perguntas em vez de dar conselhos. A chave para o empoderamento pessoal é saber que temos todas as soluções de que necessitamos dentro de nós e realmente encontrá-las em nosso interior.

O coach *trata da vida do cliente como um todo*

Digamos que um cliente esteja falando de como está insatisfeito com o emprego atual. Se você fosse o *coach* dessa pessoa, qual seria seu foco? A tendência natural provavelmente seria concentrar-se no trabalho dele. Você poderia perguntar coisas como "Qual é seu tipo de trabalho?" ou "Qual é o problema dele?". Ou até mesmo "Que outros trabalhos estão disponíveis para você?" ou "O que você pode fazer para mudar seu emprego?". Como se pode ver, todas essas perguntas concentram-se no trabalho, e não na pessoa. No *coaching* coativo, prestamos atenção na pessoa, e não na circunstância, pois, caso contrário, o cliente não aprenderá nada sobre si mesmo. Deixe-me explicar melhor: se a pessoa tentar mudar de emprego sem mudar a si mesma, com certeza uma dinâmica semelhante aparecerá em outro momento da vida dela. Por exemplo, se a insatisfação com o emprego atual tiver origem no fato de que o chefe pede que ela assuma mais tarefas o tempo todo, talvez seja necessário aprender a dizer "não". E é muito provável que ela esteja enfrentando desafios similares em outras áreas da vida, talvez na vida familiar ou comunitária, ou nas relações com os amigos. Assim, em vez de se concentrar na circunstância – no caso, o trabalho –, será melhor para a pessoa se você focar a vida dela como um todo.

No *coaching* coativo, também temos Três Princípios:

1. realização;
2. equilíbrio;
3. processo.

Esses princípios orientam os *coaches* em relação a qual deve ser seu foco durante o *coaching*. A *realização* se refere ao que o faz se sentir vivo. A palavra-chave aqui é "valores", pois você ganha vida quando honra seus valores. O *equilíbrio* tem a ver com fazer escolhas importantes. A palavra-chave é "perspectiva", pois você pode ver que tem várias opções quando expande seus pontos de vista.

O *processo* tem a ver com estar onde você está e experimentar plenamente a vida aqui e agora. A palavra-chave é "sentimento", pois as pessoas sentem a riqueza de sua vida quando entram em contato com seus sentimentos. Com esses princípios em mente, o *coach* pode tratar da vida do cliente como um todo sem se distrair com as circunstâncias que aparecem.

O coach *segue os planos do cliente*

No *coaching*, os planos sempre partem do cliente. Isso significa que ele escolhe e propõe o tema do *coaching*. Não é você, o *coach*, que decide sobre o que falar ou até mesmo como proceder. O *coaching* é um tipo específico de relação projetado conscientemente pelo *coach* e pelo cliente com a única intenção de empoderar o cliente. É isso que diferencia o *coaching* dos outros tipos de comunicação. É especialmente importante lembrar-se disso se você for o *coach* de um cônjuge, um membro da família, um colega ou um amigo.

Se você tiver concordado em ser o *coach* de alguém por meia hora, seu trabalho é manter seus próprios planos fora da conversa durante esse tempo. Sejam quais forem, o *coach* deve segui-los desde que venham do cliente. Pode ser útil se lembrar de que existem planos e Planos. Os planos com "p" minúsculo são o tema específico que o cliente expõe, enquanto os Planos com "P" maiúsculo são os que estão sempre lá para o *coach*, ou seja, os Três Princípios. O *coach* sempre busca a *realização*, o *equilíbrio* e o *processo*, independentemente dos planos particulares do cliente. Todos desejam viver de acordo com seus valores, tomar decisões poderosas, seguir em frente e experimentar a plenitude da vida.

O coach *dança conforme a música do cliente*

No *coaching*, ou, aliás, em quase qualquer interação com outra pessoa, raramente pode-se prever o que acontecerá em seguida, muito menos qual será o resultado final. A vida é cheia de surpresas. Porém, nem sempre nos damos bem com incertezas e costumamos querer reduzi-las fazendo projeções para o futuro. Isso pode ser útil para evitar riscos, mas, ao mesmo tempo, os próprios atos de projetar ou prever geram diversos riscos se nos apegarmos a eles. Assim que fazemos uma previsão, eliminamos outras possibilidades. No *coaching* em particular, o cliente muda a cada momento e, se você tentar prever, perderá sua conexão com ele. A previsão torna-se mais importante que o cliente e vira seu próprio planejamento. Para evitar isso, o *coach* deve estar atento ao cliente em todas as horas. É como se você estivesse participando de uma dança social.

Se não estiver atento durante a dança, é bem capaz de pisar nos pés de seu parceiro. Você deve estar muito alerta e pronto para acompanhar os movimentos de seu par. O mesmo ocorre com o *coaching*. Nunca preveja. Esteja atento para que possa dançar conforme a música do cliente. Isso fará com que os clientes gostem da dança da vida deles.

Os cinco componentes fundamentais do *coaching*

Agora veremos o que faz o *coaching* funcionar. Em outras palavras, como, de fato, empoderamos o cliente? No *coaching* coativo, há cinco componentes básicos que são cruciais para fazer *coaching* de maneira eficaz:

1. curiosidade;
2. escuta;
3. intuição;
4. autogestão;
5. ação/aprendizado.

Curiosidade

Já mencionei que uma das características essenciais do *coaching* é fazer perguntas. Mas de onde elas vêm originalmente? Da curiosidade. Não podemos fazer perguntas sem estarmos curiosos a respeito do outro. Sim, há pessoas que fazem perguntas sem estar curiosas; elas já têm respostas para as perguntas antes de fazê-las. A maioria dessas perguntas é do tipo "sim ou não", pois podem ser respondidas apenas com um "sim" ou um "não". Entretanto, as perguntas mais curiosas são do tipo "aberto", pois não podem ser respondidas com um "sim" ou um "não". Quando você faz esse tipo de pergunta, nunca sabe qual poderá ser a resposta. E é sempre melhor se seus clientes não puderem responder de imediato, porque significa que precisam se aprofundar em si mesmos para achar a resposta. A curiosidade do *coach* é o que permite que os clientes explorem seu mundo interior, o que, por sua vez, leva ao autodescobrimento.

Escuta

Este modelo descreve três níveis de escuta. O nível 1 ocorre quando sua atenção está em si mesmo, uma *escuta interna* de seus próprios pensamentos e sentimentos. É a situação ideal para o cliente, mas não para o *coach*. Você não consegue escutar o cliente de forma plena quando está no nível 1. O nível 2 acontece quando sua atenção está concentrada no cliente como um raio *laser*, uma *escuta focada* em relação à comunicação verbal e não verbal do cliente. Quando duas pessoas estão interagindo nesse nível, nada mais existe. Pode-se observar isso quando uma mãe segura o bebê no colo ou quando dois amantes se olham romanticamente. O nível 3 se dá quando sua atenção está em todo o resto, uma *escuta global* em relação ao ambiente onde o *coaching* está sendo feito. É surpreendente quando você percebe quanto o ambiente influencia essa atividade. Para o *coaching*, o ideal é escutar nos níveis 2 e 3.

Intuição

A escuta nos níveis 2 e 3, aliada à curiosidade, costuma fornecer indicações suficientes para o *coach* poder saber qual será o próximo passo durante a sessão de *coaching*. Entretanto, há outro componente: a intuição. Temos acesso a ela de forma inata, mas raramente somos encorajados a usá-la no mundo moderno, em que a lógica e a razão têm maior prioridade. Porém, a intuição pode ser uma ferramenta importante para o progresso de uma sessão de *coaching*, desde que não nos apeguemos a ela. Quando fazemos isso, ela torna-se uma opinião. Se você expressar sua intuição sem nenhum apego, seu cliente terá uma liberdade maior para escolher como fazer uso dela. Isso significa que é preciso estar preparado para ouvir um "não". E a melhor coisa quando se oferece intuição ao cliente é que você chega à resposta correta mesmo se sua intuição estiver errada. Você diz "Tenho a impressão de que é isso" e seu cliente diz "Não, não é isso. É aquilo". Aí está, você acabou de contribuir para que seu cliente descobrisse o que é verdadeiro para ele.

Autogestão

Um dos desafios que os *coaches* enfrentam é como se tornar "invisível". Para que os clientes se concentrem de verdade em si mesmos e, assim, descubram as respostas que estão no interior deles, você tem de sair de cena. Isso significa que é necessário evitar expor seus próprios planos o máximo possível. Em outras palavras, quando perceber que está escutando no nível 1, direcione suavemente sua atenção de volta para o cliente e o ambiente ao redor. Não se culpe por ter chegado ao nível 1, é natural fazermos isso. Apenas se dê conta do que aconteceu. Então, tudo que terá de fazer é sentir curiosidade pela pessoa ali e permitir que sua intuição guie você.

Ação/aprendizado

O componente final é a ação/aprendizado. Para ser mais exato, ele é composto de duas partes: "promover a ação" e "aprofundar o aprendizado".

Ambas são necessárias. Se você continuar promovendo a ação de seu cliente sem aprofundar o aprendizado, isso acabará causando um desgaste. Contudo, se apenas aprofundar o aprendizado sem promover a ação, não haverá movimento e, portanto, nenhuma mudança. É esse componente que diferencia o *coaching* de outras intervenções, como o aconselhamento ou a terapia. Nelas, o foco é quase todo na cura, enquanto, no *coaching*, o foco é quase todo no empoderamento pessoal por meio do autodescobrimento e das ações decisivas.

Como se pode aplicar o *coaching* nas ecovilas

Agora que vimos o que o *coaching* é e como funciona, gostaria de dedicar esta última parte do artigo à sua aplicação em ecovilas e à sua contribuição para a mudança social.

Nas ecovilas, a democracia e a diversidade entre os membros costumam ser muito respeitadas. Naturalmente, isso dá lugar a uma estrutura mais "não hierárquica" em comparação a outras organizações sociais, como os governos, as empresas e as instituições religiosas. Mesmo quando existe hierarquia, há mais flexibilidade em relação a quem exerce cada papel. Por exemplo, a "liderança rotativa" é uma prática comum em muitas comunidades, de forma que o poder pertence ao cargo, e não à pessoa. Para que esse tipo de estrutura funcione, os membros da comunidade precisam ter um forte senso de responsabilidade, isto é, a habilidade de escolher e agir segundo seu livre-arbítrio.

Se os membros não tiverem esse tipo de responsabilidade, a comunidade voltará a ter uma estrutura hierárquica tradicional, em que a relação líder/seguidor é mais estática. Essa é a principal razão por que acho que o empoderamento pessoal é um elemento muito importante na concepção e no desenvolvimento de ecovilas. Ele tem que estar incorporado na cultura das comunidades, de forma que ocorra em todas as direções, o tempo todo. O *coaching* pode ser um meio poderoso para criar e fomentar uma "cultura de empoderamento".

Uma das maneiras de aplicação do *coaching* nas ecovilas é contar com *coaches* capacitados que ofereçam esse serviço a equipes e indivíduos na comunidade. Eles também poderiam treinar membros, principalmente aqueles designados recentemente, ou que se voluntariaram, para assumir um papel de liderança. Isso faria com que o maior número possível de membros da comunidade tivesse a oportunidade de receber *coaching*, de modo que essa intervenção começaria a se infiltrar na cultura.

Há outra razão para os habitantes de ecovilas incorporarem o *coaching* à própria cultura. Como muitas ecovilas têm o objetivo de ser um modelo para um estilo de vida harmônico com a natureza e o mundo, é necessário que os membros atuem não só dentro como também fora da comunidade. Uma ecovila não pode ser um "sistema fechado", em que não há contribuições de ou para o mundo exterior. Em vez disso, é um "sistema aberto" que influencia, e também é influenciado, pelo que acontece "lá fora". Isso significa que qualquer ecovila que tenta cumprir seu propósito precisa incentivar seus membros a se envolverem ativamente com o mundo exterior e difundir sua mensagem. Em outras palavras, a concepção e o desenvolvimento de uma ecovila é um ato de mudança social e, portanto, exige que seus membros assumam responsabilidades. É preciso que as pessoas nas ecovilas tenham ações e visões conscientes e poderosas para que fiquem focadas em seu propósito e permaneçam firmes dentro da força dominante das sociedades modernas. O *coaching*, se praticado com regularidade nas ecovilas, pode estimular os membros a se envolverem ativamente no mundo e a provocar a mudança social correspondente ao seu propósito. E isso, creio, permitirá que as pessoas sejam responsáveis não só por suas vidas como também pelo mundo como um todo.

Hide Enomoto é um *life coach* (*coach* de vida) desde 1996 e tem ensinado técnicas de *coaching* em diferentes países ao longo da última década, incluindo o Japão, os Estados Unidos, o Canadá, o Reino Unido, a Noruega, a Suécia, a Turquia, a Espanha e os Emirados Árabes Unidos. É um treinador sênior certificado pelo Coaches Training Institute (CTI), um dos institutos de treinamento de *coaches* pioneiros no mundo, e também é o fundador do CTI Japão. Além disso, é autor de *Stretch Your People by Coaching* (PHP Institute, 1999), que se tornou o livro mais vendido na área de *coaching* no Japão. Enomoto está envolvido com o movimento de ecovilas desde 2004 e vive atualmente na Escócia, perto de Findhorn.

> Manitonquat não permite que fiquemos escondidos por trás de sentimentos que nos desvalorizam. Ao contrário, ele nos ensina a exteriorizar nossos talentos e nos tornarmos um líder. O mundo precisa de nós, agora.

A liderança nos círculos

Manitonquat
COMPILADO POR Kosha Anja Joubert

Um mundo de beleza, uma sociedade de amor, uma vida de abundância e alegria não são meras fantasias. São algo totalmente possível, garantido, de fato, se os seres humanos durarem o suficiente para todos aprenderem as informações que estamos compartilhando aqui. A Criação foi feita para ser um paraíso, sendo necessário apenas que apliquemos o que já sabemos. Mas precisamos continuar e mover a humanidade nessa direção, porque a ameaça de extinção neste planeta é bem real e iminente. A purificação profetizada por muitos de nossos anciãos é inevitável. A única pergunta é se isso significa que mudaremos ou que seremos destruídos.

A maioria das pessoas está ciente dessa crise em algum nível. Alguns estão ensinando e se organizando para evitar, pelo menos, parte dela. Outros decidiram pegar o que podem para si e deixar que aconteça o que tiver de acontecer. "Comer, beber e ser feliz." Desconfio que a maioria, no fundo, está aterrorizada, mas bloqueou esse terror porque parece muito doloroso e irremediável. Elas estão paralisadas e não conseguem nem pensar em possíveis soluções. Sentem que é muito grandioso e complicado para a ação de apenas uma pessoa surtir algum efeito. As forças da destruição são muito poderosas e enraizadas.

Essa é a causa do grande vazio de uma liderança humana efetiva, e nosso mundo é levado em um curso desconhecido em direção à extinção. Olhe o mundo à sua volta. Em sua comunidade, sua cidade, seu estado ou sua nação, no quadro internacional, onde você vê líderes que, no coração de seus eleitores, inspiram mudança, mudança em direção à paz, à justiça, ao amor, à cooperação, à beleza e a todas as coisas que achamos certas?

Vou sugerir que suas habilidades de liderança ainda não foram descobertas. Elas ainda estão abafadas, escondidas até de você. Se sua liderança natural estivesse sendo exercida por completo, se seu potencial verdadeiro estivesse com força total, eu saberia sobre você. Você seria uma luz brilhante e um guia para o mundo. Igualmente, se eu tivesse desenvolvido todo o potencial que é meu de direito como ser humano, eu teria mudado o mundo há muito tempo. Estou trabalhando nisso, observando meu próprio grupo de conhecidos muito bem e o expandindo o tempo todo. Talvez, se trabalharmos juntos, podemos ajudar um ao outro.

Cada pessoa é um líder em potencial

O fato é que cada pessoa é um líder em potencial, e um bom líder. Isso faz parte de ser humano, parte de nossas instruções originais de sermos cuidadores da Terra. Não é para sermos dominadores, mas cuidadores, guardiões. Mas quase ninguém está aproveitando seu potencial como um líder eficaz. Por que isso acontece? O que está atrapalhando?

Talvez, como eu, você tenha desenvolvido uma resistência a toda ideia de liderança por causa de experiências ruins com líderes e autoridades. Estamos certos em suspeitar e questionar a autoridade, considerando a história da civilização e aonde ela nos conduziu até agora. É muito difícil para mim, por exemplo, explicar o conceito de liderança na Alemanha. Em alemão, a palavra para líder é *Führer*, o título adotado por Adolf Hitler. Isso é suficiente para fazer qualquer um temer a liderança.

Mas aquilo não foi uma liderança humana, foi uma liderança transtornada. Lembre-se de que existem duas emoções humanas básicas: o amor e o medo. Hitler agiu completamente pelo medo e, como resultado, criou uma devoção naqueles que tinham os mesmos medos, despertando terror e fúria no mundo todo. Se ele tivesse tido a oportunidade de expressar e curar seu próprio terror e medo quando era novo, poderia ter sido um líder eficaz e amoroso.

Essa resistência à liderança me fez procurar grupos que expressavam oposição aos líderes. Por um tempo, achei que estávamos ótimos sem líderes. Mas comecei a perceber que, sempre que fazíamos algo bem-feito, havia um líder – não no título, mas alguém que silenciosamente assumia a responsabilidade e pensava em tudo que era necessário para que o trabalho fosse feito, apresentava propostas, pedia ajuda, inspirava e encorajava os outros.

Percebi que pessoas diferentes eram atraídas para coordenar diferentes projetos, treinavam outros para fazer o que tinham feito e se revezavam em outros trabalhos. Independentemente de a pessoa ter ou não a denominação de líder, cada projeto precisa de alguém que pense sobre o que é necessário, que coordene, inspire e organize. É bom para o grupo se todos pensarem como líderes, mas é essencial que pelo menos uma pessoa faça isso. Encorajar a liderança de todos em seu grupo é uma boa ideia para qualquer líder. Quanto mais pessoas pensando e inspirando outras, melhor.

Então, gostaria que você deixasse de lado toda a resistência que possa ter e admitisse que, no fundo, você é um líder. O mundo precisa de você. Eu preciso de você. Precisamos de seu apoio para mudar o mundo e também para treinar outros líderes. Temos muito trabalho a fazer e precisamos seguir em frente.

Esse é seu mundo. Você é o centro do Universo. A criação o colocou aí para assumir o controle. Está em sua natureza ser um líder. Está na hora de assumir a responsabilidade. Por qual parte? Por tudo! O quê? Todo o Universo? Sim. É seu Universo. Você é responsável por tudo. Sua responsabilidade não tem limites.

"Espere um minuto", você diz. "Não posso lidar com tudo e, de qualquer modo", você pode pensar, "não está em minhas mãos... Somente Deus pode estar no comando de tudo!" Escute. A Criação desenvolveu *sua* mente, *seu* coração e *sua* vontade de estar no comando. Não, você não é o dono do mundo, mas você é o guardião.

O trabalho não é tão grande quanto parece ser. Primeiro, você toma conta de si mesmo. Esteja aquecido, alimentado e descansado para ter toda a sua energia intacta. Então, você naturalmente olha em volta procurando algo mais para fazer. Cuide de seu ambiente e das pessoas que vivem com você. Se você nunca sair de casa, sua influência vai se espalhar daí para todo o Universo. Se dedicar sua vida a manter um lugar bonito e ajudar um grupo de pessoas a perceber todos os seus potenciais, você será tão poderoso e eficaz quanto qualquer líder que influencia milhões de pessoas diretamente. Mas, se escolher ir além disso, ganhando aliados e adeptos, não há limites para o que você pode criar no mundo.

"Eu não sirvo para ser um líder"

Então, quais são os obstáculos agora? Muitas pessoas dizem: "Eu não sirvo para ser um líder". Isso é aceitar o conceito de que algumas pessoas nascem para serem líderes e outras não. A verdade é que todos nascemos líderes, mas alguma coisa aconteceu e perdemos essa característica. O que aconteceu é que fomos machucados ainda crianças quando recebemos mensagens de que éramos inadequados de uma maneira ou de outra. Então, vimos muitas pessoas se tornando líderes pelas razões erradas: para conseguir amor e atenção, para escapar, para conseguir admiração e reconhecimento. Para alguns, disseram que seus pensamentos e ideias eram errados e estúpidos. Para outros, que eram preguiçosos e egoístas ou gananciosos. Mesmo depois que essas vozes se foram, continuamos acreditando nelas: que éramos inadequados; que não éramos inteligentes o suficiente; que não éramos bons o bastante. Temos medo da responsabilidade porque podemos cometer um erro e levar a culpa, e ser humilhados da maneira que fomos quando éramos jovens.

Se você ainda tem essas ideias sobre si mesmo, precisa entender que estão todas erradas, atrapalhando seu progresso. Não é fácil jogar fora um hábito que cultivou ao longo de toda a vida – o hábito de duvidar de si mesmo –, de uma hora para a outra, mas, se compreender como essas dúvidas são erradas, você está no caminho. Você pode se comprometer e dar um passo corajoso à frente como líder. Todo o seu medo vai aparecer, mas vá em frente assim mesmo, tremendo, rindo e dizendo a todos que você está morrendo de medo, mas está assumindo o comando. Você encontrará muitos que o apoiarão e seu medo começará a perder o controle sobre você.

Você já tem todos os recursos necessários para ser um bom líder. Seu primeiro recurso é a compreensão de que a Criação é boa e está trabalhando através de você para ser cada vez melhor. Isso é evolução. As pessoas que compartilham esse mundo são basicamente boas e aliadas em potencial quando você consegue transpor as barreiras de angústia e isolamento delas. Sua inteligência é seu recurso mais valioso. Você sempre pode pensar. E sua habilidade de tomar decisões vai impedi-lo de ficar imobilizado.

Treinando pessoas para assumir o comando de sua vida e do mundo

Em meus *workshops*, ao treinar pessoas para assumir o comando de sua vida e do mundo, para se tornarem curandeiros, professores e líderes, uso um jogo que apresento como uma dança tribal. Você se lembra de uma brincadeira de criança chamada Siga o Líder? É o que fazemos em uma dança com um chapéu. Digo a todos que devem dançar imitando quem está usando o chapéu. Quando cada pessoa pega o chapéu, ela se move, brinca e vê os outros sendo ela, até que tenha explorado sua criatividade nos movimentos e passado o chapéu para outro que ainda não o usou. Sempre adorei ver essa dança. Vejo pessoas que acham que não sabem dançar sendo excepcionalmente criativas sob a atenção dos outros. Vejo pessoas tímidas, que nunca falam, que se retraem de qualquer liderança, de repente, se tornarem novas pessoas sob o chapéu e a respeitosa observação de seus colegas. Pulam corajosamente e se deleitam em ver todos fazendo movimentos extremamente impossíveis de maneira graciosa, expressiva e engraçada. É um jogo maravilhoso, que mostra que a liderança pode ser divertida. Eu lhe sugiro isso no próximo encontro de amigos. Veja a liderança natural surgir nas pessoas.

Perceba, por favor, que você é uma pessoa poderosa. Onde está sua força? Está no fato de que, a todo momento de sua vida, existe uma variedade de opções e você é livre para escolher qualquer uma delas. Sempre que se sentir preso, quando as coisas parecerem sem esperança, lembre-se de que você é livre para escolher um novo ponto de vista, um que lhe atenda melhor, que o torne mais poderoso, mais amoroso, mais relaxado, mais entusiasmado, mais criativo ou o que você quiser ser.

Talvez você não queira ser um líder porque já assumiu essa responsabilidade antes, e ela não foi nada divertida. Preocupou-se com tudo, teve de brigar para manter sua autoridade, foi diminuído ou culpado pelos outros ou teve que fazer tudo sozinho para garantir que fosse bem-feito. É cansativo. Posso entender. A liderança dessa maneira é difícil.

Mas não tem de ser dessa maneira. Você não precisa ser um mártir, um tirano ou viciado em trabalho para ser um líder. Os bons líderes sabem como estabelecer seu próprio ritmo, diversificam seu trabalho e gostam do que fazem, entram no jogo com entusiasmo, descansam profundamente e conseguem a ajuda e o apoio de que precisam. A boa liderança é revigorante.

Pensar em um grupo para além de você é estimulante. Fortalece sua criatividade. Se você inspira outros com sua confiança e entusiasmo, você pode delegar o trabalho aos outros. As pessoas não gostam de receber ordens, mas gostam que lhes peçam ajuda, são naturalmente cooperativas. Quando não estão sob estresse, são seus e aliados uns dos outros.

O que um líder eficiente faz?

Primeiro, um líder inspira. Mostra confiança e inspira confiança nos outros. Informa o valor do trabalho a ser feito e a capacidade das pessoas de fazê-lo. Tem integridade. Seus discursos e ações são consistentes. Suas informações são corretas. Ele é comprometido com o grupo e com a tarefa a ser realizada. É decidido, corajoso e tem energia, mas também é flexível e tem mente aberta. Encoraja a liderança dos outros no grupo. Acima de tudo, o líder ama não só o grupo como cada pessoa nele, e ele demonstra isso. Rompe o isolamento que acompanha toda a nossa angústia. Possui as mais altas expectativas para cada membro, sabendo quanto são brilhantes e capazes. Ele os agradece em público e ajuda cada um a se livrar do que o estiver atrapalhando. Inspira amor com seu amor.

Sei que não é isso que muitas pessoas, supostamente especialistas em negócios e governo, pensam que é a liderança, mas, quando vejo uma liderança eficaz em ação, e é bem raro, sei que isso é liderança. Esses especialistas ainda têm muito a aprender. Os novos professores em habilidades gerenciais estão enfatizando, agora, os valores da cooperação, de prestar atenção e conseguir os melhores pensamentos de todos os trabalhadores. Isso levou a um aumento da eficiência e da produção. Porém, ainda não ouvi nenhum professor ousar sugerir que os gestores, na verdade, devem amar seus funcionários!

Que ferramentas são necessárias para você ser um bom líder?

Talvez o mais importante seja ouvir. Você não pode pensar por um grupo de pessoas, então você precisa ouvir os pensamentos delas. Você pode ser quem organiza e coordena as atividades, mas geralmente eles terão uma boa ideia do que é necessário em seu departamento para realizar a tarefa. Vários *insights* sempre lhe dão uma perspectiva melhor, mas existe outra razão importante pela qual se deve aprender a ouvir, ouvir e ouvir: todos andam por aí com muitos sentimentos reprimidos, ansiosos para compartilhar com qualquer um que lhes dê atenção por alguns minutos. Até os homens que acham impossível mostrar seus sentimentos podem ser facilmente encorajados a falar sobre algo em que estejam muito interessados e em que investiram seus sentimentos. As pessoas têm uma intuição natural de que expressar esses sentimentos é uma cura para elas, mas, exceto os terapeutas e os clérigos, existem poucas pessoas dispostas a ouvir. Todos estão tentando lhe contar seus problemas. Cabeleireiros famosos, *barmen* e taxistas aprenderam o valor de ouvir, e as pessoas realmente despejam todos os seus problemas neles.

Existem duas razões importantes para você ouvir as pessoas em seu grupo. A primeira é que sentimentos não manifestados dominam a consciência das pessoas e não as deixam ter seus melhores pensamentos. A segunda é que é um ato de amor e carinho, e você será altamente considerado e procurado como amigo e conselheiro, o que torna seu trabalho como líder muito mais fácil.

Outra ferramenta importante para a liderança é a arte da comunicação. Um líder pode articular seus conceitos e ideias claramente, comunicar objetivos de maneira que entusiasme e inspire, encoraje confiança, cooperação e afeição no grupo e em cada indivíduo.

Talvez a ferramenta mais importante seja você. Sua própria confiança, sua disposição para lidar com a tarefa, seu entusiasmo pelo trabalho, sua afeição e respeito por seus colegas de trabalho, sua coragem e bom humor, isso tudo ajuda a sintonizar o grupo e o trabalho. Você também precisa de um conhecimento da história pregressa do grupo, um bom entendimento da situação atual – do que é preciso agora – e uma visão inspiradora do futuro – uma meta válida e empolgante.

Uma boa liderança significa encorajar e enaltecer o potencial de liderança nos outros, tendo as mais altas expectativas do que eles possam ser. Isso significa ter em alta consideração não só o grupo como também cada indivíduo no grupo, descobrir o que está atrapalhando e ajudá-los a desenvolver seu potencial máximo como líder. Um bom líder acolherá um novo e brilhante líder em potencial. Se parecer que alguém está atrás da sua posição, você vai se alegrar! Era isso que você estava procurando. Você quer treinar alguém para assumir seu lugar o mais rápido possível e, então, poderá seguir em frente e criar um trabalho novo, desafiador e interessante para você no mundo, ensinando-o a fazer o mesmo.

Um bom líder assumirá a responsabilidade de mudar qualquer sentimento de impotência que venha a ter, percebendo que está em suas mãos mudar seu ponto de vista, incluindo o de ser capaz de lidar com qualquer tarefa que valha a pena ser realizada. Não culpará condições externas por sua incapacidade. Não esperará por ninguém para fazê-lo, alguém que "saiba mais", que "detenha a responsabilidade pelo trabalho" ou "que tenha mais poder". Eliminará qualquer dependência que possa ter dos outros, que se origina de sentimentos de impotência. Isso inclui depender de amantes, sistemas, governo e da própria Deusa. Contudo, um bom líder fará aliados para si e para o grupo, entre outros grupos e outros líderes.

Um bom líder terá uma liderança responsável em todas as áreas de sua vida – em casa, no trabalho, nos relacionamentos, em comunidade, nas nações e no mundo. E decidirá desfrutar de tudo, viver cada momento bem e se divertir.

Como um professor e um líder, você começará a aprender e a crescer mais rápido. Pensar em um grupo, em outras pessoas, em amplas possibilidades, torna sua vida mais rica e interessante. Sua compreensão e criatividade crescem rápido. Nestes dias de crise para nosso mundo, estou menos interessado em simplesmente curar as pessoas para que trabalhem bem e mais interessado em treinar pessoas para serem professores e líderes, que ensinarão outros a serem professores e líderes, e rapidamente acabar com a violência, a fome, a pobreza, a opressão e a injustiça no mundo.

Parece uma tarefa digna de você?

Se a resposta for "sim", então estou com você. Comprometo-me a ser seu aliado e apoiá-lo a conduzir seu Universo para ser o paraíso humano que todos queremos que seja. Lembrando que o verdadeiro poder não é a autoridade, mas o poder proveniente da harmonia com a Criação. Vamos andar juntos em um caminho sagrado de Beleza.

Não posso garantir que você não cometerá erros e que tudo será fácil. Posso garantir que será o jogo mais interessante e desafiador que você encontrará para jogar pelo tempo precioso de sua vida. Percorrendo um Caminho de Beleza, a beleza e o poder de sua essência humana irradiarão de você e os outros desejarão saber o que você sabe e o que faz para ser do jeito que é. Se você tiver um círculo, desejarão participar e aprenderão e crescerão a partir dele, talvez querendo começar seus próprios círculos, os quais, por sua vez, criarão outros círculos.

Estou completamente confiante de que, juntos, mudaremos o mundo. Juntos, não há nada que não possamos fazer.

Manitonquat é um ancião da Assonet Band, do povo Wampanoag. Até agora, publicou cinco livros. Foi editor do *Akwesasne Notes and Heritage*, um periódico de povos nativos, e publica um boletim informativo anual disponível em seu *site* www.circleway.org. É diretor da Nature School, em Nova Hampshire, e do Mettanokit Native Prison Program, que atende a sete prisões na Nova Inglaterra (um folheto sobre esse programa pode ser baixado gratuitamente na internet). Nos meses de verão, com sua mulher Ellika, atriz e escritora sueca, promove *workshops* e acampamentos internacionais em sete países europeus, a fim de dar às pessoas a experiência de viver da maneira proposta em seus livros. Gravou seis CDs de histórias e poemas. Uma lista de CDs e livros, incluindo seu último, *Changing the World*, também pode ser encontrada em seu *site*. Toda a renda das vendas e viagens é usada para apoiar os programas escolar e prisional.

> Robin Alfred compartilha conosco três princípios que formam a base para a liderança holística: a aplicação da vontade, a prática da escuta interior e o domínio da sabedoria profunda, que trabalha com base na natureza e nos sistemas naturais. Esse triângulo se espelha na necessidade de equilibrar tarefa, processo e relacionamento em qualquer ação.

A liderança holística

Robin Alfred

Encaramos tempos difíceis à frente. Mudança climática, insegurança internacional e algo próximo a uma crise de sentido em nossas vidas – a Organização Mundial da Saúde (OMS) estima que a depressão será, em breve, a segunda doença mais predominante e debilitante no mundo, depois do HIV/AIDS. A vida em comunidade e a criação de ecovilas são duas respostas a esse desafio e, quando circunstâncias externas parecem conspirar para tornar a vida cada vez mais complexa, também precisamos observar se criamos realidades "internas" que nos sustentam.

Este artigo sugere que o desenvolvimento da "liderança holística", ou seja, a liderança que busca desenvolver processos sustentáveis e relações autênticas, é um caminho a seguir.

Histórico

Próximo a Findhorn, uma vila de pescadores tradicional ao norte da Escócia, localizada no ponto de encontro da costa de Moray Firth com a baía de Findhorn, um experimento silencioso segue em andamento nos últimos 44 anos.

O experimento iniciado por Peter e Eileen Caddy, e sua amiga Dorothy MacLean, assistido e incentivado por três crianças e confinado a um *trailer* antigo, era de cocriação. Cocriar uma vida baseada na cooperação entre os reinos humano, natural e espiritual.

Tal experiência levou inicialmente à evolução de uma comunidade "acidental" e, depois, à criação de uma ecovila, um modelo sustentável para assentamentos humanos, baseado em critérios ecológicos, econômicos, sociais, culturais e espirituais. Tendo começado do nada, exceto por um *trailer* velho, muita fé e pensamento positivo, a comunidade tem agora em torno de 4 milhões de libras em bens, 120 funcionários, é apoiada e rodeada por uma ampla comunidade de cerca de 400-500 membros. É visitada por outros 10 mil convidados todo ano, e parte significativa dessas pessoas participa de *workshops* residenciais. Em 1998, o projeto da ecovila Findhorn Foundation foi reconhecido com o *status* de organização não governamental (ONG) pela Organização das Nações Unidas (ONU), contribuindo com diálogos sobre sustentabilidade, valores e espiritualidade. No mesmo ano, foi premiada como Melhor Prática pelo Programa das Nações Unidas para os Assentamentos Humanos (Habitat). Mais recentemente, foi nomeada como um dos doze centros da ONU no mundo focados no treinamento de gestores, desenvolvedores e políticos em desenvolvimento sustentável.

Chave para todo esse desenvolvimento tem sido a prática da liderança holística, materializada e exemplificada por seus três fundadores: Peter Caddy, Eileen Caddy e Dorothy McLean.

Liderança holística: três princípios

Enquanto Peter era um homem de ação e vontade, de intuição poderosa, nunca hesitando em agir no que acreditava ser certo, sua esposa, Eileen, era uma mediadora, alguém que ouvia seu eu interior e compartilhava com Peter e a comunidade os conselhos e orientações que recebia. Eles eram complementados, nesses dias de pioneirismo, por sua amiga Dorothy McLean, cuja experiência residia em entender a inteligência inata da natureza e agir de forma a reconhecê-la e intensificá-la.

Esquematicamente, os três princípios – de aplicação da vontade, da prática da escuta interior e do domínio da sabedoria profunda capaz de trabalhar com base na natureza e nos sistemas naturais – estão representados na figura a seguir.

Modelo de liderança holística

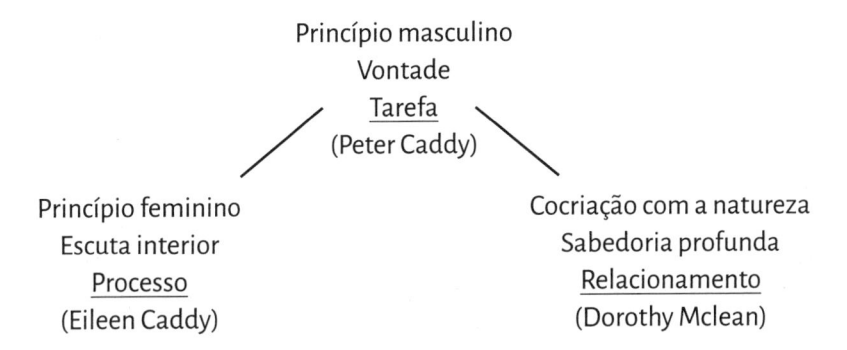

Princípio masculino
Vontade
Tarefa
(Peter Caddy)

Princípio feminino
Escuta interior
Processo
(Eileen Caddy)

Cocriação com a natureza
Sabedoria profunda
Relacionamento
(Dorothy Mclean)

A partir disso, podemos observar que a liderança holística requer um equilíbrio não só da vontade focada no exterior, "masculina", da escuta interior "feminina", mais receptiva, e do trabalho com a natureza, e não contra ela, mas também requer que esses três "arquétipos" possam ser traduzidos para uma linguagem organizacional concentrada na necessidade de equilibrar três aspectos em qualquer ação:

1. tarefa;
2. processo;
3. relacionamento.

Modelo de liderança integral

Tarefa	Processo	Relacionamento
Visão	Tomada de decisão	Adesão
Propósito	Métodos de reunião	Dinâmica de grupo
Produto	Comunicação	Facilitação de conflitos
Metas	Supervisão	Redes
Estratégias	Circuitos de *feedback*	Ambiente

Agora, nós nos dedicaremos a eles.

Tarefa

Dos três aspectos da liderança holística, a tarefa é provavelmente aquela que conhecemos mais. Estamos familiarizados com a liderança que concentra sua atenção e energia no cumprimento da tarefa, em esclarecer a visão e o propósito da comunidade ou organização, em desenvolver o "produto" de melhor qualidade, em criar e rever os objetivos e metas, e em elaborar estratégias. Isso é inestimável. Mas não basta. O que se torna dolorosamente óbvio, em particular, quando as circunstâncias que rondam a comunidade ficam desafiadoras e difíceis. Em tempos como estes, enxergamos a necessidade de prestar atenção aos processos que são usados dentro da organização e à qualidade dos relacionamentos – tanto internos como externos – que estão se desenvolvendo.

Processo

Um líder que dá atenção ao processo terá interesse em responder perguntas como estas:

- **Tomada de decisões:** as pessoas certas estão tomando o tipo correto de decisões? Como as decisões são tomadas? Essas decisões são tomadas de acordo com critérios claros? Os colegas se sentem envolvidos? A participação deles é bem-vinda e valorizada? Como as decisões são comunicadas?

- **Métodos de reunião:** como as reuniões são conduzidas? São bem mediadas? Maximizam as contribuições de todos os presentes? Criam ou enfraquecem o fluxo de energia? As "agendas ocultas" são tratadas? Buscam-se as visões dos tímidos e introvertidos? Todos são livres para falar?

- **Comunicação:** como a informação é comunicada dentro da organização? Os colegas se sentem informados e atualizados? Todos têm as informações de que precisam para realizar seu trabalho de forma eficaz? As necessidades de comunicação dos grupos minoritários são levadas em consideração? A comunidade, com frequência, se sente "transparente" ou "sigilosa"?

- **Supervisão:** como é o apoio à equipe e sua supervisão em seu ambiente de trabalho? Eles se sentem valorizados por meio do oferecimento de supervisão regular?

- **Circuitos de *feedback*:** todos conseguem contribuir com suas ideias e sentimentos sobre o que está acontecendo na organização e como esta está sendo liderada e gerida? Os líderes estão aptos a dar *feedback* claro e útil aos colegas sobre seus trabalhos? Os colegas se sentem livres para oferecer *feedback* construtivo a seus líderes? Que sistemas e estruturas foram adotados para facilitar um *feedback* de 360 graus, claro e aberto?

Relacionamento

A construção de relações de alta qualidade, dentro e fora da organização, servirá para torná-la um local agradável e revigorante, além de sólida em meio a desafios inevitáveis. O ânimo, a motivação e a boa vontade da equipe são de grande importância.

- **Adesão:** existe clareza sobre quem é um membro e quais são seus direitos e responsabilidades? Delimitações claras e funções bem delineadas são a chave para o desenvolvimento de relacionamentos saudáveis e produtivos.

- **Dinâmica de grupo:** como o grupo atua? O diretor, líderes de grupo ou facilitador prestam atenção a questões de poder, funções, gênero etc.? São capazes de olhar para esses problemas e enxergar além do que está na superfície, de perceber as coisas que todos sabem e sobre as quais fazem fofoca, mas ninguém se atreve a dizer em voz alta?

- **Facilitação de conflitos:** onde há conflitos entre pessoas em uma equipe ou em uma organização maior, fala-se sobre eles abertamente, são vistos como inevitáveis e saudáveis, e facilitados a ponto de se transformarem em oportunidades criativas para o aprendizado e o crescimento? Ou eles são vistos como sinais de falha ou inadequação, difíceis e perturbadores, e são ignorados e varridos para baixo do tapete?

- **Redes:** que tipos de redes estão sendo elaboradas dentro e fora da organização? São baseadas no desejo de ganhar e uma mentalidade de competição ou são baseadas na boa vontade e na colaboração? Quanta confiança sustenta essas redes e como isso pode ser desenvolvido e melhorado?

- **Meio ambiente:** a comunidade busca trabalhar de forma a proteger e apoiar o ambiente natural que a sustenta? O meio ambiente é valorizado como uma entidade viva, essencial e frágil ou, em vez disso, como uma fonte a ser usada e explorada? Nós nos relacionamos com o ambiente como guardiões e cuidadores ou como pessoas que estão de passagem e tirarão dele tudo que puderem? Estamos conscientes da crise ambiental em que estamos? Qual é nossa reação individual e coletiva a ela?

A vontade de encarar tais questões é uma das muitas facetas da liderança holística. O líder não precisa responder a todas elas, e, certamente, não de uma vez. Sua responsabilidade é assumir o comando e criar uma cultura em que perguntas como essas estão vivas, os colegas de trabalho podem buscar e praticar as respostas, e a comunidade é vista e vivenciada como uma sala de aula viva.

Agora, vamos dar uma olhada em um exemplo disso e nas estruturas e princípios que sustentam a prática da liderança holística na Findhorn Foudantion.

Estrutura

A estrutura organizacional da Findhorn Foundation é bastante comum e tradicional.

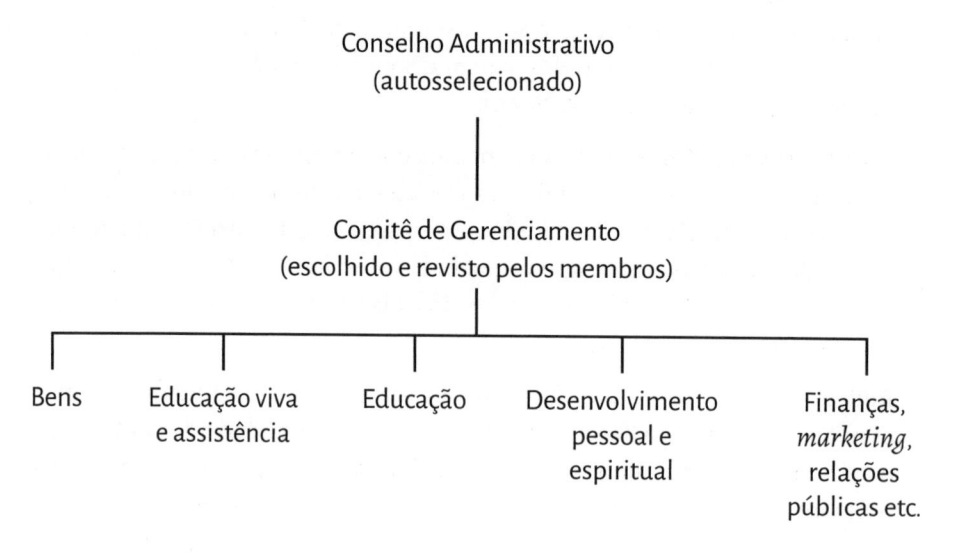

```
                    Conselho Administrativo
                       (autosselecionado)
                                |
                                |
                    Comitê de Gerenciamento
                 (escolhido e revisto pelos membros)
        ┌───────────┬────────────┬─────────────┬──────────────┐
       Bens    Educação viva  Educação    Desenvolvimento   Finanças,
               e assistência                pessoal e       marketing,
                                            espiritual       relações
                                                           públicas etc.
```

Como instituição de caridade, ela é formalmente gerida por um Conselho Administrativo autosselecionados, que delega o funcionamento diário do negócio ao Comitê de Gerenciamento.

O que pode ser menos comum são alguns dos princípios que embasam a estrutura. Aqui, ressalto três deles:

- **Método de nomeação:** membros do Comitê de Gerenciamento, que são os gerentes de suas respectivas áreas/departamentos; são todos selecionados por aqueles que eles lideram. Isso ajuda a estabelecer um grau de confiança e propósito comum desde o primeiro momento. É também um princípio que se aplica, até certo ponto, à nomeação de administradores, em que se busca nomear membros tanto da equipe como do próprio corpo de administradores. Ao me candidatar ao posto de diretora de gerenciamento, parte do processo de nomeação envolveu ter sido "entrevistada" por mais ou menos 60 membros da equipe e, ao final, pediram às pessoas que indicassem se apoiavam ou não minha nomeação. O fato de que concordaram de forma unânime foi ao mesmo tempo gratificante e muito útil, considerando que enfrentamos questões difíceis nos meses que se seguiram. Independentemente do que mais estivesse acontecendo, a legitimação e o apoio à minha nomeação nunca foram colocados à prova.

- **Duração da nomeação:** todas elas acontecem por um período fixo, ao final do qual o encarregado pode tentar ser renomeado. Isso visa garantir que membros não sejam designados apenas inicialmente para o trabalho apropriado, mas que isso continue sendo o caso ao longo de seu mandato.

- **Revisão e *feedback*:** as nomeações para a equipe principal são revisadas anualmente pelas pessoas lideradas por ela. O *feedback* é solicitado, o titular continua em seu posto, ciente de como seu trabalho está sendo recebido. Eles poderão escolher se adaptar ou não, mas pelo menos estão cientes, e a equipe teve a oportunidade de expressar diretamente sua experiência pessoal. Quando o *feedback* é negativo, é bem provável que a pessoa escolha não se manter no cargo, sabendo que não goza da confiança daqueles que deseja liderar.

Antes de deixar para trás a questão da estrutura, quero chamar a atenção ao papel de uma área de trabalho em particular, a Área de Desenvolvimento Espiritual e Pessoal, ressaltando os itens a seguir:

- treinamento;
- supervisão (individual e grupal);
- autoavaliação (foco nas relações entre realidade interna e tarefa externa);

- facilitação de conflitos;
- valores e ética.

Treinamento

Boa parte disso é "preventiva", ou seja, é criada para equipar os funcionários com as habilidades necessárias para realizar o trabalho de forma eficaz e construir relações que lhes darão apoio como pessoas e à sua habilidade de fazer bem seu trabalho. Toda a equipe recebe, por exemplo, treinamento em aptidões para supervisão (sejam seus membros supervisores, sejam supervisionados) e em facilitação de conflitos.

Supervisão

Cobre a disponibilização de treinamento (mencionado anteriormente) e de supervisores "externos" (ou seja, de fora da estrutura hierárquica de gerenciamento) capacitados, que podem oferecer facilitação ao grupo em tempos de dificuldades e desafios.

Autoavaliação

Cada membro da equipe tem uma entrevista de autoavaliação anual (e no início de sua contratação, com maior frequência). Enquanto o departamento de trabalho conduz análises mais focadas em tarefas, a Área de Desenvolvimento Espiritual e Pessoal oferece ao indivíduo espaço para refletir sobre como seu mundo interno (valores, motivação, propósito de vida...) está ou não sendo projetado no mundo exterior (nesse caso, em seu trabalho). Esse membro pode escolher discutir isso com seu superior direto ou não, mas a organização como um todo está ciente dessa jornada mais profunda da pessoa, aspecto que é experimentado e visto como algo de valor e importância.

Facilitação de conflitos

Assim como na supervisão, a facilitação de conflitos acontece dentro do contexto de treinamento de equipes, mas é também oferecida a grupos ou indivíduos que estejam em conflito. Um dos valores que todos adotam é o desejo de trabalhar o conflito e, com sorte, resolvê-lo, sempre que ele surgir.

Valores e ética

Além da declaração de valores, a Findhorn Foundation desenvolveu tanto uma declaração que estabelece como todos aspiramos viver e trabalhar juntos – Common Ground (Denominador Comum) – como também um entendimento de que trabalhar com valores requer mais do que a criação de uma lista de belas palavras.

Valores

Então, como damos vida a nossos valores?

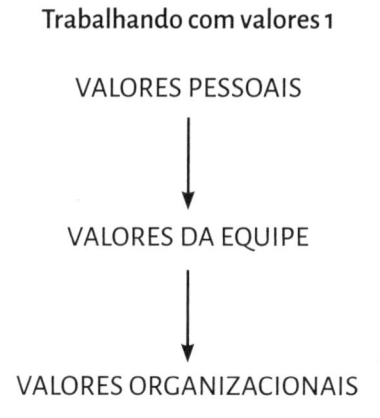

Trabalhando com valores 1

VALORES PESSOAIS
↓
VALORES DA EQUIPE
↓
VALORES ORGANIZACIONAIS

Esse diagrama, ou outro parecido, pode ser bem familiar. Muitas organizações usam ferramentas sofisticadas para elaborar valores individuais, de equipe e organizacionais. Tais ferramentas podem ser complexas o bastante para possibilitar que valores *desejados* e *produzidos* se tornem visíveis, ou até mesmo que níveis de valores sejam observados (normalmente baseados na hierarquia de necessidades de Maslow).

Contudo, para que os valores sejam vividos, é necessário que haja a conscientização de uma sequência alternativa:

Trabalhando com valores 2

VALORES
↓
COMPORTAMENTOS
↓
FEEDBACK

Primeiro, precisamos traduzir as palavras em *comportamentos*:

> OK, integridade é um valor fundamental na comunidade. Com que se parece? Que três exemplos de coisas esperaríamos ver nesta comunidade se o valor da "integridade" estivesse sendo vivido? Quais são os três exemplos de coisas que não esperaríamos ver aqui se o valor da "integridade" estivesse vivo?

Então, precisamos garantir que existam mecanismos e uma cultura em que o *feedback* eficaz possa ser dado e recebido a respeito de como os valores adotados pela comunidade estão sendo realmente experimentados.

Tal *feedback* pode ser solicitado pela organização (por meio de revisões e consultas formais e planejadas ou da criação de uma atmosfera em que pode ser oferecido e recebido livremente) e/ou por outros participantes (por meio de algum tipo de auditoria social e avaliação).

A criação de uma cultura em que o *feedback* é oferecido e recebido de forma livre, regular e aberta exigirá, por sua vez, que se preste atenção às coisas a seguir:

- posição;
- poder;
- cultura;
- habilidades de comunicação;
- habilidades de *feedback*.

O papel da liderança holística em estabelecer isso deve, a essa altura, estar claro.

Conclusão

A prática da liderança holística dá atenção igual à tarefa, aos processos e relacionamentos; entende e pratica o uso apropriado da vontade, da necessidade da escuta interior, tendo habilidade e consciência para fortalecer a sabedoria natural; também dá a uma organização ou comunidade uma base sobre a qual seus sonhos possam ser construídos e manifestados.

Inevitavelmente, a prática da liderança holística também promoverá o questionamento dos propósitos comunitários, de como se vive e se incorporam seus valores, de quanta criatividade e inspiração as pessoas podem expressar em seu trabalho diário – em uma palavra, levantará questionamentos sobre quanto a alma individual e coletiva está viva.

A liderança holística dá espaço para a alma, tanto da organização como de seus indivíduos. Finalmente, deve orientar pelo menos parte do propósito da organização em direção a um tratamento das necessidades mais urgentes da humanidade: expandir seu foco para que a sustentabilidade econômica (tarefa) fique próxima da responsabilidade social (processo) e do cuidado com o meio ambiente (relacionamento), sendo cada aspecto visto com igual importância e cada um integrado com o outro. Tal prática garantirá não apenas que as pessoas se sintam inspiradas, criativas e valorizadas em seu trabalho como, também, que a liderança seja apropriada para o momento em que estamos, o que ajudará a maximizar as chances de sobreviver ou mesmo de prosperar nos tempos difíceis à frente.

Para ler a biografia do autor, veja a página 10.

MÓDULO 4

Saúde e cura

A vida saudável na comunidade
O ciclo da vida: o nascimento e a morte nas comunidades
O uso do humor para curar

> A doutora Cornelia Featherstone, membro da comunidade Findhorn Foundation há muito tempo, descreve como a dieta, os exercícios, a prática espiritual, os cuidados, o foco nas transições de vida e até mesmo a participação em tomadas de decisão e governança contribuem para uma saúde holística e sua expressão na comunidade. Ela recomenda que nos responsabilizemos plenamente por nossa saúde e nosso bem-estar.

A vida saudável na comunidade

Cornelia Featherstone

Vivo na comunidade Findhorn Foundation há mais de 18 anos e, como médica, tive muitas oportunidades para refletir sobre o papel da saúde em uma comunidade. Para mim, uma vida saudável é um dos elementos cruciais para o conceito de ecovila.

Além do benefício pessoal, há a relação com o planeta Terra. Um planeta saudável pode favorecer a saúde das pessoas e, da mesma forma, pessoas saudáveis querem proteger e curar o planeta, já que estão conectadas com o meio ambiente e não podem separar sua saúde da saúde da Terra.

O que é saúde?

É fácil não darmos valor à saúde enquanto seguimos com nossa rotina diária. Geralmente, só paramos para pensar nela quando precisamos, quando adoecemos ou quando nossa energia e qualidade de vida não estão no nível que desejamos. Descrever a saúde de forma positiva é um grande desafio, e a faculdade de medicina certamente não me preparou para isso.

O mais perto que cheguei de um entendimento disso foi quando, lendo sobre o experimento Peckham[8], compreendi que a saúde pode ser descrita como

---

8 Projeto de pesquisa inspirador e inovador sobre as condições que promoveram a saúde humana, localizado em Peckham, Londres. Entre 1926 e 1952, dois médicos e suas equipes criaram um clube

"a capacidade de responder a todas as situações da vida de uma maneira que aprimora a funcionalidade, a responsabilidade, a autonomia, a espontaneidade e a alegria".[9] Com essa definição, tenho um parâmetro que me permite avaliar para onde as ações ou medidas tomadas vão me levar no espectro da saúde – para mais perto ou mais longe dela. Qualidades como autoempoderamento e felicidade tornam-se medidas de resultado importantes para avaliar as instalações e os cuidados oferecidos à comunidade.

Autorresponsabilidade do indivíduo

A autorresponsabilidade do indivíduo está no centro dessa abordagem dos cuidados em saúde. O empoderamento e a liberdade só são possíveis com a autorresponsabilidade. Graças a ela, o indivíduo pode superar o estado de vítima em um universo hostil tomado por doenças, em que as catástrofes iminentes precisam ser prevenidas com medidas drásticas e geralmente danosas, um ambiente em que a vida é determinada por fatores externos e a morte é a derrota derradeira.

O autocuidado é um aspecto positivo e estimulante que traz os cuidados com a saúde para a vida diária. Para contrabalançar os estresses da vida moderna, podemos priorizar:

- alimentos simples, orgânicos, saudáveis e da estação;
- estilo de vida ativo que mantenha o corpo em forma;
- tempo para conectar-se com a natureza;
- meditação ou contemplação para nosso próprio trabalho interno;
- cultivo das relações familiares e de amizade;
- massagens e atividades terapêuticas para o toque e o equilíbrio;
- propósito claro para a vida e uma apreciação das próprias contribuições.

familiar em que instalações sociais e esportivas estavam disponíveis a seus membros, com exames médicos regulares que avaliavam o estado de saúde geral dos indivíduos e das famílias. Criaram um ambiente que, para eles, cultivava a saúde: uma comunidade com contato entre as gerações e uma grande variedade de oportunidades para o indivíduo se engajar, aprender, crescer e fazer sua própria e singular contribuição.

9 Pearse, Innes. *The Quality of Life: The Peckham Approach to Human Ethology*. Edimburgo: Scottish Academic Press, 1979.

A força do conceito de ecovila reside na possibilidade de fornecer tudo isso ao indivíduo.

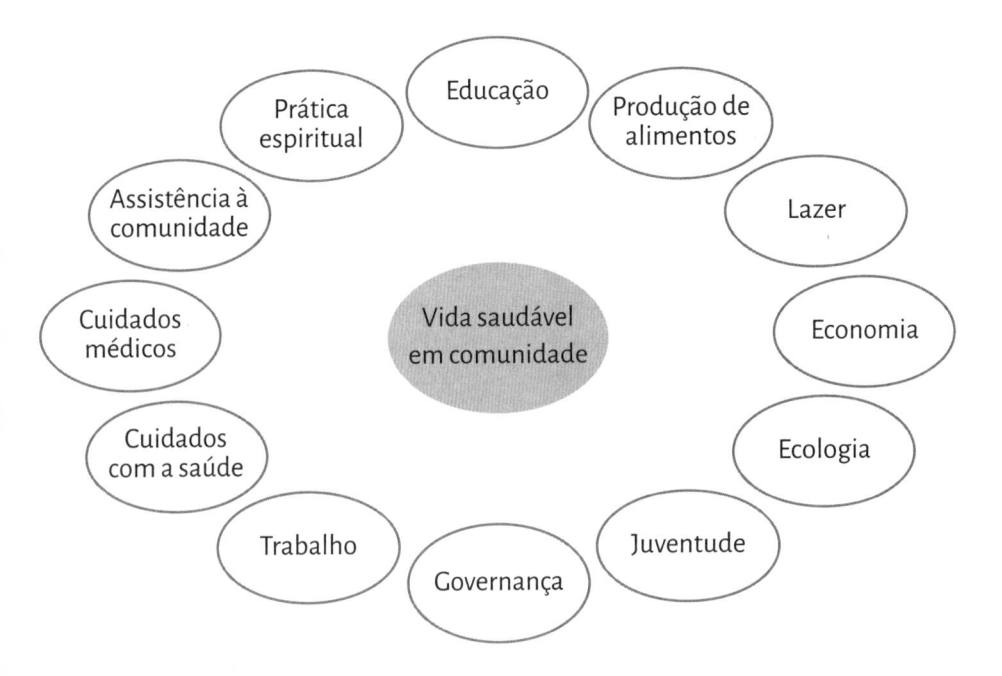

Diagrama com "Vida saudável em comunidade" ao centro, cercada por: Prática espiritual, Educação, Produção de alimentos, Lazer, Economia, Ecologia, Juventude, Governança, Trabalho, Cuidados com a saúde, Cuidados médicos, Assistência à comunidade.

A vida saudável na comunidade Findhorn

Um dia na vida de um residente de ecovila – nem todos farão todas as coisas todos os dias, mas as escolhas são nossas, e as oportunidades estão disponíveis para que se tire proveito delas.

- **Conectar-se com o espírito:** no início da manhã, a meditação no santuário permite que eu me conecte com o Espírito, com minha própria voz interna, que me diz que Deus está presente em toda a sua plenitude para que eu O observe, que a inteligência da natureza e de outras manifestações da consciência estão acessíveis para mim e que eu apenas preciso pedir por isso. Também posso ir para Taizé cantar no santuário natural, a fim de elevar minha voz em alegria e devoção. Mais tarde, posso participar de grupos de meditação ou usar os santuários, os locais especiais da natureza ou o lugar onde estiver para reconectar e praticar meditação, compaixão e contemplação.

- **Exercício:** uma caminhada até a praia, com alguns de nós nadando no estimulante Moray Firth todos os dias, de maio a novembro (!), ou a participação em uma das aulas de exercícios disponíveis. Há muitas opções: ioga, *tai chi*, dança (dança moderna, dança dos cinco ritmos, dança sagrada ou dança do ventre) e ginástica aeróbica, em vários momentos, ao longo do dia. Algumas dinâmicas são de fato aulas, outras são grupos de amigos que se encontram para apoiar uns aos outros e se divertir.
- **Alimentação:** um café da manhã saudável e orgânico, em um ambiente calmo, com minha família, com os amigos ou sozinha me oferece o sustento para seguir com meu dia. A maior parte de minha alimentação vem das hortas e da Earthshare (nosso projeto de agricultura que conta com o apoio da comunidade): é orgânica, local, sazonal e cultivada com amor, pois não provém de plantações localizadas a quilômetros de distância, algo que custa muito caro à Terra. O que as hortas e a Earthshare não podem me oferecer acho na loja de Phoenix: nossa loja comunitária oferece de tudo, desde uma variedade de alimentos a ervas, remédios, produtos para o corpo, arte, artesanato e livros. Minhas compras apoiam um negócio local, que oferece emprego e traz riqueza ao coletivo.
- **Trabalho:** meu trabalho me inspira e me satisfaz, posso expressar minha preocupação por meus semelhantes e pela Terra de forma construtiva. Tenho a opção de compartilhar minha inspiração, minhas preocupações, minhas visões ou problemas no trabalho ou quando encontro com outras pessoas. Sei que minha contribuição é apenas uma entre muitas que fazem da comunidade inteira o que ela é e colaboram para seu funcionamento no mundo.
- **Lazer:** a arte, o artesanato e a cultura criam uma rica mistura de alegria, de cor e de relações sociais. Somos abençoados com muitos centros de artes ativos – o Universal Hall para as artes cênicas, o Findhorn Pottery para a cerâmica, além de um centro de artes dedicado à criação da beleza e um estúdio de tecelagem. Há um grupo de artesanato que apoia feiras de artesanato regulares. Há muitas oportunidades diferentes para produzir música, em diferentes corais, conjuntos e bandas ou apenas *ad hoc*, participando de "trocas comunitárias" (noites de apresentações variadas) ou no "microfone aberto", nas noites de domingo, quando liberamos o cantor que existe em nós. Muitos membros das comunidades usam o "tempo livre" para trabalhos voluntários. Em nossa sociedade, guiada pelo dinheiro, o ato de doar sem uma expectativa de re-

torno é algo terapêutico. Talvez, em virtude da alegria de fazer algo com os outros ou, simplesmente, pela tarefa escolhida, servir as pessoas, ao meio ambiente ou apenas vivenciar a alegria de doar generosamente, voluntariamente, como uma expressão do serviço ou da abundância.

- **Governança:** o empoderamento que se alcança por poder expressar sua opinião no contexto mais abrangente de nossa vida é um aspecto essencial de nossa comunidade. Às vezes, reclamamos da quantidade de reuniões e apresentações às quais precisamos ir, mas elas oferecem uma chance de nos envolvermos, de ter nossa voz ouvida, de moldar a vida da ecovila.

- **Cuidados em saúde e assistência médica:** a saúde não é uma condição estática no processo contínuo de mudança. Há muitas coisas que podemos fazer para melhorar nosso estado atual de saúde. Para trazer mudanças positivas, é importante identificar os próximos pequenos passos possíveis que podemos dar realisticamente para melhorar nossa saúde, seja uma mudança na dieta, seja nos níveis de atividade, seja nos padrões de relacionamento. O próximo passo é comprometer-se com essa mudança e estabelecer uma estrutura de apoio e revisão que permitirá que ela fique enraizada na rotina diária.

O apoio comunitário é essencial para isso, não apenas a infraestrutura que oferece diferentes oportunidades como também o apoio social que sustenta a mudança. A comunidade oferece uma variedade de medicinas alternativas que pode auxiliar na busca por uma melhoria no estilo de vida e uma saúde melhor. A medicina alternativa é relevante para o tratamento de pequenas enfermidades, a fim de reduzir o uso da medicina química que não apenas polui o corpo como também o meio ambiente (na forma de produção e eliminação de resíduos). Também tem um papel significativo no controle de doenças crônicas para muitos pacientes.

Em uma pesquisa com pacientes que frequentam os centros de saúde do National Health Service (NHS), o sistema de saúde britânico, descobri que 71% faziam uso de algum tipo de medicina alternativa e 38% tinham usado algum tipo de remédio alternativo ou ido a um profissional de saúde dessa área no último mês.[10] Essa porcentagem é muito maior entre os integrantes da comu-

---

10 Featherstone, Cornelia; Godden, David; Gault, Caroline; Emslie, Margaret; Took-Zozaya, Marc. Prevalence Study of Concurrent Use of Complementary and Alternative Medicine in Patients Attending Primary Care Services in Scotland. *American Journal of Public Health*, v. 93, n. 7, p. 1080-1082, jul. 2003.

nidade Findhorn Foundation. Em uma pesquisa com os *elderberries*, aqueles com mais de 60 anos de idade, 100% tinham usado medicina alternativa em algum momento e muitos a usavam de forma regular.[11] Muitos membros da comunidade expressam um profundo desejo de que a assistência oferecida por seu médico de família leve em consideração os benefícios da medicina alternativa e o fato de que podem querer usar abordagens alternativas para administrar sua saúde. Isso se refletiu em uma série de conferências que organizamos na década de 1990, o que levou à formulação do conceito de casamento médico (*medical marriage*). Ele é um modelo para a nova parceria entre a medicina ortodoxa e a complementar, em que diferentes especialistas, coordenados por um médico de família, contribuem para os cuidados do paciente.[12]

Cuidados na comunidade

Quando cheguei, em 1988, encontrei uma comunidade dedicada ao trabalho e ao serviço, em que todos estavam "empenhando-se bastante". O aspecto negativo disso é que as pessoas que não eram mais capazes de contribuir tinham a sensação de que poderiam se tornar um fardo e voltavam para sua família ou "para o mundo lá fora", onde sua subsistência estava garantida. Isso se aplicava às pessoas que ficavam muito velhas, muito doentes ou às famílias com filhos pequenos. Pessoalmente, considerava que isso removia aspectos vitais importantes da experiência comunitária e que, certamente, não estava de acordo com o estilo de vida holístico que imaginava. Felizmente, não era a única que pensava assim e, durante os dez anos seguintes, envolvi-me com muitos aspectos de assistência na comunidade, que expandiram o escopo das opções de vida na comunidade Findhorn Foundation e permitiram que se transformasse em uma estrutura muito mais rica, da qual usufruímos hoje e, muitas vezes, nem nos damos conta.

Em 1992, convidei Ina-May Gaskin, da The Farm (A Fazenda), para uma conferência, e ela lançou o seguinte desafio: "Uma comunidade só poderá entender o potencial de autodeterminação e soberania quando reivindicar o nascimento e a morte".

---

11   Featherstone, Cornelia; Foster, Peter Michael. The Health Needs of Elders within an Intentional Community. *Community, Work & Family*, v. 3, n. 1, p. 103-109, 2000.

12   Featherstone, Cornelia; Forysthy, Loris. *Medical Marriage: The New Partnership between Orthodox and Complementary Medicine*. Findhorn: Findhorn Press, 1997.

Durante os dez anos seguintes, tentamos reaver o nascimento e a morte em uma jornada muito enriquecedora e gratificante:

- **Parto natural e amamentação:** meu filho Kevin foi um entre os muitos que nasceram embalados pelo amor e carinho dessa comunidade. Em 1994, éramos quatro mulheres grávidas ao mesmo tempo. Fazíamos ioga juntas e discutíamos os cuidados pré-natais e os planos de nascimento. Compramos uma banheira para o parto domiciliar e torcemos para que todas fôssemos capazes de usá-la. E realmente aconteceu de os bebês decidirem chegar convenientemente um atrás do outro, de forma que todas nós pudemos usar a banheira. Quando entrei em trabalho de parto, era uma manhã fria de fevereiro, no meio de uma conferência interna da comunidade. Chegou a hora de encher a banheira de água quente, e os vizinhos carregaram baldes grandes de água quente até nossa casa. Pensamentos e preces afetuosos se mesclaram à muita ajuda prática ao longo do dia: trouxeram comida do centro comunitário, fizeram massagens em minhas costas e nas de meu parceiro, meu "poeta do nascimento" cantou incessantemente para mim pelas 14 horas seguintes, mantiveram a água na temperatura certa e fizeram um vídeo desse evento mágico, a que Kevin não cansa de assistir. O parto caseiro tornou-se uma opção de verdade aqui na comunidade e muitas de nós o escolheram ao longo dos anos. O apoio que recebi de mães mais experientes me permitiu estabelecer um bom padrão de amamentação, o que foi muito gratificante para nós, os pais, e para o Kevin. Em um país em que os níveis de amamentação ainda são espantosamente baixos, as crianças na comunidade beneficiam-se desse grande presente que é o leite materno por um período muito mais longo do que as crianças no restante da Escócia. Nem sempre é fácil, mas o apoio está disponível e as mulheres são capazes de estabelecer e manter a amamentação muito melhor do que as mães que conheci em minha experiência como médica no serviço de saúde britânico.

- ***Elderberries*:** tomar conta das necessidades de uma comunidade que está envelhecendo levantou questões sobre inclusão e validação, sustentabilidade, cuidados em casa e instalações para incapacitados. Temos vários membros de longa data na comunidade que, tendo dedicado muitos anos a servir à Findhorn Foundation, podem ter ficado com uma renda menor e uma pensão insuficiente, o que faz com que o indivíduo fique vulnerável. A Findhorn Foundation provou que, ao oferecer alimentação e alojamento como forma de complemento às finanças pessoais e à pensão dos indivíduos, não houve aumento das dificuldades financeiras da comunidade. A assistência voluntária, assim como os cuidados e financiamento fornecidos pelo serviço social escocês, possibilitou que cada um pudesse fazer suas próprias escolhas com os recursos disponíveis para eles. Para os que moravam sozinhos e se sentiam vulneráveis em alguns momentos, a Community Helpline (Linha de Apoio Comunitário), um serviço voluntário que coordena a ajuda na vizinhança, é uma fonte de apoio e tranquilidade. Vários membros da comunidade trabalham como cuidadores profissionais, permitindo que ganhem seu sustento enquanto tomam conta dos que precisam de cuidados. Percebemos a importância de tornar a comunidade atraente para os jovens e de achar formas para que eles ficassem aqui e mantivessem a chama da comunidade brilhando intensamente. Com uma diferença de idade saudável, garantimos um sustento para a velhice além dos planos financeiros de pensão (apesar de também serem importantes). A verdadeira sustentabilidade humana significa uma comunidade que consegue proteger seus membros mais indefesos e apreciar a sabedoria e beleza que trazem a qualquer coletividade. Não foi Henry Thoreau que disse que o valor de uma sociedade está no cuidado que ela tem com os que são incapazes de cuidar deles próprios? É uma medida que vale a pena ser aplicada às ecovilas. Não para exigirmos de nós mesmos algo que não podemos oferecer, mas para termos um critério para nossa maturidade como coletivo.

- **Morte e o processo da morte:** antes de 1996, a morte e o processo da morte não eram uma área em que nos sentíamos particularmente confiantes como coletividade. As poucas mortes que tinham ocorrido previamente tinham sido, na maioria, consequência de eventos repentinos, como acidentes. Estabelecemos um padrão que incluía realizar meditações para acompanhar a alma e criar celebrações de vida para os que tinham falecido. Em 1996, a melhor amiga de Eileen, uma das fundadoras da comunidade, ficou bastante debilitada e precisou de cuidados permanentes de uma enfermeira. Decidimos tentar mantê-la na comunidade. Com bastante ajuda voluntária de membros da comunidade, além do apoio de uma agência de enfermagem, conseguimos cuidar integralmente de Joannie pelos três meses que antecederam sua morte. Então entregamos seu corpo aos cuidados do agente funerário, como era feito em outros lugares e como já tínhamos feito anteriormente. No entanto, havia uma sensação de que algo estava incompleto ao não seguirmos com o processo até o final. Quando ocorreu mais uma morte, apenas cinco meses depois, o parente mais próximo, que também vivia na comunidade, perguntou se poderíamos manter o corpo na comunidade e realizar um velório. Em uma curva de aprendizado acentuada, descobrimos o que era necessário para preencher a função de uma agência funerária e conseguimos executá-la nós mesmos. Depois disso, organizamos a conferência Conscious Living, Conscious Dying (Vida Consciente, Morte Consciente), em 1998. Percebemos que havia um movimento nacional[13] e aprendemos muito mais sobre funerais naturais com caixões de papelão e enterros ecológicos. Desde então, tivemos muitas oportunidades para aplicar nossa experiência de formas diferentes. Apesar de todas as ocasiões serem muito tristes, ser capaz de providenciar os cuidados, os rituais e as celebrações apropriadas para cada indivíduo é uma experiência curativa e empoderadora para todos os envolvidos.

Resumo

Os recursos, o apoio mútuo e o conceito holístico de ecovila permitem que os indivíduos avancem em direção a uma saúde mais plena para eles próprios. Isso terá efeitos na coletividade, assim como no meio ambiente e, dessa forma, criará uma espiral de melhora da saúde. A saúde é tanto um estado de consciência e de *mindfulness* como uma ação correta. Todos os aspectos da vida na ecovila estão relacionados à saúde, de uma forma ou de outra; cabe ao indivíduo saber o âmbito de sua participação.

Cornelia Featherstone estudou e qualificou-se como clínica geral na Alemanha. Em busca de um estilo de vida mais holístico e baseado na espiritualidade, mudou-se para a comunidade Findhorn, em 1988. De 1989 a 1998, dedicou-se inicialmente ao departamento de saúde da comunidade, que, mais tarde, se transformou em uma instituição de caridade independente. Em 1999, decidiu assumir um cargo de meio período como clínica geral no National Health Service (NHS), o serviço de saúde britânico. Continua envolvida com a comunidade Findhorn, é a diretora médica do HealthWorks, um centro médico holístico em Forres, é uma das autoras de *Medical Marriage: The New Partnership between Orthodox and Complementary Medicine* (1997) e pesquisou a natureza e a extensão do uso de medicina complementar por pacientes que frequentaram seis centros de saúde do NHS na Escócia.

---

13 The Natural Death Center publica o livro *The Natural Death Handbook*.

> Liz Walker descreve a profundidade da experiência comunitária em situações de vida e de morte. Compartilhar esses períodos de transição com as pessoas à sua volta pode ser uma prática intensamente reparadora.

O ciclo da vida: nascimento e morte na comunidade

Liz Walker

Um caminho de benção

Vamos realizar uma cerimônia chamada Caminho de Benção (Blessing Way) em homenagem a Poppy e Alison, antes que deem à luz. As duas mulheres estão redondas e plenas, e os nascimentos ocorrerão com dois dias de diferença. Poppy é muito alta e tem cabelos escuros – uma bela mulher com uma forte presença. Aos 42 anos, já tem uma filha de 20 anos. Artista, Poppy tem seu próprio negócio de meio período: uma linha de roupas de cama de algodão orgânico lindamente desenhada.

Alison está na casa dos 30. Assim como Poppy, também tem uma filha, só que de 3 anos. Possui um belo sorriso que ilumina seu rosto de dentro para fora. Pratica meditação budista e oferece apoio, sabedoria e amor imensos para as pessoas à sua volta.

Estou impressionada com a beleza dessas duas mulheres – uma alta, a outra mais baixa – que estão sentadas lado a lado, sorridentes, com o ventre maduro, tão redondo quanto uma melancia. Há coroas de flores silvestres colhidas e entrelaçadas por Sara ao redor da cabeça delas. As flores brancas e cor-de-rosa, em contraste com seus cabelos escuros, fazem com que pareçam deusas.

O restante de nós, 12 mulheres no total, está sentado em travesseiros ao redor de um tecido vermelho-escuro especial, com flores e imagens de mulheres fortes espalhadas sobre ele. Laura e Sara, as organizadoras da cerimônia, começam a nos conduzir em um ritual. Invocamos os espíritos das quatro direções e acendemos velas para o leste, o sul, o oeste, o norte e o centro. Uma música especial usada no Caminho de Benção e no parto de outra amiga preenche o quarto. Olho para essa mesma amiga e vejo que seus olhos estão cheios d'água.

Uma a uma, à medida que contornamos o círculo, oferecemos uma benção às futuras mães e colocamos uma conta especial em um colar para cada uma delas. Trouxe duas conchas de uma praia de areia branca da Costa Rica e memórias de um dia de relaxamento completo.

Uma concha é larga e convexa. Parece Poppy e a barriga redonda dela. "É grande, ousada e linda. Assim como você", digo a ela.

A concha de Alison é uma bela espiral, com um esquema intrincado de dourado e branco. "Representa seu espírito", digo a ela. Pelos próximos dias, espero que as mulheres carreguem o mesmo senso de paz e calma que senti no dia em que catei as conchas na praia da Costa Rica.

Depois das bênçãos, banhamos os pés das futuras mães em água de rosas e massageamos sua cabeça, seus ombros, suas mãos e seus pés – seis mulheres carinhosas para cada gestante. "Isso é como o Paraíso", suspira Poppy.

Uma mulher começa a chorar. "Queria ter tido algo assim em minha gravidez", lamenta, às lágrimas.

Sei que a experiência dela – principalmente de seu primeiro parto, um aborto espontâneo – foi traumática. A equipe do hospital não permitiu que os amigos entrassem no quarto e o pai do bebê havia desaparecido fazia tempo. Ela passou pelo trabalho de parto sozinha, sabendo que o filho já estava morto em seu ventre. Para piorar ainda mais a situação, a sala de recuperação ficava logo em frente à maternidade, onde mães sorridentes descansavam com seus bebês recém-nascidos saudáveis.

"O Caminho de Benção é para todas nós, para todas as mulheres", dizemos e as outras concordam.

Estamos entrando em contato com algo primordial, recriando a arte de mulheres que se apoiam mutuamente. Poderíamos estar no Egito Antigo, em um vilarejo tradicional na Rússia ou em uma maloca nativa americana. E nossos colares recém-feitos – com suas contas, conchas e dançarinas minúsculas de argila especial – nos conectam a nossos ancestrais e remontam a mais de mil anos atrás. Mergulhamos nossos pés nas águas curativas da Mãe Terra para celebrar a criação de uma nova vida, como as mulheres têm feito desde o começo dos tempos. Abrimos o círculo e liberamos as quatro direções enquanto cantamos: "Sejamos abençoadas".

Nascimento

Fico contente quando Poppy me convida para presenciar seu parto domiciliar. "Já vi várias vezes você pensar de forma criativa e bondosa durante o sofrimento dos outros. Gostaria que você fizesse parte de minha equipe de apoio", ela me diz.

O trabalho de parto de Poppy e o parto em si são um evento muito esperado. Alison deu à luz cinco dias depois da data prevista para ela e Poppy está agora nove dias atrasada em relação à sua própria data. Ela está ansiosa e cada vez mais irritada com as provocações das pessoas: "Ei, Poppy, ainda não explodiu?".

Sara anuncia: "As parteiras disseram que você pode vir, mas, por favor, não entre no quarto até que Poppy chame". Sara é uma enfermeira obstetra que está em treinamento para se tornar parteira e estará no parto também.

Subo as escadas depressa, mas com cuidado, tentando ser silenciosa e discreta. Sento-me perto do muro baixo da cozinha e olho para a sala de estar onde Poppy está em trabalho de parto. Duas parteiras, Sara, Matthew – o marido dela – e a filha deles estão em sua volta.

Perdemos a noção do tempo. Durante as contrações, ela grunhe e emite sons primais profundos; meu corpo se recorda das sensações intensas de dar à luz meus dois filhos. Assisto, espero e respiro junto com ela, dando apoio, apesar de estar do outro lado da sala. Estou ligada aos milhares de anos de nascimentos e às milhares de mulheres que trazem vida a este mundo por meio desse milagre cotidiano aparentemente impossível. De que outra maneira pode-se descrever um parto?

A chuva cai lá fora e suas contrações vêm em ondas que exigem muito esforço. Em um período entre as contrações, ela consegue entrar na banheira de parto e mergulhar na água morna. Todos nós suspiramos e esperamos pela próxima onda que tomará conta de seu corpo. E é o que acontece. Ela faz o máximo de força que pode, mas o bebê ainda não aparece.

Matthew segura a esposa para que ela permaneça de cócoras, mas ela está claramente desconfortável. Ela sai da banheira, tenta outras posições. E, embora Matthew seja jovem e forte, também está se esforçando, pois precisa segurar sua esposa que tem 1,80 metro de altura.

Decido que posso ajudar sustentando Matthew enquanto ele a segura na posição de cócoras. A mudança parece funcionar. Aos poucos, o colo do útero se dilata completamente e ela começa a fazer força de novo. Porém, não conseguimos manter nossas posições por muito tempo; então, Matthew encosta na parede, com Poppy apoiada nele.

A cabeça escura do bebê aparece, retrocede e volta a aparecer. A sala está eletrizada com seu esforço e o nascimento iminente. Uma das parteiras segura um espelho para que Matthew e Poppy vejam o que está acontecendo. É evidente que ela precisa mudar de posição – ela está agachada, muito perto do chão, e não há espaço para o bebê nascer. Matthew, outro amigo e eu a agarramos por baixo dos braços e a levantamos. Uso todas as minhas forças para ajudar a segurá-la. Então, olho para o ventre dela.

Uma contração intensa toma conta de seu corpo e a cabeça do bebê aparece, inchada e roxo-escura. Momentos depois, o restante do bebê desliza para fora, enrolado em posição fetal e ainda conectado pelo extraordinário cordão umbilical azul. Ela escorrega para o chão e segura seu recém-nascido, exausta e exultante ao mesmo tempo.

Vendo isso, quase não consigo acreditar que esse ser humano vivo e completo realmente chegou. Fico maravilhada com os pequenos dedos dos pés roxos, que lentamente se tornam cor-de-rosa, e com o rosto franzido que lutou tanto para nascer.

Tenho refletido sobre o privilégio de ter testemunhado o parto do bebê de Poppy. O nascimento, assim como a morte, nos conecta tanto à nossa natureza animal como a nosso ser espiritual. No entanto, nossa cultura nos resguarda desses portais de experiência humana. E se todos nós pudéssemos ver as crianças nascerem e o processo de parto por que passam as mães? E se pudéssemos reivindicar essa travessia humana e levá-la de volta para casa, para a comunidade? Que dádiva isso seria. Acredito que isso ajudaria em nossa reconexão com os ciclos naturais que são uma parte essencial de nossa existência e nos faria regressar a uma totalidade pela qual ansiamos.

O mesmo se aplica à morte. Enquanto o nascimento é um momento de grande alegria, a morte provoca luto. Mas o próprio processo de falecimento pode ser uma maneira de afirmar a vida profundamente. Pamela Carson, o único membro da comunidade a morrer até hoje, nos ensinou como é possível viver e morrer com dignidade, franqueza e coragem.

Morte

Pamela foi diagnosticada com câncer de estômago terminal pouco depois de ter se mudado para nossa comunidade. Esse tipo de câncer costuma matar depressa, abatendo as vítimas em um período de seis meses a um ano. Porém, Pamela lutou duramente por bastante tempo. Seu estômago foi removido cirurgicamente, ela passou por várias sessões de quimioterapia e conseguiu viver por três anos após seu primeiro diagnóstico.

A comunidade interveio para ajudá-la ao longo do caminho. Na verdade, Pamela costumava dizer: "Estou viva hoje porque vivo nesta comunidade". Quando tinha náuseas por causa da quimioterapia e não podia comer muito (o que causou uma perda de peso drástica), Seagull preparava comidas saborosas todo dia para deixá-la com água na boca. Marcie, uma cantora profissional de *folk*, fazia serenatas para ela durante os tratamentos de quimioterapia (impressionando as enfermeiras!). Sandra oferecia tratamentos de *reiki* semanais e Suzanne fazia massagens. Muitos outros visitavam-na, ajudavam com o transporte, com as compras ou apenas checavam para ver se ela estava bem. E eu me reunia com ela uma vez por semana durante 90 minutos maravilhosos de escrita criativa.

Pamela estava frequentando um curso de escrita para mulheres em Ithaca, mas, muitas vezes, não conseguia ir; então, o professor lhe enviava as tarefas. Escrevíamos por mais de uma hora e depois líamos uma para a outra nossos textos. Era um ótimo modo de nos conhecermos melhor e pude ver um lado dela divertido e malicioso que, de outra maneira, ficaria oculto.

Para alguém que estava morrendo, Pamela tinha muita força e determinação. Quando soube que seu cabelo cairia por causa da quimioterapia, decidiu raspá-lo. Mas fez isso na melhor tradição zen-budista, seguindo o costume de raspar a cabeça adotado pelos monges. Todos nós fomos convidados para a cerimônia.

Era verão e o quintal estava enfeitado com bandeiras de oração tibetanas coloridas. Pamela, com muita dignidade, sentou-se de frente para nós em uma cadeira de vime, atrás de uma mesinha coberta de flores. A cerimônia começou com alguns cantos budistas. Então, Pamela entregou a tesoura para uma amiga íntima dela, vinda de um monastério zen em Rochester. Eu sentia pesar enquanto Karen cortava o lindo cabelo branco cacheado de Pamela, pois sabia que minha amiga não tinha muito tempo de vida. Também estava muito comovida pela beleza do evento.

Pamela estava transformando uma perda profunda em um ato de devoção. Estava se desvinculando, abandonando o apego em relação à sua aparência como uma espécie de precursor do desapego do corpo físico inteiro. Também estava esboçando uma maneira de se manter focada durante a doença assustadora e de reivindicar o poder de estar totalmente viva e alerta enquanto enfrentava a morte iminente.

Pamela também não se limitou a um evento privado. Acreditava que devia fazer a maior publicidade possível se, como resultado, seus ensinamentos alcançassem um público maior. E foi exatamente o que aconteceu: um relato sobre a cerimônia surpreendentemente original foi a primeira página de um jornal local, acompanhado de um artigo e uma foto ilustrativa.

Algumas semanas antes da morte de Pamela, seus amigos organizaram um velório em vida, para ela, na Casa Comum. A comunidade inteira compareceu, embora a própria Pamela estivesse doente demais para ir. Os participantes levaram suas comidas favoritas e se vestiram em trajes elegantes para a ocasião. A irmã dela, Gail, ex-cantora de ópera, cantou lindamente. Alguém levou uma câmera de vídeo e entrevistou as pessoas sobre as qualidades especiais de Pamela. Quando o jantar chegou ao fim, sentamo-nos em um círculo para compartilhar histórias, algumas alegres e outras mais sérias.

Foi uma noite emocionante, pois sabíamos que estávamos reunindo nossas memórias de Pamela e celebrando sua vida enquanto ela ainda estava viva. E que, assim como Huck Finn, nossa amiga poderia assistir a seu próprio velório. Na realidade, Gail levou o vídeo para casa e disse que Pamela gostou e o viu várias vezes.

Em outubro, Pamela estava prestes a morrer e fui visitá-la em sua casa uma última vez. Ela estava inconsciente e uma linha fina de saliva escorria por seu queixo. Respirava fazendo muito barulho e seu corpo estava branco, aparentando ser de cera. Parecia ter envelhecido 20 anos. Enquanto eu segurava a mão dela e sussurrava meu último adeus, lágrimas escorriam por meu rosto. As pálpebras dela tremeram e torci para que ela ainda pudesse me ouvir.

Quantos de nós chegam a ver alguém que está morrendo? Até mesmo em suas últimas horas, Pamela esboçava uma transparência tremenda, oferecendo-nos o presente de poder testemunhar sua morte. Saí e fui caminhar pelo campo, sentindo-me plenamente viva e em sintonia com o mundo. Enquanto andava, pensei que aquele era um bom dia para morrer. Algumas horas depois, Pamela se foi.

Mas esse não foi o fim da história. Pamela, muito organizada como era, tinha planejado seu próprio funeral detalhadamente. Havia decidido sobre a igreja, imprimido a programação com antecedência e escolhido as pessoas que discursariam e as canções que seriam cantadas. O funeral foi realizado várias semanas após a morte dela.

A cerimônia foi linda. E, como sempre, a capacidade de Pamela de fazer a coisa certa estendeu-se até mesmo ao ato final de sua vida. O funeral deu à comunidade inteira uma chance de se sentir em paz com o falecimento dela.

Para ler a biografia da autora, veja a página 90.

> Patch Adams, palhaço, médico e inovador social, argumenta que o uso do humor e o planejamento de espaços em comunidade para promover a diversão e o riso podem ajudar a prevenir e reduzir conflitos enquanto fortalece a união da comunidade.

O uso do humor para curar

Patch Adams

O riso é o melhor remédio

O humor é uma das ferramentas mais importantes nas relações sociais e não existem áreas da atividade humana que não melhorem com seu uso equilibrado. Costuma-se dizer que "rir é o melhor remédio"; e eu gostaria de acrescentar que o humor é um potente remédio para uma comunidade saudável.

Se seus conflitos são consigo mesmo ou com os outros, o humor pode suavizá-los e ajudar a estabelecer o diálogo. Uma pessoa desprovida de humor pode atrapalhar bastante a resolução de conflitos. Se formos incapazes de rir de nós mesmos, muitos conflitos desnecessários surgirão e se intensificarão. Sendo um truque comum no teatro e uma grande ferramenta social, o alívio cômico existe para acelerar a resolução nas situações mais profundas. Nunca se diz "alívio de amor" ou "alívio de admiração". A palavra alívio está reservada para o humor, o grande aliado da paz.

Ser considerado, com frequência, desconcertante sugere o potencial do humor de promover a paz. Lembro-me do ótimo esquete cômico do Monty Python sobre uma piada tão engraçada que qualquer um que a ouvisse morria de rir. Os militares se apoderaram dela e a guerra parou.

Diz-se que o riso é contagioso, sugerindo que se espalha sem controle no ambiente, outra característica útil para uma ferramenta de resolução de conflitos. Existem risadas que podem fazer todos, em uma sala cheia, rirem juntos. Quando estão rindo, eles se tornam física e emocionalmente vulneráveis – até mesmo para novas ideias e, assim, para a resolução de conflitos.

O humor tem sido considerado tão importante nas relações humanas que, durante séculos, no Ocidente, os tribunais tinham bobos da corte para diminuir as tensões e criar certo ânimo. O bufão era a pessoa que tinha o privilégio de ser honesta e confrontar a realeza.

As palhaçadas para a paz

Sou palhaço há mais de 30 anos. Visto roupas de palhaço todos os dias. De modo egoísta, quero criar um contexto de humor, diversão e brincadeiras a meu redor, pela diversão natural que nasce desse comportamento. Contudo, o compromisso de fazer palhaçadas publicamente todos os dias surgiu de minha vida como um artista da mudança social. Quando vi o potencial social da alegria e da risada e como isso ajuda as pessoas a relaxar, falar mais e suavizar a tensão de estranhos, decidi *ser* a alegria e a diversão como um ato político, a fim de ajudar a prevenir conflitos e acelerar o desenvolvimento da comunidade.

Tenho a teoria de que as brincadeiras em público previnem a violência. Em mais de 30 anos, toda vez que vejo um adulto e uma criança brigarem em público, entro em meu personagem de palhaço e, geralmente, a briga para na hora. Sei que minhas brincadeiras já pararam brigas em bares violentos e marchas de protesto. Acho que também vemos esse efeito pacificador da alegria e da risada em lugares como a Disneylândia, onde as pessoas aguentam filas sem fim com alegria; e na terça-feira de Carnaval, em que, apesar de muitos estarem bebendo excessivamente e espremidos na multidão, a violência raramente acontece.

A primeira coisa que gostaria de enfatizar sobre o valor do humor na resolução de conflitos é sua função de preveni-lo. As relações humanas são muito complicadas e, enquanto crescemos, recebemos pouca ou nenhuma instrução sobre como nos relacionarmos bem. A boa comunicação é sempre um comportamento aprendido após vários erros terríveis. Ela raramente ocorre sem uma intenção valiosa. Os conflitos surgem de mal-entendidos, medo e desconfiança. A melhor maneira de lidar com eles é no contexto de estreita intimidade-amizade humana em que alguém tem interesses particulares no bem-estar do outro. Ao estudar casamentos e amizades de longa duração, a fim de identificar os fatores que ajudam a manter essa união, o senso de humor ficou em primeiro lugar, antes do amor e da segurança.

O Instituto Gesundheit!

Vivi comunitariamente por 25 anos. Comecei a comunidade e, na declaração da missão, um de nossos sete princípios era que toda atividade seria impregnada de diversão. Funcionando também como um hospital nos 12 primeiros anos, nossa comunidade era bastante intensa e lotada. Eu sabia que, principalmente por não cobrarmos nenhuma taxa, tinha de fazer a vida na comunidade mais divertida do que as outras alternativas, para prevenir esgotamentos nervosos e manter minha equipe.

Foi criado, então, o primeiro hospital bobo na história. Enormes eventos ridículos, sempre em torno de aniversários da equipe, eram encenados como um ritual para unir a comunidade. Tudo era usado para diversão. As refeições eram servidas em cocho de porcos e havia danças bobas nos jardins. Gostávamos dos quartos repletos de balões até o teto e de um casamento em que os papéis eram trocados e o noivo colocava um vestido de noiva. As relações humanas se estreitaram bastante e tenho certeza de que essa intimidade é a razão pela qual essas relações ainda prosperam 25 anos depois. Sei que a diversão tem sido o que me mantém emocionalmente envolvido.

> Em cada trabalho que precisa ser feito, existe um elemento de diversão; você encontra a diversão e, pronto, o trabalho é um jogo...
>
> Mary Poppins

É claro que o humor é muito pessoal. Não existe o humor universal. Cada grupo deve achar seu próprio senso de humor e brincadeira e agir com base nele. O ideal é que o grupo veja a importância do prazer natural de brincar para seus membros e aloque tempo e dinheiro para isso. Cada grupo deve dar a isso o mesmo valor que dá ao trabalho da comunidade. O trabalho feito em um contexto de diversão fica mais suave e pode ser prolongado por mais tempo. Um pouco da cautela e da rigidez devem ser abandonadas, a fim de brincar e rir; esse relaxamento pode tornar os conflitos mais brandos. Espera-se que cada grupo tenha várias pessoas engraçadas para levar o humor para cada reunião e conflito. Outra opção é escolher temas bem delicados e fazer jogos divertidos, esquetes etc. sobre eles. As piadas têm essa função em nossa sociedade, em que as mais frequentes são sobre nossos pontos mais sensíveis.

Nossa casa comunitária era um hospital e muitos dos que ficavam conosco tinham alguma doença mental. Comportamentos bastante incomuns apimentavam a vida de nosso grupo. Era nosso desejo lidar com esses problemas sem medicação. Deixamos um grande número de pessoas muito ansiosas e até perturbadas (perigosas) ficarem em nossa casa. Alguns de nossos trabalhos médicos mais criativos foram feitos nessas situações. Pela compaixão incessante, pelo humor e pela vulnerabilidade, vimos, com frequência, conflitos terríveis serem resolvidos. Tornamos divertido trabalhar com pessoas que a maioria da sociedade rejeita.

Descobrimos que o humor era apropriado para os momentos mais decisivos da vida, os conflitos mais difíceis. Eu costumava ir ao quarto de um paciente terminal, vestido de anjo, com harpa e asas, e dizer: "Próximas atrações!".

Tenho feito pesquisa de campo em resolução de conflitos e humor. Por 13 anos organizei uma excursão anual com 30 pessoas (idades de 12 a 80) para a Rússia, a fim de fazer palhaçada. Em duas semanas, de dez a 16 horas por dia, visitamos hospitais, orfanatos, prisões e lugares públicos. Não é necessária experiência como palhaço. Pego 30 desconhecidos e os coloco em uma situação nova e potencialmente estressante: muitas horas com jovens muito doentes e terminais, além de trocas de partir o coração com crianças dizendo "Por favor, me leve para casa". Porém, o humor transforma o doloroso em positivo. Os palhaços têm uma experiência explícita contínua de que o humor é um contexto social poderoso – seja planejado, seja espontâneo. Acredito que o humor dado e recebido e os resultados vistos fizeram dessas viagens algo mágico.

O planejamento para a diversão

Gostaria de oferecer algumas sugestões para indivíduos e grupos que desejam colocar mais humor em sua vida e conflitos:

- Cada pessoa deve embarcar em uma jornada de autodescoberta. Descubra o que é divertido para você e coloque esses achados em prática. Se, de fato, o humor é importante, é essencial para cada pessoa desenvolver e agir com seu próprio senso de humor e ampliar seus limites sempre.
- Faça da risada, da diversão e das brincadeiras um princípio básico de sua comunidade. Essa não é uma decisão frívola. Tempo e dinheiro devem ser previstos para esse humor em ação. Uma festa não é uma indulgência, e sim a celebração litúrgica da comunidade.
- Planeje em seu ambiente lugares que sejam para brincar. Existem todos os parques infantis óbvios, cobertos e ao ar livre, mas também baús com fan-

tasias, armários de brinquedos (adulto e infantil) e acervo de apoio ao palco. Lugares como lagos, casas nas árvores, campos e gazebos são solos férteis.
- Estimule e atraia aqueles membros da comunidade que tragam consigo um senso natural de brincadeira. Faça um esforço para achar e manter convidados cuja presença deixe a mesma impressão. Esse sangue novo divertido é muito importante em longo prazo.
- A criatividade atrai humor e brincadeira. Valorize todos os aspectos da arte e da criatividade como essenciais à vida em comunidade, e não como luxo.
- Esforce-se para manter as amizades mais profundas. Observe a importância que o humor tem em tornar isso possível. Você pode perceber que, entre amigos, especialmente os de longa data, o humor é um vínculo de amizade. Muito humor está relacionado às memórias da comunidade.
- Tenha um jarro da fantasia e encoraje os colegas do grupo a colocar dentro dele descrições de eventos divertidos que gostariam que fossem realizados. Mergulhe sempre no jarro e haja de acordo.
- Assuma um grande número de riscos em relação a ser tolo.
- Surgindo um conflito, não o menospreze "levando na brincadeira". Comunique-o de várias maneiras. Tenha certeza de que todos tenham a chance de falar. O ponto do humor não pode encobrir a intensidade, mas fornecer uma base em que tudo pode ser comunicado e resolvido. Seja receptivo para descontrair o assunto, não importando quanto esteja envolvido. Eu encorajei casais que brigavam para ir lá na frente e dizer as coisas, mas tentar dizê-las pelados e pulando para cima e para baixo.
- Seja paciente com aqueles que não são engraçados. Todos podem ser.

O médico Patch Adams é diretor e fundador do Instituto Gesundheit!, um projeto de mais ou menos 25 anos que trata de problemas na prestação dos serviços de saúde nos Estados Unidos. De 1972 a 1983, 15 mil pessoas passaram por lá. Ele nunca cobrou, nunca aceitou seguro de saúde ou fez seguro de responsabilidade civil. Integrou todas as artes de cura e, para apresentar um ambiente de bem-estar, integrou a medicina com artes cênicas, artes plásticas, artesanato, agricultura, natureza, educação, recreação e serviço social.
Patch é palhaço há mais de 30 anos, usando o humor e a alegria como ferramentas poderosas para a resolução de conflitos. Em 1998, foi lançado um filme baseado em sua vida, tendo Robin Williams como protagonista. Muito aclamado pela crítica, os rendimentos do filme possibilitaram a realização do sonho de Adams de começar a construir seu hospital comunitário ecologicamente planejado.

MÓDULO 5

Perspectiva local, biorregional e global

Perspectiva biorregional
Ampliando o movimento de ecovilas
A política vista como espiritualidade
As alianças nas extremidades: um guia para a mudança social

Perspectiva educacional
Ecovilas e mundo acadêmico
A interface Norte-Sul no Senegal
La Caravana Arcoiris por la Paz: a perspectiva biorregional e planetária na América do Sul

Perspectiva global
Mostrando o Ocidente ao Oriente
Das comunidades locais à comunidade global: mais que um sonho?
Soluções locais para um problema global

> Robert Gilman, um dos pensadores originais do movimento de ecovilas, mostra como podemos trabalhar com o que aprendemos nos ambientes das ecovilas para fortalecer o tecido social da sociedade.

Ampliando o movimento de ecovilas

Robert Gilman
ENTREVISTADO POR Kosha Anja Joubert

Em 1991, você estabeleceu uma definição para ecovila que se tornou padrão. Você a definiu como:

- *um assentamento de escala humana;*
- *completamente funcional;*
- *onde as atividades humanas são integradas de modo inofensivo ao mundo natural;*
- *de um modo que motiva o desenvolvimento humano saudável; e*
- *que possa seguir com sucesso rumo a um futuro indefinido.*

Passaram-se 15 anos desde então. Qual era sua visão naquela época e qual é agora?

Minha visão naquela época, que felizmente compartilhava com muitas pessoas, incluindo Ross e Hildur Jackson, era que chegaria um momento em que a maioria das sociedades desejaria e precisaria viver com mais harmonia umas com as outras e com o mundo natural; que desejaríamos e necessitaríamos de mais integridade no microcosmo da comunidade imediata, de dimensão humana, a nosso redor. Nessa definição, estava vislumbrando um novo sistema convencional de vilas e cidades que levaria muitas décadas para surgir. Minha visão é a mesma hoje. A única diferença é que todos nós aprendemos mais sobre as comunidades em escala humana e estamos mais próximos do momento em que isso se transformará no que é o convencional para o assentamento humano.

O que você visualiza como os próximos passos para o movimento de ecovilas?

Como disse em minha apresentação na conferência GEN+10, vejo a maioria das comunidades que fazem parte da Global Ecovillage Network (GEN) e geralmente se autodenominam ecovilas como centros de pesquisa, de demonstração e de ensino, mas não como "vilas". Isso deve ser entendido como uma observação, e não como uma crítica. O primeiro passo precisava ser essa "comunidade-laboratório". Fico feliz de ver mais desses centros de pesquisa, de demonstração e de ensino vindo a surgir, *e* elas acharão seu propósito maior à medida que deslocarmos mais atenção para a adaptação de cidades e bairros já existentes. Para mim, o próximo passo é ajudar tais comunidades regulares existentes a descobrirem suas competências para satisfazer os vários aspectos da definição de 1991 por meio da vida sustentável na comunidade.

Como podemos fazer com que a experiência da ecovila, a ideia de vida sustentável em comunidade, torne-se a convencional?

O primeiro passo essencial é nos considerarmos em uma relação de complementaridade, e não de superioridade, com aqueles que levam vidas "convencionais". Muitas dessas pessoas que estão realizando coisas incríveis em várias comunidades da GEN estão dispostas, do ponto de vista pessoal, a ser bastante ousadas em suas experimentações de estilo de vida. No entanto, se observarmos atentamente, fica claro que suas experimentações só são possíveis porque a sociedade em geral oferece um contexto mais estável, graças a todos os que vivem uma vida convencional.

O próximo passo é ver nossas comunidades não como completas em si mesmas, mas como centros de pesquisa, de demonstração e de treinamento que *precisam* de uma relação complementar com as comunidades convencionais para satisfazerem suas missões.

Além disso, recomendo achar parceiros em comunidades convencionais existentes que estejam interessados e construir a partir daí. Vá primeiro onde é bem-vindo e acolha os que já estão interessados.

Como podemos preservar a essência do movimento verdadeiro ao nos estendermos para a sociedade convencional?

Muito depende do que você considera ser a essência. Se você sente que a essência é "alternativa", se você associa a essência com um sentimento de ter "descoberto sua tribo" ou com a qualidade de estar disposto a experimentar ousadamente com sua vida, então terá dificuldades em manter essa essência e ser eficaz em se expandir para a sociedade convencional. Será mais útil se ficar no laboratório.

No entanto, se você entende a essência como o desejo por uma vida em harmonia com você mesmo, com seus vizinhos e com o mundo natural, então possui a essência que é mais universal.

O movimento de ecovilas de hoje em dia tem uma personalidade e uma essência. Se o movimento começar a incluir as comunidades convencionais, sua personalidade mudará – talvez para a decepção de alguns de seus membros atuais. Acredito, no entanto, que podemos tanto manter como crescer mais profundamente em nosso entendimento da essência. O apelo de uma vida sustentável em comunidades de escala humana é muito abrangente.

Vejo que o que o mundo precisa, mais do que construir novas estruturas, é a adaptação de estruturas antigas, tanto físicas como sociais. Como as estruturas sociais, desenvolvidas para atender a uma sociedade extremamente individualizada e socialmente isoladora, podem passar por uma adaptação? Como uma sociedade civil fraca, com cidadãos egocêntricos, pode ser revitalizada? Em vilas? Subúrbios? Cidades? Nos Estados Unidos? E em outras partes do mundo?

Muito depende da mudança de padrões de comunicação e isso geralmente significa abrir canais de comunicação que agora são fracos ou inexistentes. A forma como isso é feito especificamente e os canais que precisam ser abertos dependem da situação. Por exemplo, uma vila no hemisfério Sul pode ter boa comunicação interna (apesar de que ligações importantes podem estar faltando se olharmos atentamente), mas a vila sofre de uma falta de boa comunicação com o mundo mais amplo. Nos subúrbios da América do Norte, há o problema oposto. "Hierárquico, extremamente individualizado e socialmente isolador" é a descrição dos padrões de comunicação, assim como das estruturas sociais que são construídas com base nesses padrões. Introduza novos padrões de comunicação e as estruturas sociais também mudarão.

Que métodos de comunicação você achou mais úteis em seu trabalho em Langley? Comunicação um a um? Comunicação em grupos? Comunicação com o mundo "fora" da comunidade/ecovila?

Diria que o que tem sido mais útil é a utilização de muitos métodos de comunicação diferentes. Em Langley, usamos:

- conversas intencionais presenciais de um a um;
- conversas espontâneas de um a um nas ruas, no correio etc;
- conversas telefônicas;

- encontros marcados de pequenos grupos (menos de 12 pessoas);
- "encontros da vila" de grupos maiores (de 40 a bem mais do que 100 pessoas);
- conferências *on-line*;
- e-mails;
- vídeos (em DVDs) de encontros e apresentações anteriores.

Todos desempenham um papel importante e sua força está na forma com a qual eles se fortalecem e se complementam mutuamente. Em cada uma dessas opções, fazemos o melhor para estabelecer um tom de respeito e inclusão. Todos têm a oportunidade de se comunicar e, com tantos canais, ninguém é capaz de dominar ou controlar a comunicação.

Em um artigo de 1985, intitulado "What's Needed: What We Need to Know and to Do to Be Effetive Cultural Midwives", você escreveu: "A estratégia é apenas esta: esteja consciente de sua situação histórica, fique completamente à vontade com as competências e o espírito de processos de grupo em que todos ganham e, então, aplique essas competências para construir novas instituições-modelo, sementes para o futuro". Você está adotando essa estratégia em Langley?

Estou. Ao pôr em prática essa estratégia em Langley, também estamos fazendo o que podemos para traduzir nossas ideias em termos que os habitantes locais se sintam confortáveis e progridam em uma velocidade que a comunidade consiga assimilar.

Poderia definir os passos de uma expansão local de sucesso para as comunidades?

Começa internamente com sua própria "humanidade". Qual é a história que você conta a você mesmo em sua comunidade? Está suficientemente em paz com sua própria trajetória de vida para que possa celebrar a trajetória dos outros? Consegue enxergar sua comunidade e a sociedade ao redor como parceiros complementares em um processo evolutivo? Quanto de sua motivação para um alcance maior é baseada em medo ou quanto dela é baseada em amor e em uma paz interior confiante? Não estou sugerindo que você precisa ser "perfeito" antes que possa dar os primeiros passos. No entanto, ajuda ter certo autoconhecimento de algumas de suas limitações humanas para estimular sua compaixão, humildade e paciência.

O próximo passo é achar parceiros nas comunidades locais que já percebam o valor do que tem a oferecer. Construa a partir daí, baseando-se principalmente em atividades práticas, que sejam relevantes localmente. Dê mais importância às qualidades do que ao tamanho dos projetos.

Escute bastante. Veja você mesmo como cocriador com seus parceiros, cocriador de algo novo que soma as forças de todos. Não espere que as comunidades convencionais se tornem cópias exatas de sua comunidade. Em vez disso, vivencie o prazer criativo de revelar a essência mais profunda da "vida sustentável em comunidade" de novas formas.

Enquanto escuta, provavelmente descobrirá novas oportunidades para ser prestativo. Jeff Bercuvitz dá conselhos maravilhosos em um artigo sobre animação na comunidade. Sua abordagem de cinco passos é: pense grande/comece pequeno, faça um balanço de seus recursos, divirta-se, apenas faça e dissemine suas ideias.

Enquanto executa o protocolo, continue procurando por formas de abrir novos canais de comunicação. Eles podem não ser tão dramáticos quanto novas edificações ou outros grandes projetos, mas podem ter efeitos mais duradouros em relação a mudar o sistema.

A paciência é de extrema importância. Continue lembrando que você é parte de uma aventura humana longa e que a Grande Virada do momento no planeta se prolonga por décadas, na verdade, séculos. Isso não é uma emergência de curto prazo que precisa ser resolvida para que você possa voltar à vida "normal" – a transformação planetária é sua vida.

Como podemos reduzir os obstáculos para que as pessoas se envolvam?

Comparado ao grande passo que é ingressar em uma comunidade intencional, quase qualquer coisa que você faça para ajudar na adaptação de uma comunidade existente será mais fácil para a maioria das pessoas. Uma ótima ideia é oferecer um "menu" que determina níveis diferentes de engajamento e mudança pessoal. Dessa forma, as pessoas podem decidir por elas mesmas o que é um passo realizável e significativo para elas. Minha impressão é que é melhor que muitas pessoas tenham sucesso com pequenos passos e, então, fiquem motivadas a dar passos maiores, do que se sintam desafiadas pelos grandes passos que podem acabar escolhendo não dar.

Como você vê a evolução do movimento de ampliação de ecovilas no futuro?

Com muito amor. Se pudermos ver nosso objetivo como a promoção da vida sustentável em comunidades e celebrar as várias formas diferentes que a essência pode tomar, estaremos em plena forma.

Em termos organizacionais, vejo um "ecossistema" crescente de grupos desempenhando papéis diferentes no movimento, desde centros de pesquisa práticos, de demonstração e de treinamento a grupos de consultoria especializados, bairros urbanos, aldeias e vilas, e várias redes e associações costurando tudo isso conjuntamente.

À medida que o movimento de ecovilas se expande, abrangerá uma maior diversidade de pontos de vista políticos, filosóficos e de estilo de vida. Se nosso coração for grande o suficiente para manter essa diversidade, enquanto nos engajamos ativamente com todos os desafios internos e a nosso redor, então o movimento de ecovilas será uma grande benção... para todos nós.

O doutor Robert Gilman é um dos idealizadores da Global Ecovillage Network (GEN). Em 1991, ele e sua falecida esposa, Diane, escreveram o relatório *Ecovillages and Sustainable Communities*, para o Gaia Trust, com quem trabalharam para determinar as bases para a GEN. Tendo atuado como astrofísico nos anos 1970, decidiu que "as estrelas poderiam esperar, mas o planeta não", e direcionou sua atenção para a sustentabilidade mundial, pesquisas futuras e estratégias para uma mudança cultural positiva. Em 1979, ele e Diane fundaram o Context Institute para se dedicarem a essas questões. Hoje em dia, ele está adaptando os conceitos de ecovila para a sociedade convencional, como vereador na pequena cidade de Langley, em Washington, nos Estados Unidos. Ele e sua esposa atual, Lianna, estão também entre os fundadores do Langley Community Forum, um "espaço aberto" inovador, tanto presencial como *on-line*, que está mudando as características da governança em sua cidade.

> Capra defende um ativismo espiritual que implica a participação na política local e biorregional. Ela descreve a política como a arte de equilibrar as necessidades humanas e ambientais, e também como é preciso aplicar as iniciativas globais e nacionais localmente.

A política vista como espiritualidade[14]

Capra Carruba

Para entender como as comunidades podem influenciar a política, localmente e mais além, o melhor a fazer é analisar exemplos concretos. Neste artigo, descrevo o que funcionou para nós em Damanhur, com a esperança de que nossa experiência seja útil para os outros. A aplicação de nossa filosofia na política chama-se "biorregionalismo".

Nosso conceito de biorregionalismo baseia-se no pressuposto de que, no meio ambiente, há um equilíbrio harmonioso entre todas as formas de vida, incluindo os seres humanos, no que se refere a território, recursos, economia e sociedade. A política é a capacidade de reunir esses aspectos diferentes. É preciso reconciliar todos os elementos entre si. A evolução é a melhora constante desse equilíbrio. Fazer política significa pôr ordem e criar vantagens para todos os envolvidos, melhorando sua vida e evitando a estagnação. Vida significa movimento, mudança e transformação. Esse é o alicerce de nosso conceito de espiritualidade.

Para lidar com a espiritualidade, também é preciso lidar com a política, pois, caso contrário, não será possível introduzir esses aspectos na sociedade. A política é uma consequência lógica para nós, pois somos diferentes dos grupos mais radicais que costumam considerá-la corrupta. É verdade que os políticos circulam em um mundo distinto, com suas próprias regras, mas escolhemos pôr cer-

---

[14] Este artigo foi baseado em uma entrevista com Roberto Sparagio, jornalista e membro do conselho municipal de Vidracco, Itália. Ele é responsável pelas áreas do turismo e da ecologia. Vive na comunidade de Damanhur há mais de 20 anos e é chamado de Coboldo Melo.

tos princípios em prática e agir, em vez de esperar que os outros o façam. Dessa forma, começamos com ações concretas, com iniciativas integradas a atividades já existentes. O único caminho possível é seguirmos em frente juntos.

Primeiros passos

Queríamos encontrar pessoas ou movimentos políticos que estivessem abertos à nossa visão da vida. Nos primeiros anos, entramos em contato com pessoas, em vez de partidos políticos. A política e os principais interesses dos partidos políticos italianos são complexos, então o melhor a fazer é achar indivíduos que tenham provado sua capacidade política. Depois de conversarmos com todas as partes, encontramos algumas pessoas mais independentes dos partidos a que pertenciam. Trocamos ideias sobre programas, projetos e visões.

Durante os últimos anos, essa experiência provou-se tão difícil quanto interessante. A certa altura, nossa condição de voluntários motivados e de mente aberta, de grupo interessante pronto para inovar e experimentar, passou a ser insuficiente. Tornou-se importante fundar nosso próprio movimento. Nosso foco não era a criação de um partido político, mas de um movimento político, que fundamos em 1995 com o nome Con Te, per il Paese (Com Você, pelo País). Isso nos proporcionou uma plataforma, com base na qual pudemos propor ideias e cooperar com os outros – primeiramente, com políticos, em vez de partidos. A maioria dos membros do Con Te, per il Paese é damanhuriana, mas a associação também está aberta aos outros. Vemo-nos como um movimento político ativo por toda a Itália e estamos dispostos a trabalhar em conjunto com outros movimentos políticos europeus. No Con Te, per il Paese, aplicamos os mesmos princípios que caracterizam a filosofia de Damanhur: ter uma mente aberta, pensar grande, fazer projetos com um longo alcance e que se estendam além da situação atual, e ter objetivos de longo prazo que gerem benefícios úteis localmente. Essa visão tipicamente damanhuriana produziu bons resultados ao longo dos últimos dez anos.

Nosso processo foi gradual e sistemático

Sempre participamos da política localmente. Desde meados dos anos 1980, temos tido representantes no conselho municipal local da cidade de Vidracco.

No início, apenas um conselheiro representava os cidadãos damanhurianos nessa cidade pequena de 500 habitantes. Em 1995, demos um grande passo, quando quatro cidadãos de Damanhur foram eleitos para o conselho e, desde 1999, os damanhurianos formaram a maioria absoluta, com um cidadão de Damanhur como prefeito. Também participamos das eleições locais de outras cidades e, ao longo de dez anos, fomos eleitos em nove distritos. Temos agora 22 membros do conselho eleitos.

Nosso objetivo é revitalizar o vale. De início, começamos de forma sistemática, analisando os recursos políticos, econômicos e geológicos da área. Isso levou, por exemplo, à instalação de um sistema duplo de circulação de água em Vidracco, cujo objetivo era reduzir o desperdício de água potável de qualidade e fornecer um sistema independente para os jardins, as lavagens de carro etc. Muitas das medidas eram de natureza puramente prática: a melhora da iluminação pública, principalmente para a população idosa, para quem mais luz significa maior segurança; ou o fornecimento de incentivo para o trabalho voluntário, que permitiu que nós providenciássemos assistência aos idosos e nosso próprio posto da Cruz Vermelha, que opera 24 horas por dia.

Vidracco também tem sua própria equipe voluntária de proteção civil, que intervém para socorrer a população em casos de condições climáticas desfavoráveis, escassez de água, neve e outras emergências. Além disso, participamos da gestão do planejamento urbano, que foi reformulado de acordo com interesses ecológicos. Agora é possível usar materiais e elementos arquitetônicos, como paredes de vidro para captar energia solar, como um pré-requisito para casas de baixo consumo energético. Esse tipo de inovação não era previsto pelos antigos regulamentos de planejamento urbano.

Como a política local pode influenciar a política nacional

Estamos intimamente envolvidos com as iniciativas locais. O trabalho local nos ajuda a entender o que é aplicável e o que não é. O princípio é sempre o mesmo: buscamos aplicar localmente modelos e iniciativas nacionais, por vezes globais. Até mesmo um território pequeno precisa atuar como uma nação inteira. Por exemplo, sugerimos que acordos mais importantes, como o Protocolo de Quioto, sejam ratificados agora em nosso vale, em vez de esperar pela ordem oficial do governo nacional. Isso também é válido para o uso de energias renováveis, a redução da poluição e a gestão de resíduos, tal como já ocorreu em muitos países europeus. Agora temos, na cidade, um sistema de coleta seletiva de resíduos recicláveis, realizado de porta em porta, e diminuímos consideravelmente a quantidade de lixo jogado em lugares impróprios.

Uma região pode aplicar os mesmos princípios que uma nação. Os exemplos regionais podem se converter em um modelo para o país inteiro, demonstrando que as alternativas podem funcionar bem. Dessa maneira, a política torna-se mais viva, dinâmica e baseada na experiência, em vez da retórica.

Biorregião em equilíbrio

Precisamos de soluções concretas que satisfaçam as necessidades da população. Vamos tomar como exemplo a mobilidade: não se pode apenas exigir que as pessoas vivam sem automóveis particulares; deve-se sugerir uma alternativa para elevar a qualidade de vida. O objetivo é sempre melhorar a qualidade de vida de uma área inteira. Não só o equilíbrio da Terra está em jogo como também o bem-estar da população local. Os métodos menores e tradicionais de produção local são cruciais para satisfazer as necessidades locais, pois garantem a qualidade dos serviços e do alimento.

A região tem que se desenvolver de forma autônoma, e não de maneira isolada, e decidir livremente como deseja interagir com o resto do mundo. O biorregionalismo é um conceito de troca e diálogo. Não queremos criar ilhas felizes desconectadas do mundo e de seus problemas. A troca é necessária, uma política que olhe em todas as direções, que satisfaça tanto o corpo como a mente e que inclua arte e cultura. Isso só é possível com uma boa comunicação. Contribuímos com essa visão para o Partido Verde, assim como para municípios locais, conselhos e entidades maiores, como a região de Piemonte.

Tornando-se um verde

Ao longo dos últimos dez anos, também participamos da política da província e da região, fazendo parte de assembleias e colaborando nas avaliações de programas políticos. O único partido político que se aproxima de nossa visão política é o Partido Verde. Não concordamos em todas as questões, mas temos muitos elementos em comum. Essa colaboração ainda é bem recente e só se solidificou nos últimos dois anos. Hoje, quase todos os damanhurianos são membros desse partido e nós nos associamos oficialmente a um partido político – algo que nunca fizemos antes.

Por que decidimos fazer isso? Estamos correndo contra o tempo. Embora tenhamos sempre participado da política, ficou claro que as coisas ganham velocidade quando há organização: com o Con Te, per il Paese, tivemos sucessos concretos. Quanto maior foi nossa presença e participação direta, mais coisas realizamos. Depois que um damanhuriano foi eleito prefeito de Vidracco, tornou-se evidente que a participação direta produz resultados melhores e mais rápidos. Escolhemos nos juntar ao Partido Verde para que pudéssemos apresentar nossas ideias e promover o fato de que a política deve sempre unir grandes ideais com soluções práticas que possam ser aplicadas nos níveis local, regional e nacional. Apresentamos nossas ideias, nossos ideais e nossas propostas ao Partido Verde porque queríamos vê-los realizados mais depressa.

Porém, não foi nada fácil. Lidar com os membros, os verdes, é uma interação difícil e complicada, pois o partido já tem uma estrutura própria. Houve discussões, confrontos e, digamos, situações "dinâmicas" que nem sempre são fáceis, pois, no Partido Verde, assim como em todos os grupos, há diversas facções com interesses diferentes. A situação ficou bem intensa quando contribuímos com nossas experiências paralelamente às propostas de todos os demais. Tem sido um desafio imenso transmitir nossa compreensão holística do meio ambiente, a qual não considera que os seres humanos e a economia estejam em um conflito inevitável com a proteção da natureza.

Reparação e estratégia: um esforço conjunto

Não enxergamos a política como uma preocupação individual, mas como uma questão que precisa ser organizada em grupos homogêneos, que compartilhem ideias semelhantes. Não podemos improvisar programas e projetos. É necessário haver um debate estruturado, elaboração e troca. Boa parte das políticas precisa de indivíduos capazes de desenvolver propostas concretas e exequíveis.

Organizamos reuniões mensais para congregar conselheiros eleitos e pessoas interessadas em política, mas sem cargos oficiais. Em alguns meses, criamos um grupo de trabalho de 30 a 40 pessoas, e a quantidade mínima de tempo investida variava de duas a três horas por semana. Isso é o bastante para envolver pessoas e desenvolver ideias. Também é útil porque possibilita que aqueles que ocupam cargos oficiais tenham uma perspectiva externa. O confronto é fundamental porque gera ideias, propostas e ofertas de apoio. Em um grupo organizado, pode-se discutir e encarar os assuntos mais importantes e se posicionar. Também utilizamos uma votação em que levantamos as mãos em casos de pontos de vista opostos. Essa forma de trabalho é simples, mas eficaz, pois as decisões são tomadas em conjunto e têm o apoio de todos.

No Partido Verde, seguimos com esse espírito. Um grupo organizado (Con Te, per il Paese) tem mais peso que um ponto de vista individual. Um damanhuriano foi eleito para o Conselho Nacional do Partido Verde, que consiste em aproximadamente 60 pessoas e debate as questões mais importantes nacional e internacionalmente. Outro damanhuriano faz parte do principal conselho de Piemonte. Também participamos das eleições regionais em apoio aos verdes. É óbvio que, nas reuniões do Partido Verde, fazemos o que sempre temos feito: contribuímos com nosso ponto de vista. Não temos interesse em uma presença passiva. Queremos contribuir com nossa experiência, nossas ideias e nossas propostas. Estas últimas têm como base o pragmatismo, pois derivam da nossa experiência como membros do conselho local. Entendemos os problemas dos habitantes locais e da economia da região. As perspectivas e sugestões têm sempre que ser práticas e verificáveis localmente.

Declaração da campanha eleitoral do Con Te, per il Paese

Somos a favor da pesquisa tecnológica, quando a tecnologia está a serviço da evolução e não interfere no equilíbrio ecológico. Não concordamos com o conservadorismo ou com um retorno ao passado.

É crucial prestar atenção ao meio ambiente. Exigimos que o uso de organismos geneticamente modificados (OGM) seja interrompido. Isso não significa que nos apomos à pesquisa, mas todas as escolhas devem ser feitas tendo a segurança como prioridade máxima. Requeremos que todos os OGM sejam testados em longo prazo antes de serem usados em campo aberto.

A qualidade do alimento é fundamental no que diz respeito à qualidade de vida dos seres humanos e dos animais. A agricultura orgânica voltada para a qualidade gera novos mercados para os produtores de itens orgânicos.

Somos a favor do comércio justo, que, para nós, inclui: controlar os produtos, dar-lhes prioridade tendo como base esse tipo de comércio e apoiar pequenos produtores locais que garantam a prática dessa ética. Em nossa área, oferecemos uma contribuição em pequena escala ao declarar que Vidracco é um território livre de OGM, aplicando uma lógica que poderia ser aplicada a uma área muito maior.

Queremos fomentar nacionalmente as energias renováveis e, além disso, estimular a pesquisa tecnológica para o aperfeiçoamento dos materiais; em outras palavras, queremos nos concentrar nas decisões ecológicas, que também acabam se tornando decisões econômicas. Defendemos a utilização de pequenas usinas elétricas produtoras de energia renovável, em vez de grandes usinas que são difíceis de controlar (como as usinas nucleares) e que poluem gravemente.

Temos uma visão multiétnica da sociedade, que promove a união de pessoas que estão dispostas a agir. Isso significa que respeitamos todos os indivíduos independentemente de suas origem, religião ou cor...

Local e regionalmente, propomos o trabalho voluntário, pois ele orienta a sociedade rumo à solidariedade.

Nossa última ação: o reconhecimento de associações e comunidades como zeladoras de áreas específicas por parte dos governos nacional e regional, incluindo a delegação do direito de governar.

Resumo

Somos a favor de uma perspectiva biorregional para áreas como esse vale, mas também para a província de Turim e a região de Piemonte. O biorregionalismo mescla-se com a visão damanhuriana de uma sociedade em transformação, em que os hábitos de consumo, as estruturas sociais e as relações com a natureza estão em profunda mudança.

Por muitos anos, temos promovido uma visão ambiental em que há equilíbrio entre os seres humanos e o meio ambiente. Se, em vez disso, há separação, gera-se um conflito entre os dois que pode levar a escolhas instáveis, como os últimos 50 ou 60 anos têm demonstrado. Uma perspectiva dicotômica promove o interesse de um lado, em detrimento do outro. A união de ambos os aspectos é uma questão filosófica: significa considerar o meio ambiente como um organismo único, um conceito holístico, cujos limites não podemos ultrapassar.

Christine Schneider nasceu em 1968 no norte da Alemanha e tem vivido, desde 2001, em Damanhur, onde escolheu o nome Capra Carruba. Estudou ciências políticas e trabalhou como consultora de formação e desenvolvimento organizacional. Em Damanhur, é o contato para as comunidades internacionais e é responsável pelo projeto ValdiChy, ajudando os amigos de Damanhur de todas as partes do mundo a se instalar no vale. Ensina física esotérica, toca flauta e acompanha os visitantes de Damanhur. Interessa-se em pesquisar principalmente o que faz as comunidades darem certo, levando a experiência de Damanhur a outras/futuras comunidades.

> Usando a ferramenta Outcome Mapping, de mapeamento de mudanças alcançadas, Agnieszka Komoch argumenta que prestar mais atenção no design consciente de nossas redes de relacionamento permitirá a realização de nosso objetivo de modo mais eficaz. Seremos capazes de influenciar mais a corrente dominante a partir de nosso lugar, interagir com o mundo à nossa volta, expandir nossas fronteiras e ter consciência de nosso limite.

Alianças limítrofes: um guia para a mudança social

Agnieszka Komoch

Redes de relacionamentos e limites

As redes de relacionamento são sempre vistas como um meio para trocar informação, estimular o aprendizado e reunir com maior alcance apoio para um projeto. Seu aparecimento, na década passada, aponta para o fato de que elas suprem uma necessidade. Contudo, sempre pensamos em uma rede como uma teia de contatos horizontal, homogênea e sempre em expansão, onde encontramos pessoas com opinião semelhante e com quem nos sentimos seguros e reconhecidos. Nesse formato, a rede pode perder certa produtividade. Assim como na permacultura, em que o designer presta mais atenção no limite (ou na fronteira) entre dois elementos, porque essa área em particular é importante para a diversidade em qualquer ecossistema, existe uma riqueza de trocas e encontros acontecendo "nos limites" de determinado projeto. O design consciente, quando cria as redes de relacionamento de apoio, pode ajudar nessa riqueza.

Quando se constroem relacionamentos e alianças estratégicas, a pergunta a ser feita está associada com o objetivo da relação. O que queremos alcançar? Fazer com que as pessoas tomem uma atitude contra organismos geneticamente modificados (OGMs)? Obter financiamento para um projeto? Mudar o plano de desenvolvimento local para ser capaz de construir projetos de *cohousing* ecologicamente corretos e de baixo impacto? Influenciar a política nacional referente à emissão de dióxido de carbono? Qualquer que seja o objetivo, precisamos pensar sobre nossa influência e a maneira de aumentá-la. A influência está relacionada com os recursos, a perseverança e geralmente com posição ou *status*, mas também pode estar ligada à nossa capacidade de estabelecer alianças e parcerias certas.

Uma rede de conexões

O primeiro passo para o design consciente de redes de relacionamento é avaliar todas as conexões que os participantes têm, identificar pessoas e organizações com as mesmas opiniões, assim como aqueles de que precisamos para exercer influência, a fim de avançar com a causa. Em geral, relacionamentos de influência ocorrem quando visões de mundo diversas se encontram. Se entre nossa rede de contatos podemos identificar aqueles cujas ações e atitudes precisamos abordar a fim de fazer a mudança, estamos fazendo o mapeamento dos limites do projeto e de sua esfera de influência. Essa é a área da tensão criativa, em que lidamos com diversidade e temos a oportunidade de fazê-la trabalhar em nosso favor. Pontos de vista diversos, até mesmo contrários, são necessários para aparar as arestas, rever mensagens e estratégias e expandir nossa visão de mundo.

Alguns critérios que podem ser úteis no processo de mapear nossos contatos e suas contribuições potenciais para o projeto são:

- expertise;
- poder de tomada de decisão;
- acesso a financiamento;
- contatos com autoridades ou outros grupos;
- interesse no projeto;
- disposição de se envolver diretamente.

Frequentemente, quando estamos implantando um projeto orientado para a comunidade ou defendendo estilos de vida mais sustentáveis, enfrentamos resistência e desconfiança, por exemplo, do governo local, da igreja ou dos vizinhos. Nossos adversários, assim como nossos apoiadores, precisam estar incluídos no processo de mapeamento da rede de conexões.

Em termos práticos, cinco questões são úteis nessa análise:

1. Quem são os aliados naturais do projeto, apoiadores e, igualmente, os adversários em potencial?
2. Quais são os interesses e objetivos deles? (Existe algum benefício mútuo; em que ponto, ao longo do caminho, podemos encontrar nosso oponente; como seria estar no lugar dele.)
3. Com quem podemos trabalhar diretamente? Em outras palavras: quem está a nosso alcance?
4. A quem esperamos influenciar durante o projeto?
5. Como podemos incluí-los no processo?

Alguns relacionamentos são naturalmente fortes. Outros precisarão de um esforço considerável para produzir frutos. Terri Willard e Heather Creech, no livro *Strategic Intentions*,[15] falam sobre os seguintes elementos de *estratégia de engajamento*:

- **Fornecer informações:** nesta fase inicial, a informação é divulgada para tornar os responsáveis por tomar decisões, o público em geral e as instituições cientes do projeto e de seus objetivos.
- **Cultivar relacionamentos:** acompanhando questionamentos, marcando encontros presenciais, formalizando contatos, envolvendo-se em conversas, refletindo juntos e respondendo às solicitações.
- **Agir conjuntamente:** por exemplo, finalizando um acordo ou identificando juntos maneiras de avançar no projeto.

Essas são tarefas que consomem tempo e recurso e não podemos ter sempre certeza de que o resultado será o que realmente esperamos. Contudo, o poder das alianças também se encontra no inesperado e em nossa habilidade como grupo de lidar com surpresas e resultados não planejados.

---

15 Willard, Terri; Creech, Heather. *Strategic Intentions: Managing Knowledge Networks for Sustainable Development*. Winnipeg: International Institute for Sustainable Development (IISD), 2001.

Outcome Mapping

O Outcome Mapping, mapeamento de mudanças alcançadas,[16] é um método para planejar, monitorar e avaliar, que tem sido usado no mundo por organizações não governamentais (ONGs), grupos comunitários e instituições, e introduziu o conceito de "parceiros próximos", que são grupos e organizações com quem trabalhamos diretamente e cujas ações, atitudes e relacionamentos esperamos influenciar e finalmente mudar. Sem dúvida, isso pode ser visto como um conceito controverso, mas o interessante é que essa classificação nos faz focar as relações, indica desequilíbrios de poder e questões de controle, chama a nossa atenção para recursos disponíveis e, por fim, nos traz de volta para a visão do mundo que queremos viver e nos torna cientes do tipo de mudança necessária, a fim de nos levar mais próximos de tornar essa visão uma realidade.

Esse mapeamento de mudanças alcançadas pode ser útil em projetos de longo prazo porque delineia os caminhos que levam à realização da visão, começando pela construção de relacionamentos. Uma vez que a rede de contatos foi analisada, as relações próximas escolhidas e as necessidades e possíveis contribuições identificadas, os membros do projeto podem elaborar os *resultados desejados* para cada parceiro próximo. Dependendo do contexto e da natureza do relacionamento, isso pode acontecer junto dos parceiros em potencial. A transparência, a habilidade de participar em diálogos, a capacidade de comunicar as necessidades ou expectativas de alguém e expressar o tipo de função que prevemos para outros aumentam a confiança e a possibilidade de participação. O ideal é que os parceiros tenham a chance de trazer suas próprias percepções da função que exercerão e o resultado do relacionamento que acham que está dentro de suas possibilidades e recursos. Dessa maneira, podemos trazer participação e diálogo para o projeto e, ao mesmo tempo, ter a oportunidade de avaliar sua relevância.

Por que isso nos levaria para mais perto da visão?

Simplesmente porque estamos interconectados, porque nossas fronteiras mudam constantemente à medida que interagimos e porque uma massa críti-

---

16 Elaborado por Sarah Earl, Fred Carden e Terry Smutylo do International Development and Research Centre (IDRC), no Canadá, serviu de inspiração para este artigo.

ca é necessária para criar uma mudança de estado permanente. É importante lembrar que a mudança, o grande "momento decisivo" que sonhamos, é feita de pequenos passos, os quais podem ser avaliados, monitorados e, com sorte, rastreados até as ações que implementamos.

Estar ciente do processo de mudança é tão importante quanto o resultado final. O caminho é o objetivo.

Uma mudança intencional no percurso não acontece sem um considerável esforço de nossa parte. Nossa contribuição para o processo de mudança que visualizamos pode ser mais efetiva se as estratégias estiverem focadas naqueles dentro de nossa esfera de influência e em seus comportamentos. Como próximo passo no processo, os membros das equipes podem trocar ideias sobre o que fazer para provocar as mudanças necessárias na atitude, nos relacionamentos e nas ações dos parceiros próximos. Existe uma mudança de perspectiva de 180° clara aqui: ao olhar para o que o projeto precisa para implementar a visão e com quem precisamos trabalhar, focamos as estratégias que podemos implementar a fim de fomentar a mudança nos outros.

Junto com as estratégias de engajamento descritas anteriormente, o mapeamento de mudanças alcançadas sugere seis tipos de estratégias:

ESTRATÉGIAS DESTINADAS A GRUPOS PARTICULARES, INDIVÍDUOS OU ORGANIZAÇÕES:
- O que pode ser feito para produzir resultado imediato? Por exemplo, fornecer informações sobre o projeto, apresentar resultados de pesquisas e práticas positivas de outros contextos. Em outras palavras: coisas que você faz para "convencer, divulgar e vender o projeto".
- O que será feito para capacitar? Por exemplo, convocar reuniões e treinamentos, provocar novas formas de pensar.
- Como será fornecido o apoio constante ao parceiro próximo? Por exemplo, mentoria, rede de apoio, fornecimento de orientação regular.

ESTRATÉGIAS DESTINADAS AO AMBIENTE DOS GRUPOS, INDIVÍDUOS OU ORGANIZAÇÕES:
- O que será feito para mudar o ambiente físico ou político? Por exemplo, acesso a poderes mais elevados, estabelecimento de orientações e incentivos.
- Como você usará os meios de comunicação ou as publicações? Por exemplo, criando pressão do lado de fora por meio do uso dos meios de comunicação.
- Que redes/relacionamentos serão estabelecidas ou usadas? Por exemplo, alianças com redes e entidades capazes de influenciar.

É claro que as estratégias usadas dependem do tipo de relacionamento. Elas mudarão se nos relacionarmos com uma autoridade local, iniciarmos uma rede de apoio ou tentarmos obter apoio de especialistas. Elas não têm que ser vistas como uma regra, mas nos ajudam a ficar cientes dos recursos e de nossos potenciais, e tornam a influência tangível.

Existe uma grande variedade de ferramentas úteis no design de projetos e na expansão e no engajamento no desenvolvimento de novos relacionamentos desafiadores. O mapeamento de mudanças alcançadas é uma delas. Contudo, o que o diferencia é que, intencionalmente, chama a atenção para o fato de que, quando nós, como membros do projeto, embarcamos nesse caminho, interagimos, aprendemos, adquirimos experiências e as avaliamos, pois também estamos sendo influenciados e, assim, mudamos nossas atividades, atitudes e relacionamentos. A mudança que promovemos retorna para nós mesmos. Esse é um processo de mão dupla, no qual o aprendizado mútuo pode, de repente, virar realidade.

Um estudo de caso: a ecovila de Lebensgarten

Recentemente, a ecovila de Lebensgarten no norte da Alemanha enfrentou desafios relacionados aos planos de abertura de um parque de *motocross* a dois quilômetros do assentamento. O parque seria destinado aos moradores da cidade que queriam desfrutar do esporte motorizado, durante os fins de semana. Esse projeto foi considerado controverso, talvez ameaçando diretamente a existência da comunidade, não só porque significaria um aumento do tráfego, do barulho, da poluição e do risco de vandalismo como também porque questionava os valores da comunidade e o padrão de vida criado por lá em seus 20 anos de existência. Como pioneira em energia solar e tendo colocado na estrada o primeiro carro solar de toda a região, Lebensgarten promove e é um exemplo do estilo de vida que preserva os recursos existentes, em vez de esgotá-los por causa de um passeio rápido de carro. A área destinada ao desenvolvimento esteve praticamente intocada pelo ser humano desde a década de 1960 e, com seus 13 quilômetros quadrados, se tornou um biótopo onde muitas espécies ameaçadas de extinção encontraram seu lugar. Durante a Segunda Guerra Mundial, o lugar foi usado como fábrica de munição, testemunhando a morte e o sofrimento de milhares de trabalhadores da Europa Oriental, e o espírito do passado nazista pesa sobre toda a área. Levando tudo isso em consideração, pensamos que o lugar merecia algo melhor do que ser atropelado por motoqueiros famintos por aventura.

Quando vimos o projeto sendo anunciado no *site* do município e artigos na imprensa local falando sobre ele como se já estivesse acontecendo, decidimos agir. Rapidamente, identificamos nossos aliados e potenciais defensores da vila de Steyerberg. Cada membro da comunidade analisou seus contatos pessoais e percebemos que tínhamos conexões com o Friends of the Earth (FoE), políticos regionais e economistas. Sabíamos que podíamos contar com algumas pessoas na vila (as que sempre apoiaram Lebensgarten), mas que seria necessário um esforço maior para conseguir o apoio do público em geral, que provavelmente acolheria o projeto sem questionar. Estava claro que teríamos pouca ajuda dos políticos locais (que já estavam fazendo do projeto seu carro-chefe antes mesmo de ser oficialmente aprovado pela Câmara municipal) e do prefeito. Com o treinamento de anos em comunicação não violenta e mediação, não foi difícil para os membros da comunidade adotarem uma atitude aberta e de diálogo com os organizadores do projeto. Sabíamos que seria imprudente criar uma dinâmica de "nós" contra "eles" ou focar as diferenças. Concentramo-nos em encontrar pontos em comum e uma solução que beneficiasse a todos os envolvidos. Aquele pedaço de terra é, afinal de contas, um enorme recurso, que pode melhorar mais ainda a região se sua utilização for projetada tendo em mente as necessidades de seus habitantes próximos. Vimos isso como um dever cívico de começar um debate sobre desenvolvimento sustentável na região, informar os moradores, envolvê-los nas discussões e expor os prós e os contras do parque. Analisamos o que as diferentes partes interessadas no projeto (o município, os moradores da vila, os donos de lojas e os hotéis) ganhariam com ele e, apesar de o projeto não recompensar o comércio local consideravelmente, percebemos a necessidade de criar (e publicar) uma visão para aquela área muito mais atrativa para todos, assim como economicamente viável.

Depois de alguns encontros, desenhamos um plano de ação, direcionado principalmente ao investidor e aos moradores da vila. Ao mesmo tempo, começou uma competição para um plano de desenvolvimento alternativo para o terreno.

Por nossa análise de aliados e apoiadores foi possível contar com a ajuda do FoE local e de um especialista em desenvolvimento turístico. Eles trouxeram aspectos da legislação referentes a espécies ameaçadas de extinção, assim como as últimas informações sobre as tendências atuais de atividades de lazer na Alemanha.

Estratégias destinadas aos moradores e ao investidor

- Produção de resultado imediato.
    a) *Moradores e investidor:* apresentamos os fatos sobre o projeto, os relatórios do FoE e a pesquisa sobre tendências de turismo na Alemanha, os quais não prometiam nenhum ganho econômico do parque de *motocross* nem para os investidores nem para o comércio local.

- Capacitação por meio da divulgação de relatórios e informações sobre as alternativas, com que apresentamos um panorama diferenciado e propiciamos o surgimento de uma nova conscientização entre os parceiros próximos.
    a) *Moradores:* solicitamos reuniões públicas e facilitamos as discussões.
    b) *Investidor:* seguindo os conselhos do FoE, um grupo de membros mais antigos da comunidade convidou o investidor (e o prefeito da cidade) para uma caminhada pela floresta que faz fronteira com a área, apresentamos nosso ponto de vista e tentamos persuadi-lo a abandonar o projeto.

- Apoio sustentável para os parceiros próximos.
    a) *Moradores:* começamos a criar uma sociedade civil com base na vila e recebemos moradores querendo se informar ou expressar suas preocupações (pró ou contra o projeto); oferecemos nossas instalações para reuniões e indicamos pessoas para contatos.
    b) *Investidor:* mantivemos os canais de comunicação abertos.

Estratégias destinadas ao ambiente dos moradores e do investidor

- **Estratégias para mudar o ambiente físico ou políticas públicas:** não podíamos mudar ou definir políticas públicas, que poderiam influenciar os moradores ou o investidor.

- **Utilização dos meios de comunicação:** fornecemos todas as informações à imprensa; os membros da comunidade escreveram cartas abertas que foram publicadas pela imprensa local.

- **Redes/relacionamentos estabelecidos ou utilizados:** estabelecemos uma relação próxima com o arquivo que documenta a história local dos tempos da guerra; convidamos especialistas, criamos fortes vínculos com a FoE, fizemos contato amistoso com políticos regionais, esperando fornecer informações mais precisas para o investidor e os moradores.

Nunca saberemos que tipo de efeito essas estratégias tiveram, mas alguns meses depois, o investidor, por razões desconhecidas, decidiu retirar-se do projeto. Não é necessário dizer que ficamos aliviados. Contudo, percebemos um resultado inesperado: quando surgiram planos para moinhos de vento e uma instalação de biogás para o mesmo pedaço de terra, alguns meses depois, Lebensgarten foi consultada primeiro.

Agnieszka Komoch trabalha como consultora independente com organizações e instituições que propõem soluções concretas para nossa crise ambiental e social. Os temas de seus trabalhos incluem ecovilas e moedas complementares, entre outros. Foi participante ativa na Global Ecovillage Network (GEN), ajudando a estabelecer sua filial europeia durante cinco anos. Agnieszka tem mestrado em estudos latino-americanos e semiótica de universidades na Dinamarca, Espanha e Argentina.

> Daniel Greenberg, fundador da Living Routes, mostra o que o mundo acadêmico e as ecovilas podem aprender um com o outro. Juntos, podemos transformar o ensino superior em um solo fértil que cultive conhecimento e projetos que apoiam a regeneração de nosso planeta.

Ecovilas e mundo acadêmico

Daniel Greenberg

Vivemos em um momento singular, não apenas da história humana como também da história *planetária*. Da guerra do Iraque às guerrilhas em florestas tropicais, do mercado global ao aquecimento global, está claro que *temos* que aprender a viver de forma a honrar toda a vida. Mas, como espécie, os humanos parecem quase despreparados, em termos evolutivos, para tratar das questões globais com as quais nos defrontamos. Em geral, os negócios seguem adiante como sempre; os governos, na melhor das hipóteses, se preocupam com o futuro apenas até as próximas eleições; e, como disse o professor do Oberlin College, David Orr: "Ainda educamos os jovens como se não houvesse uma emergência planetária".

Precisamos, agora, nos mover além da Era Industrial e começar a treinar os líderes do século XXI, líderes que saibam como *curar* a Terra, desenvolver economias duráveis e comunidades sustentáveis. Mas como? Einstein disse uma vez: "Não podemos solucionar os problemas usando o mesmo tipo de raciocínio usado quando os criamos". Então, talvez, também precisemos nos mover para além das torres de marfim do mundo acadêmico tradicional e construir *campi* e pedagogias que sejam mais bem capacitados para um futuro sustentável.

Mundialmente, as ecovilas lutam para criar estilos de vida de alta qualidade, saudáveis *e* de baixo impacto ecológico. Essas ecovilas estão elaborando e refinando ferramentas ecológicas e sociais, como os sistemas de energia renovável em escala comunitária, o design ecológico, a agricultura orgânica, a nutrição e a saúde holísticas, as tomadas de decisão por consenso e as práticas de atenção plena, como ioga e meditação.

Cada vez mais, as ecovilas têm sido usadas como *campi* onde os alunos aprendem sobre sustentabilidade, enquanto, de fato, vivem essa realidade.

As ecovilas Crystal Waters (Austrália), Findhorn (Escócia) e Auroville (Índia), além das norte-americanas Sirius, EcoVillage at Ithaca, The Farm e Earthhaven, já são consideradas um sucesso na atuação como centros educacionais e na geração de parcerias permanentes com agências governamentais, centros de pesquisa e escolas de ensino superior. E organizações como a Living Routes estão ajudando a unir as ecovilas e o mundo acadêmico por meio da criação de programas semestrais de nível universitário baseados em ecovilas ao redor do mundo.

Por que o mundo acadêmico precisa das ecovilas

Para entender por que as ecovilas oferecem os *campi* ideais para a educação em sustentabilidade, precisamos compará-las com as universidades tradicionais. Independentemente de que matérias os alunos cursem, a lista a seguir ilustra o currículo oculto, ou "metanarrativa", como diria Chet Bowers, que os alunos aprendem simplesmente pela participação e pelo envolvimento diários:

Conservador versus *experimental*

As universidades costumam estar sobrecarregadas de burocracias complexas e levam tempo para mudar. Na verdade, a estrutura básica das universidades não mudou significativamente desde a Idade Média.

As ecovilas são "laboratórios" físicos e sociais, experimentando novas tecnologias, estruturas sociais e visões de mundo. Tendem a ter uma mentalidade de tentativa e erro e são rápidas em se ajustar às condições, aos desafios e às oportunidades mutáveis.

Hierárquico versus *heterárquico*

A estrutura de poder das universidades é bastante hierárquica, com poder emanando de um presidente, descendo para os diretores, os reitores, o corpo docente e, no nível mais baixo, os alunos. O objetivo oculto consiste na adoção de "poder sobre os demais" e na submissão à autoridade, que é coerente com a atitude convencional de que a humanidade está destinada a dominar e subjugar a natureza.

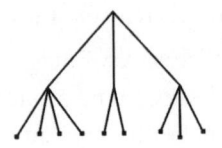

Nas ecovilas, há uma grande diversidade de relações e os membros tendem a interagir mais ou menos em pé de igualdade. Os indivíduos podem cozinhar uma refeição juntos um dia, participar de uma reunião de orçamentos em outro e, quem sabe, colher hortaliças em outro dia. Esse conjunto de relações ajuda os membros a se conhecer em níveis variados e a melhor entender a complexidade dos sistemas de moradia.

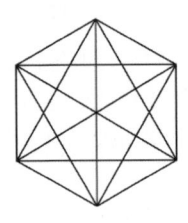

Competitivo versus cooperativo

As universidades são competitivas em todos os níveis: entre os alunos pelas melhores notas; entre os professores por verbas, estabilidade e reconhecimento; e entre escolas por prestígio e recursos.

Embora exista competição nas ecovilas, no geral, há uma tendência para a cooperação, com os membros assumindo tanta responsabilidade quanto estão dispostos a arcar. O sucesso dos indivíduos costuma ser visto como inerentemente atrelado ao sucesso da comunidade como um todo.

Conhecimento fragmentado versus transdisciplinar

As universidades têm respondido à crescente gama de geração de conhecimentos com cada vez mais subespecializações das disciplinas. Pat Murphy, diretor de serviços comunitários em Yellow Springs, Ohio, faz referência à mentalidade de "armazém" da educação superior, em que as instituições "acumulam" conhecimento dentro de contêineres que são funcionalmente isolados uns dos outros.

As ecovilas reconhecem que as questões da vida real raramente existem dentro dos limites das disciplinas. Por exemplo, a decisão de construir um moinho de vento requer conhecimento nos campos de tecnologias apropriadas, engenharia, planejamento regional e comunitário, administração pública e até mesmo sociologia e antropologia. A decisão de criar uma fazenda orgânica cruza as disciplinas de agricultura, nutrição, filosofia e ética, negócios, educação e comunicação, entre outras. Mesmo sendo capazes de treinar especialistas, as ecovilas são singularmente aptas e equipadas a treinar os tão necessários *generalistas*, detentores de um rigor "lateral" por meio das disciplinas, a fim de complementar o rigor "vertical" dentro delas.

Comunidade acadêmica versus viver em comunidade

Muitos alunos declaram que "adquirir um senso de comunidade" é uma motivação inicial para ir à faculdade. Embora isso seja algo, sem dúvida, possível, também é verdade que a maioria das relações no meio acadêmico é mediada por papéis específicos e, de certa forma, restritivos (aluno-professor, colega de pesquisa, colega de classe etc.).

Se um senso de comunidade é o objetivo, não seria mais satisfatório mergulhar em uma comunidade "viva" na qual os membros tenham ampla variedade de relações, abracem uma visão comum e estejam comprometidos com o crescimento e desenvolvimento, de longo prazo, uns dos outros? Turmas pequenas, o uso de métodos de avaliação autênticos e a criação de "comunidades de aprendizado", nas quais os alunos tenham oportunidades de refletir e compartilhar profundamente sobre suas experiências, auxiliam seu aprendizado e crescimento.

Acredito que os humanos estão "programados" para a comunidade e tendem a estar em harmonia com instituições de escala humana nas quais possam tanto conhecer como ser conhecidos pelos outros. Margaret Mead, antropóloga reconhecida, observou que, em 99,9% de nossa evolução, vivemos em tribos. Muitas pessoas em países modernos, "desenvolvidos", perderam o senso de comunidade de forma tão severa que seus conhecidos mais próximos são personagens de programas de TV. O sentimento de pertencimento que os alunos experimentam em ecovilas desperta e concretiza uma necessidade que muitos nem sequer imaginavam ter. E, uma vez nutrido, esse sentimento de pertencimento tende a se expandir para incluir até mesmo comunidades cada vez maiores, humanas e não humanas.

Teórico versus aplicado

Os acadêmicos tendem a ficar em sua cabeça (e em suas poltronas) e mantêm uma perspectiva alheia e teórica do mundo. Os pesquisadores usam o mito da "objetividade" como justificativa para se manter distantes de seu objeto de estudo e, como consequência, normalmente geram conhecimento, mas raramente sabedoria.

As ecovilas, com o propósito de sobrevivência e prosperidade, devem se concentrar em conhecimento e sabedoria práticos que podem ser aplicados em situações do mundo real. A teoria está a serviço "do que funciona", em vez do contrário. As ecovilas são, inerentemente, "experimentais", uma palavra que muitos universitários relutam até mesmo em usar. Os alunos afirmam frequentemente que aprendem mais com estágios e oportunidades de aprendizado em serviço do que até mesmo nos melhores seminários.

Secular versus espiritual

Boa parte das universidades é muito pragmática e também costuma separar nossa mente de nosso coração, preocupando-se, em geral, apenas com a mente. Como resultado, geralmente defendem uma visão mais cartesiana do universo como uma máquina sem alma que será manipulada e controlada pelos humanos.

Enquanto algumas são explicitamente religiosas, a maioria das ecovilas abraça um arcabouço espiritual mais amplo e eclético, cujos membros são estimulados a manter-se "em processo", engajados em grandes questões da vida e de seu propósito. A ioga, a meditação e o silêncio são características comuns de muitas ecovilas, e alunos em programas da Living Routes estão em uma busca espiritual como uma maneira de refletir seriamente sobre suas relações consigo mesmos, com os outros e com o mundo.

Grandes pegadas ecológicas versus pequenas pegadas

As universidades estão começando a incorporar designs e construções mais ecológicos, mas, em sua maioria, ainda são instituições intensamente dependentes de recursos, não muito atentas aos impactos que causam na região ou no mundo. A reciclagem e as lâmpadas fluorescentes compactas são fenômenos recentes em muitos *campi*, e poucos deles tentam comprar alimentos locais – isso sem falar de orgânicos.

As ecovilas batalham para viver bem, ainda que de forma leve. Enquanto muitos imaginam que elas aspiram por autossuficiência, isso nem sempre é preciso. A maioria enxerga sua biorregião e bacia hidrográfica como uma unidade de terra e cultura que deveria se tornar mais independente. As ecovilas normalmente servem como catalisadoras regionais para a redução de impactos ecológicos, dando suporte a iniciativas locais, como a agricultura orgânica e as redes de distribuição local, para que os recursos não tenham que ser transportados por longas distâncias.

Interculturalidade versus *imersão cultural*

Grande parte dos *campi* matricula alunos de origens culturais variadas. Contudo, esses estilos e tradições são normalmente integrados à grande mistura da cultura acadêmica, com poucas oportunidades de expressão ou intercâmbio cultural.

Nas ecovilas, talvez por serem comunidades mais "de vida" que "acadêmicas", os membros costumam expressar suas raízes culturais de forma mais plena por meio de festivais, de rituais, da língua e da comida. Além disso, em ecovilas tradicionais indígenas, os alunos têm a oportunidade de mergulhar de verdade em culturas vívidas e ricas, que honram o passado e alcançam, de forma consciente, o futuro. Por exemplo, nos programas da Living Routes no Senegal, alunos americanos e senegaleses se juntam para explorar o desenvolvimento de comunidades sustentáveis em ecovilas indígenas, o que oferece contextos ricos para intercâmbio intercultural e conhecimento. Esses programas normalmente são experiências marcantes, nas quais os estudantes vivem e adotam maneiras totalmente novas de ser e pensar.

Voltado ao problema versus *voltado à solução*

Por último, mas talvez mais importante: as universidades costumam se concentrar principalmente em dissecar e compreender "problemas". É obviamente essencial que continuemos a estudar e entender melhor as questões locais e globais sérias que nos cercam. Mas chega um ponto em que os estudantes "entendem" que precisam fazer algo ou correm o risco de se sobrecarregarem de negatividade e desespero. Ou pior, alguns deles ficam emocionalmente entorpecidos em um esforço inconsciente para defender seu coração contra os problemas sociais e ecológicos aparentemente intransponíveis que afligem a humanidade e a Terra.

As ecovilas oferecem oportunidades importantes aos estudantes para se tornarem parte de uma solução e aprenderem como podem fazer uma grande diferença no mundo. Não são utopias, mas, depois de passar algum tempo vivendo e aprendendo em uma ecovila, os estudantes nunca mais poderão dizer "Não dá para fazer", porque eles veem pessoas totalmente empenhadas em ter um meio de vida correto e criando um futuro sustentável. Cabe aos alunos, então, se perguntarem: "O que *eu* farei? Como *eu* posso fazer diferença em minha própria vida e em minha própria comunidade?"

Por que as ecovilas precisam do meio acadêmico

As comparações anteriores podem parecer um argumento para correr para longe das universidades tradicionais – e não para andar em direção a elas –, mas existem também razões importantes para a união e o trabalho conjunto.

Primeiro, o meio acadêmico está mudando. Com uma internacionalização crescente do currículo, o interesse em parcerias comunitárias e o reconhecimento da necessidade de designs ecológicos e pesquisa interdisciplinar, as universidades estão começando a enxergar as ecovilas como colaboradoras naturais. Além disso, mudanças tecnológicas como a internet e o ensino a distância estão tornando as grandes infraestruturas de universidades baseadas em *campi* cada vez mais irrelevantes e desatualizadas.

Segundo, as universidades não desaparecerão tão cedo. Nos Estados Unidos, a educação superior é um negócio de mais de 350 bilhões de dólares por ano. Esse é o produto interno bruto (PIB) da Bélgica! E isso não inclui os *trilhões* de dólares investidos em instalações e recursos. Além disso, as universidades estão onde os alunos estão! Dois a cada três formandos do ensino médio nos Estados Unidos vão diretamente para a faculdade e, por todo o país, mais de 16 milhões de alunos estão atualmente matriculados. Ao redor do mundo, existem aproximadamente 88 milhões de estudantes universitários (mais pessoas que a população da Alemanha!). Esse número deve aumentar para 100 milhões em 2010 e, possivelmente, 150 milhões em 2025.

Terceiro, as ecovilas precisam de ajuda para atingir seu potencial máximo. Por mais avançadas que sejam em termos de disponibilização de *campi* para educação em sustentabilidade, acredito que ainda estejam no *jardim de infância* no que se refere ao que é realmente necessário para educar profissionais capazes de construir instituições e sistemas indispensáveis para que um mundo sustentável se torne possível. Embora os programas oferecidos pela Living Routes e pelas ecovilas individuais sejam um bom começo, precisamos colaborar mais com o meio acadêmico para criar "comuniversidades", a fim de que os alunos possam passar *anos* em ecovilas e outras organizações relacionadas e ganhar a base e as habilidades necessárias para entrar no mercado de trabalho como profissionais em campos tão diversos quanto as tecnologias apropriadas, a restauração de *habitats*, a agricultura sustentável, a facilitação de grupos, a saúde holística, o design ecológico e a construção ecológica.

A quarta e mais importante razão pela qual as ecovilas devem alcançar o meio acadêmico é o fato de que alunos em idade universitária representam uma influência poderosa na "Grande Guinada Rumo a uma Era mais Ecológica" do mundo, segundo Joanna Macy. Muitos chamam os membros da população universitária de "adultos emergentes", querendo dizer que eles são maduros o suficiente para fazer grandes perguntas, ainda que também abertos a alternativas radicais e novas direções da vida. Os adultos emergentes são a chave para a disseminação de novos paradigmas; e o mundo precisa desesperadamente de líderes que sejam capazes de pensar (e agir) de forma inovadora. O romancista Frederick Buechner uma vez escreveu que: "A vocação é o lugar em que a felicidade plena de alguém e a grande fome do mundo se encontram". Nunca antes isso foi tão verdadeiro ou necessário. Construir pontes entre ecovilas e o mundo acadêmico é literalmente construir um caminho para um futuro mais sustentável. Que momento maravilhoso para estar vivo! Que honra fazer parte da Grande Virada!

Daniel Greenberg estudou e dirigiu programas educacionais baseados em comunidades por mais de 15 anos. Visitou e se correspondeu com mais de 200 comunidades intencionais dos Estados Unidos para sua tese de doutorado sobre crianças e educação em comunidade. Depois, passou um ano na Findhorn Foundation, na Escócia, trabalhando com crianças e famílias de lá. É fundador e diretor executivo da Living Routes, que desenvolveu programas educacionais baseados em ecovilas credenciadas, as quais promovem desenvolvimento comunitário sustentável. Mora na comunidade Sirius, em Shutesbury, em Massachusetts, nos Estados Unidos, com sua esposa, Monique, e suas duas filhas, Simone e Pema.

> Vivendo e trabalhando no Senegal por muitos anos, Marian divide suas experiências de viver na interface Norte-Sul. Como essas ecovilas podem aprender e se apoiar mutuamente de maneira significativa?

A interface Norte-Sul no Senegal

Marian Zeitlin, Ismael Diallo, Oumar Diene e Henri Lo

A relação de cura

Construídos sobre bases semelhantes, os movimentos de ecovilas nos hemisférios Sul e Norte estão em lados opostos de um processo que está se completando. Como ilustrado na figura a seguir, há um ciclo ascendente desde o estilo de vida pré-industrial, à esquerda, aos excessos da economia de consumo global, no topo. Então, tende a descer, com o movimento de ecovilas de restauração da terra, em direção ao estilo de vida sustentável pós-industrial, à direita. O desafio para as pessoas vivendo no início e no fim dessa jornada é trocar conhecimento nos campos cultural, espiritual, ambiental, econômico e tecnológico, a fim de abrir os portões de uma passagem subterrânea, de escala humana, nesse hiato inferior. Dessa maneira, a maioria da população na Terra, vivendo à esquerda, talvez não tenha de passar pelo desastroso processo de industrialização e globalização que ameaça a sobrevivência humana atualmente.

As comunidades indígenas do Terceiro Mundo precisam acessar e se apropriar de tecnologias pós-industriais que as permitam viver com dignidade e conforto no mundo moderno sem serem exploradas pela indústria global e as forças do mercado. As pessoas da Era Pós-industrial precisam reaprender a sabedoria e o conhecimento indígena, destruídos durante a colonização, a industrialização e a comercialização global. O melhor dos dois caminhos – o superior e o inferior – precisa unir forças. O objetivo do Sul e do Norte é descobrir soluções juntos, o que aqui é representado pela chave, e criar um mundo harmonioso e sustentável.

Nesse trabalho, os moradores das ecovilas das regiões mais pobres do mundo, que continuam tentando sobreviver praticando um estilo de vida econômico e cultural tradicional, adaptado a seus ecossistemas, fornecem uma interface para o Norte redescobrir informações valiosas. Seus bancos de dados de conhecimentos muito antigos são tão valiosos quanto as florestas tropicais primárias e outros ecossistemas onde vivem.

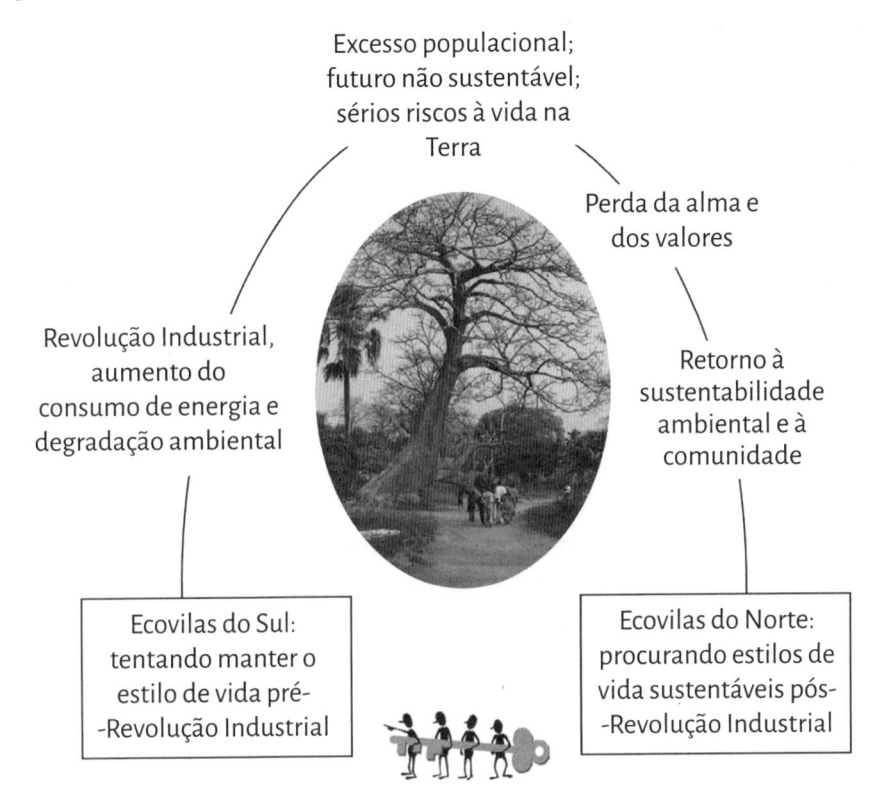

Excesso populacional; futuro não sustentável; sérios riscos à vida na Terra

Perda da alma e dos valores

Revolução Industrial, aumento do consumo de energia e degradação ambiental

Retorno à sustentabilidade ambiental e à comunidade

Ecovilas do Sul: tentando manter o estilo de vida pré-Revolução Industrial

Ecovilas do Norte: procurando estilos de vida sustentáveis pós-Revolução Industrial

Fundamentos comuns no Sul e no Norte

As pessoas da pré e da pós-industrialização compartilham um desejo comum de reparar a Terra e sentimentos bastante similares relativos ao relacionamento entre indivíduos, comunidades e o planeta onde habitamos.

O desejo de reparar o planeta

As comunidades mais ricas e as mais pobres sentem profundamente a necessidade de reverter o enfraquecimento de valores, crenças e estruturas sociais de apoio, e o aumento de práticas econômicas e ambientais destrutivas e mudanças no planeta.

As ecovilas, no Norte e no Sul, esforçam-se ao máximo em sua compreensão e capacidade para proteger, preservar e criar hábitos que promovam a saúde ambiental, econômica, social, cultural e espiritual, a diversidade e a autoexpressão, apoiados em modos de vida de baixo impacto e tecnologias apropriadas.

Percepções similares da Terra

O amor e os sentimentos de lealdade em relação à Terra são compartilhados pela cultura dos movimentos de ecovila dos dois hemisférios. Ao falar sobre esses sentimentos e percepções, as pessoas tendem a trazer argumentos que reiteram e apoiam, de certa forma, explicitamente a hipótese de Gaia. Gaia é o nome da antiga deusa grega da Terra. A hipótese de Gaia, compartilhada pelos membros do movimento de ecovilas do Norte, considera que o planeta e sua biosfera formam um sistema de autorregulação ou homeostático, no qual as formas de vida, a atmosfera, as características físicas e o clima se determinam mutuamente, de uma forma que preserva a integridade do sistema como um todo. O conceito de Gaia conecta visões espirituais nos dois hemisférios da Terra como uma mãe amorosa, de um lado, e preocupações científicas da correlação autorreguladora entre a diversidade de espécies, a qualidade do solo, o clima e outras características da biosfera, de outro lado. Os menos instruídos intuem o que os cientistas concluem.

Atuar localmente

As ecovilas estabelecem sua importância com base no fato de que os sistemas autorregulados cooperam hierarquicamente. Como no corpo humano, as células autorreguladas estão na base dos órgãos autorregulados como o fígado e outras estruturas do corpo. Essas estruturas homeostáticas e autorregeneráveis compõem o corpo físico de formas de vida complexas, autorreguladas individualmente. De modo consciente e inconsciente, os seres humanos regulam seu próprio bem-estar e formam grupos sociais autorregulados. Seguir essa cadeia sugere que as comunidades de base autossustentável, formadas por humanos, por outras formas de vida e por características físicas do meio ambiente, são elementos constitutivos fundamentais, ou microecossistemas, que constituem o mundo como o conhecemos. Isso quer dizer que comportamentos que protegem as necessidades desses assentamentos locais de humanos e de ecossistema também protegem as necessidades globais dos humanos, de outras formas de vida e do planeta.

Aqui está a ciência por trás do lema do movimento ambiental: "Pense globalmente, aja localmente". As ecovilas "agem localmente" de uma maneira holística que cria e mantém uma sustentabilidade autorregulada na comunidade. Os moradores das ecovilas dos dois hemisférios costumam viver na Terra como se fossem elementos vivos das biorregiões vivas de um planeta vivo.

As análises compartilhadas do problema

As ecovilas normalmente identificam no ambiente as mesmas categorias das questões que afetam a saúde e a sustentabilidade de suas comunidades, isto é, a ecologia, a economia, a visão de mundo e o social. Uma preocupação com a necessidade de melhora nessas dimensões une as ecovilas e os programas mundiais de sustentabilidade através de fronteiras culturais e econômicas.

Os anseios profundos dos moradores do Norte e do Sul convergem. Nos exercícios de visionamento, os sonhos dos moradores rurais menos modernizados assemelham-se bastante aos dos mais modernos e urbanos.

Disposição para as soluções nas ecovilas

Muitos moradores estão prontos para o movimento de ecovilas, mas de maneiras um pouco diferentes. Os moradores do hemisfério Norte costumam ter mais recursos materiais, mais educação técnica e tradições culturais mais individualistas, que encorajam maior divergência com relação aos pensamentos e ações dominantes do que as culturas dos moradores do hemisfério Sul. Entretanto, os leitores deste capítulo que são do Norte devem perceber que a devastação que gera mudanças ocorre de modo mais profundo no Sul, onde muitos habitantes e moradores da cidade se sentem arrancados, pela pobreza, de seus modos de vida indígena, seus valores, suas práticas ecológicas e comunitárias, e sua cultura diversa.

Muitos sentem que estão perdendo a luta pela sobrevivência em ambientes cada vez mais degradados e superpovoados, com economias enfraquecidas pelas forças do mercado global. A perda da esperança de sobreviver nas terras de seus ancestrais leva os anciãos a encorajar seus jovens a emigrar para o Norte e abandonar os esforços de melhorar as condições locais de vida que eles enxergam como sem esperança ou temporária. Portanto, os conceitos do movimento de ecovilas podem chegar a muitos moradores do Sul como uma resposta às suas preces e um chamado de retorno para reconstruir a época de ouro de seus ancestrais. Por essas razões, o Senegal, como outros países do Sul, é um solo fértil para a criação de novas redes dinâmicas de ecovilas.

Os papéis das ecovilas do Norte e do Sul na proteção do planeta

É importante notar que as fronteiras entre o Norte e o Sul não estão completamente claras, já que o mundo como um todo está cada vez mais dividido entre a classe consumidora global e os pobres do mundo. Os países ricos têm grandes áreas de pobreza, enquanto os ricos que governam os países pobres, com frequência, vivem estilos de vida exageradamente consumistas. Portanto, a generalização a seguir não é infalível. Geralmente, os consumidores globais nos países pobres vivem nas cidades e são as áreas rurais do Norte e do Sul global que diferem sistematicamente. Em vários casos, intelectuais de elite, nos países pobres, têm criado ou estão criando ecovilas no estilo do Norte. Pelo menos duas ecovilas – Louly Ngogom, no Senegal, e Odi, na Nigéria – estão integrando as abordagens do Norte e do Sul nas comunidades.

Contudo, as ecovilas do Sul, como a do Senegal, diferem em vários aspectos das ecovilas nos países industrializados. Essas diferenças suscitam abordagens diferentes para o design de ecovilas e para o Gaia Education.

A construção da interação exige níveis de compromisso mais profundos do que apenas o lucro.

Preservar a superfície da Terra

Como mencionado anteriormente, uma das maneiras de pensar em ecovilas ou ecocomunidades, rurais ou urbanas, seria como elementos constitutivos fundamentais ou como o caminho da sustentabilidade. Também podemos usar imagens de cobertura do solo, pele ou tecido conjuntivo, protegendo a superfície do planeta e sua biosfera, em conjunto com territórios selvagens nos quais os ciclos de Gaia são relativamente contínuos. Podemos ver o movimento de ecovilas como o grande trabalho de fazer crescer novamente a superfície protetora do planeta. Pensando nessas imagens, os povos indígenas e povos que respeitam o ecossistema ainda vivem em relativa harmonia com sua terra e dedicam-se a um modo de subsistência que protege, em parte, a integridade da membrana da superfície.

Grandes áreas do Sul ainda estão relativamente protegidas no sentido de que seus habitantes são agricultores orgânicos tradicionais, moradores de aldeias, colonos ou nômades. Apesar do mercado global, que transforma a natureza, a terra e os homens em mercadorias, e avança rapidamente nessas áreas, extensos territórios protegidos permanecem preservados no Sul. Em contraste, no Norte, o dano à superfície da Terra já está praticamente completo e as áreas de ecovilas existem como um curativo cobrindo pequenos pedaços de terra, que, fora isso, estão profundamente danificados por poluição química, erosão, estradas que aprisionam a vida selvagem, administração destrutiva da água etc. No Norte, o dano à superfície terrestre já está muito avançado.

A mudança de paradigma

Contudo, seria um erro colocar um grande foco no Norte ou no Sul apenas. A famosa citação da antropóloga Margaret Mead – "Nunca duvide da habilidade de alguns indivíduos dedicados de mudar o mundo" –, refere-se às formas pelas quais as ideias e tendências transformadoras podem ganhar força e criar mudanças globais em visões de mundo e estilos de vida. Com as informações tecnológicas atuais, o movimento de ecovilas dificilmente está limitado a uma parte específica do planeta. A condição das tecnologias de última geração no Norte pode juntar forças com a consciência coletiva e o fluxo igualitário da existência humana preservada no Sul, para transformar o planeta não só no nível da ecovila como também nos níveis mais altos da política. Quando os paradigmas sociais mudam, as condições físicas e sociais podem mudar logo em seguida.

As principais diferenças entre os dois lados da relação

Comunidades por escolha no Norte versus comunidades por necessidade no Sul

As ecovilas "do Norte" são tipicamente comunidades intencionais de dez a menos de 500 membros. Por meio de um plano de participação, primeiro compram a terra e então projetam e constroem, em harmonia com o meio ambiente, casas, locais de trabalho, hortas ou fazendas orgânicas e áreas comuns. De maneira social, cultural e espiritual, lutam para criar comunidades dinâmicas, fundamentadas na economia local sustentável e em serviços sociais essenciais, incluindo educação e assistência médica. Pessoas com recursos financeiros e forte experiência educacional criam esse tipo de ecovila. Porém, à medida que se comprometem com o estilo de vida sustentável da ecovila, sentem dificuldade para sobreviver com os desafios e problemas financeiros que vêm junto com as escolhas de vida que são incomuns em suas sociedades. As ecovilas do Norte são comunidades por escolha, cujos membros escolhem livremente entrar e sair do grupo.

No Senegal, as ecovilas são aldeias que solicitaram adesão à Global Ecovillage Network Senegal (GENSEN) e têm participado de exercícios de acreditação, na forma de uma avaliação educacional e participativa, com relação a quanto já avançaram na proteção das quatro dimensões da herança dos ancestrais da aldeia: sociedade e cultura, recursos naturais, economia e *habitat*. As primeiras seis ecovilas, que se encontraram mensalmente durante o ano de 2001 para criar o GENSEN, produziram os modelos que servem tanto para fazer com que as ecovilas se tornem conhecidas como para reconhecer as aldeias.

Geralmente, são aldeias tradicionais rurais de baixa renda, de 100 a 5 mil membros, que fazem parte da aldeia por necessidade, visto que cada membro depende do outro para sobreviver com relativa harmonia em um meio ambiente frágil. Suas famílias inter-relacionadas têm vivido juntas na terra por gerações. No Senegal, uma associação da aldeia local serve como representação administrativa e educacional da ecovila, responsável pela liderança e por ensinar os valores e práticas para o resto da aldeia.

Viver à margem no Norte versus a sociedade dominante no Sul

Em relação ao governo, à disponibilidade de fundos públicos e de assistência ao desenvolvimento, e às dinâmicas de redes de relacionamentos, a rede senegalesa de ecovilas, GENSEN, é diferente de sua rede-mãe, a GEN Europa. Enquanto as ecovilas ainda são secundárias no processo de financiamento e planejamento na União Europeia (UE), o conceito de ecovila é aceito como parte da corrente dominante no Senegal.

Em muitos países africanos, uma combinação da falta de recursos do governo e as dinâmicas ativas e autossuficientes de moradores tradicionais conduziram, há alguns anos, a políticas que delegam a proteção dos recursos naturais aos moradores rurais e, em particular, a seus grupos de mulheres. O Fundo Global para o Meio Ambiente (GEF; do inglês, Global Environment Fund), por exemplo, tem como alvo seu programa de pequenos subsídios às aldeias rurais que trabalham juntas com organizações não governamentais (ONGs), as quais fornecem aos moradores treinamento e outras formas de assistência técnica. Um dos objetivos principais é ensinar e envolver os moradores na proteção e colheita racional de recursos naturais ameaçados nas terras protegidas do parque nacional. O ecoturismo é uma das principais estratégias do governo para auxiliar os moradores a gerar receita, tornando desnecessária a colheita de espécies ameaçadas.

Colaboração ativa e ajuda mútua entre projetos em rede no Sul

O fato de as ONGs agirem na intermediação técnica entre os financiadores e as aldeias na África levou a GENSEN a incluí-las como membros da rede. Os fundadores dessas ONGs tendem a ser empreendedores idealistas, ansiosos para ajudar os moradores a melhorar as condições ambientais e sociais e, assim, compartilhar seus serviços pela rede. Na Europa, o conhecimento técnico reside nas próprias ecovilas.

A sede da GENSEN e o centro EcoYoff Living and Learning oferecem regularmente programas de treinamento que reúnem os representantes das ecovilas, em diferentes aldeias. Durante esses treinamentos, os representantes das ecovilas visitantes trabalham em conjunto com os moradores locais para implementar as tecnologias ecológicas que são o tema do treinamento. Isso cria uma dinâmica de assistência comunitária e um compartilhamento entre as aldeias e através delas. Os acampamentos de trabalho de reflorestamento e as feiras de ecovilas anuais, realizados durante a estação chuvosa, são eventos regionais planejados e executados pelas ecovilas de diferentes regiões que trabalham juntas. Os membros da GEN Europa colaboram virtualmente pela internet, escrevendo artigos para revistas com propósito de financiamento e reunindo-se para realizar eventos promocionais.

Os desafios para a educação e o alcance no grande hiato

Os melhores materiais de ensino sobre como construir ecovilas têm sido escritos e publicados pelo Gaia Education. Contudo, esses materiais são destinados principalmente a pessoas com instrução que estejam procurando criar ecovilas no mesmo modelo do Norte. Os programas EcoYoff e Living Routes encontram os seguintes problemas para ensinar e receber ensinamentos de povos indígenas analfabetos e semianalfabetos:

- Vivenciamos uma confusão de papéis e uma dupla programação. Como professores, também somos alunos viajando em direção ao desconhecido. Podemos sentir que estamos fazendo uma peregrinação para revisitar a nós mesmos dezenas, centenas e, às vezes, milhares de anos atrás, esperando recuperar e proteger conhecimentos perdidos.
- Ao descobrir nossos familiares perdidos em um vale escondido e desconhecido, subitamente expostos a ameaças ao seu meio ambiente, não podemos apenas explicar para esses moradores o que fazer. Precisamos acompanhá-los nessa jornada.
- Nós que não crescemos na terra, incluindo intelectuais africanos e estudantes universitários, não podemos sentir plenamente como eles sentem, pensar como eles pensam, agir como eles agem, seja individualmente, seja em termos de dinâmica de grupo.
- Temos dificuldades em criar material didático adequado e explicar conceitos abstratos.
- Muitos dos responsáveis pelas decisões e autoridades na cultura e tecnologia tradicionais guardam seus segredos para serem ensinados somente por meio da iniciação ou para membros escolhidos e confiáveis.
- Eles (e nós) são incapazes de entender completamente:
  - como a modernização ameaça sua subsistência e invade seus estilos de vida.;
  - que meios de subsistência serão realmente capazes de mantê-los sob as condições de modernização;
  - o valor para eles, para nós e para o mundo dos métodos antigos que muitos estão abandonando;
  - como se mover para além da inércia cultural para incorporar tecnologias apropriadas, como práticas de higiene que diminuem taxas de doença e mortandade, e fornos solares que protegem a cobertura terrestre;
  - como nós, que somos do Norte, podemos incorporar em nossa vida a riqueza que eles possuem e que nós perdemos.

E a satisfação de viver no caldeirão

A interface em que o Norte encontra o Sul, em regiões indígenas pobres, é o caldeirão onde as velhas e novas maneiras se fundem para restaurar a Terra. Ser parte desse processo pode ser muito inspirador. Os caminhos para chegar lá incluem cursos, estágios, visitas voluntárias, pesquisa, ação participativa e projetos de desenvolvimento envolvendo especialistas, estudantes e moradores. Incluem também o trabalho contínuo de criar uma estrada de conhecimento nessa interface que requer meses e anos de boa e gratuita cidadania dedicada a criar nosso mundo de ecovilas pós-industrial. A internet, o Skype, as *webcams* e outras tecnologias de comunicação ajudam os moradores do Norte a fazer a escolha de viver e trabalhar no Sul, tornando a vida cada vez mais parecida com a vida em qualquer outro lugar do planeta. Felizmente, a mágica dos modelos antigos e o poder da transformação no caldeirão atraem colonos do Norte e do Sul a passar períodos cada vez mais longos de sua vida aqui.

A doutora Marian Zeitlin dirige o EcoYoff Living and Learning, estabelecido pela Global Ecovillage Network (GEN), em 2001, em Yoff, Dacar, no Senegal. O EcoYoff é o centro de treinamento dos 33 membros da rede de ecovilas do Senegal (GENSEN) e oferece estágios e cursos universitários nas ecovilas com o programa Living Routes. Ismael Diallo é o presidente. O doutor Oumar Diene é o secretário da GEN Senegal e o diretor-assistente do programa EcoYoff. O doutor Henri Lo ensina desenvolvimento sustentável na Université de Dakar e é o diretor acadêmico dos programas semestrais de Living Routes do EcoYoff.

> Escrito especificamente para os jovens, este artigo descreve a lenda viva de La Caravana e suas origens no idealismo dos anos 1960. Em sua viagem através da América do Sul, La Caravana tem sido um experimento itinerante de vida comunitária e um meio artístico e inspirador de projeção – e agora está pronta para uma de suas maiores aventuras.

La Caravana Arcoiris por la Paz: a perspectiva biorregional e planetária na América do Sul

Alberto Ruz

De volta aos anos 1960

Nos anos 1960, quando eu tinha cerca de 20 anos e fazia parte de uma geração de rebeldes e sonhadores, John Lennon descreveu muitas das visões mais profundas a respeito do mundo em que queríamos viver. Ele nos convidou a IMAGINAR um mundo sem guerras, prisões, hospitais psiquiátricos, fronteiras, fome, medo, governos injustos, partidos políticos corruptos e igrejas fundamentalistas. Disse que, sim, podíamos ser sonhadores, mas não éramos os únicos, e anteviu que o mundo poderia mudar se mais visionários, poetas, ativistas e trabalhadores sociais surgissem por todo o planeta. John Lennon também declarou um dia que "o sonho havia acabado" e foi baleado na rua, sem razão aparente, apenas porque há sempre alguém que acha que o mundo está bem tal como está e que, de qualquer forma, nada pode mudar, independentemente do que tentemos fazer.

Crescemos com essas duas opções e, com o passar dos anos, a maioria de meus amigos decidiu que era inútil tentar criar um mundo melhor, que a Matriz havia tomado o controle e que era melhor se adaptar às coisas como estavam e tirar proveito do sistema tanto quanto possível e enquanto ele durasse. Poucos de nós escolheram, em vez disso, continuar tentando fazer coisas que pudessem melhorar não só nossa situação pessoal como também a do resto do mundo. Talvez coisas pequenas, talvez projetos minúsculos, mas, pelo menos, decidimos não desistir e continuamos até hoje, com 60 anos, a criar um mundo tal como imaginamos quando éramos jovens.

Neste artigo, compartilharei algumas histórias sobre minha vida, pois elas também ilustram a vida de muitos outros como eu – pessoas que fazem pequenos gestos para preservar a esperança no coração dos jovens, os herdeiros deste planeta.

Depois de quatro anos de vida acadêmica em várias faculdades de uma universidade na Cidade do México, descobri que nenhuma das carreiras oferecidas podia satisfazer minha necessidade de conhecer tudo que ansiava aprender. Queria saber sobre outras culturas, ajudar pessoas desprovidas de bens, tentar novas experiências, aprender a usar minhas mãos, e não só a cabeça, falar outras línguas, conhecer pessoas de todos os setores da vida, criar peças teatrais, escrever histórias, fazer filmes, tocar música, viver com meus melhores amigos... e construir nossa própria comunidade.

Quanto mais eu lia sobre o que estava acontecendo no resto do mundo, mais pensava e acreditava que o sistema inteiro precisava de mudanças radicais e que, se não começássemos a fazer tais mudanças, não poderíamos esperar que os outros as fizessem por nós. Não tínhamos uma ideia clara do que queríamos ou como poderíamos construí-lo, mas, como Jim Morrison disse em uma de suas canções: "Queríamos o mundo, e queríamos... AGORA!!!!"

As principais estratégicas eram o protesto e a resistência: primeiro em casa, depois nas salas de aula, no *campus*, nas ruas e, por fim, nas principais cidades dos quatro continentes. Em 1968, quando eu tinha 23 anos, era como se nós, os jovens radicais da América do Norte, do México, da Europa, da Austrália e do Japão, tivéssemos nos tornado uma guerrilha contracultural urbana planetária, apoiando as lutas anticoloniais e anti-imperialistas na América Latina, no Vietnã e em muitas nações africanas. Ao mesmo tempo, outra parte de nós estava virando um exército pacífico de hippies coloridos, levantando as bandeiras da paz e do amor e pedindo pela manifestação do PARAÍSO, AGORA!!!

Voltar para o mundo real?

Depois das grandes festas culturais e revolucionárias, dos festivais, dos concertos, dos protestos, das marchas e das barricadas que montamos para enfrentar os altos poderes, a sensação era de que "o sonho havia acabado" e era hora de "voltar para o mundo real". Muitos jovens ficaram com medo ou cansados das surras, das prisões, da perseguição, dos julgamentos, da marginalização, da escassez e de todos os problemas provenientes dos "novos caminhos" que tentamos seguir sem ter a mínima ideia de como torná-los sustentáveis. Frustrados com os esforços de criar casais, famílias, comunas, fazendas e cooperativas urbanas, todos novos e "abertos", acabamos por ficar com muitos dos problemas do mundo "lá fora": lutas por poder, guerras de gênero, economias dependentes, fanatismo, abuso de drogas, liberdade sem responsabilidade, crianças sem orientação e uma falta de reconhecimento do resto do mundo.

Eu mesmo vivi muitos desses fracassos, mas, com outros, começamos a aprender com nossos erros, ficamos de pé e seguimos em frente. Como Lao Tsé disse, o caminho para a liberdade é longo e sempre começa com um único passo. Em meados dos anos 1970, tendo feito parte das revoltas contraculturais no México, nos Estados Unidos, na França, na Espanha, na Holanda, na Itália, na Inglaterra, na Alemanha e na Escandinávia, formamos, com um grupo internacional de pessoas, uma tribo sólida, coletiva e nômade, que batizamos na Índia como: Hathi Babas Transit Ashram Commune (Comuna Ashram Intinerante de Hathi Babas). Elegemos o teatro como nosso caminho, tanto para preservar nossa unidade como para ter algo para oferecer às comunidades que visitamos em nossas viagens.

Depois de 13 anos na estrada como uma companhia itinerante, percebemos que podíamos continuar a viver como uma família estendida, que, em certo momento, consistia em sete ônibus, 20 adultos e 12 crianças nascidas nos quatro cantos do mundo. Também descobrimos que não estávamos sozinhos em nossa busca. Em 1976, nos encontramos com a Nação do Arco-Íris, em uma reunião intertribal na Califórnia, e, durante a década seguinte, ajudamos a fortalecer a rede dispersa de herdeiros dos anos 1960, que agora adotou o nome de Guerreiros do Arco-Íris.

Huehuecoyotl

No início dos anos 1980, decidimos que era hora de abandonar ou, pelo menos, deixar descansar nossos velhos ônibus por um tempo e começar a construir uma comunidade mais sólida. Alguns anos depois, fundamos a Huehuecoyotl, uma ecovila incomum nas montanhas Tepozteco, na região central do México. Pelos 14 anos seguintes de minha vida, Huehuecoyotl tornou-se o centro de todas as minhas atividades. Entreguei-lhe toda a minha paixão, todo o meu tempo e todos os meus recursos, até que ela se converteu em um centro aberto e reconhecido para as artes, a ecologia e todas as formas não sectárias de espiritualidade. Nos 24 anos seguintes, milhares de pessoas visitaram esse laboratório experimental de ecotopia e participaram de um ou mais de nossos eventos multiculturais e educacionais.

Desde 1984, Huehuecoyotl também passou a ser um caldeirão que já preparou muitas ações locais, nacionais e internacionais. Muitas pessoas diferentes, como ativistas e representantes da Nação do Arco-Íris, do movimento biorregional internacional, do movimento mundial pela paz 13 Luas, da Global Ecovillage Network (GEN) e da Ecovillage Network of the Americas (ENA), além de muitas outras redes; líderes indígenas e guias espirituais de diversas crenças; e artistas de todas as partes do mundo se reuniram e fizeram apresentações, ministraram palestras e *workshops*, realizaram encontros e congressos, celebraram cerimônias e desfrutaram de festivais respeitando todas as fés e práticas. Hoje, estudantes de universidades do México, dos Estados Unidos e da Europa congregam-se todos os anos para frequentar cursos sobre uma gama extraordinariamente ampla de assuntos que vão desde a cura tradicional e a sabedoria dos anciãos, passando pela facilitação do consenso e pela vida em uma ecovila, até a percussão africana, a capoeira e a criação de materiais audiovisuais. E talvez, principalmente, para experimentar o que conservamos de nosso sonho original de uma comunidade alternativa baseada em um conjunto de valores distintos dos da Matriz.

Em 1990, Huehuecoyotl foi também o berço de um movimento que uniu grupos de todo o México, o Consejo de Visiones para la Acción Biorregional, uma adaptação sulina dos melhores princípios do biorregionalismo do Norte. Esse evento deu origem a encontros anuais, cada um em uma biorregião distinta, acolhidos por um grupo local ou uma rede informal de movimentos. Houve um destaque em 1996, quando organizamos o I Conselho Biorregional das Américas, unindo mais de 1.200 ativistas de mais de 30 nações para uma Vila de Paz montada em um lugar chamado Meztitla.

La Caravana

Enquanto isso, também em 1996, com um grupo jovem de aventureiros e um casal de veteranos dos anos 1960, decidi iniciar um novo projeto que chamamos de La Caravana Arcoiris por la Paz (A Caravava Arco-íris pela Paz). Seu objetivo principal, além de viajar pelo hemisfério Sul, era compartilhar nossas experiências, tanto com as pessoas que participavam da jornada como com as comunidades e os indivíduos que conheceríamos no caminho.

Desde que partimos, quase dez anos atrás, a Caravana Arcoiris se tornou, para alguns, uma "lenda viva". Nunca será um projeto ideal, porque projetos ideais só existem em nossa imaginação. Eles também são o produto de nossas expectativas, ilusões, sonhos e pesadelos. A realidade sempre é muito mais fluida e complexa do que isso. Os indígenas maias zapatistas dizem: "Não basta sonhar agora, precisamos acordar..." E, quando acordados, eu acrescentaria, temos que começar a criar a visão que tivemos em nosso sonho. Um herói cultural do passado disse uma vez que é sempre melhor "morrer tentando" do que "morrer de joelhos" pensando que, não importa o que se faça, tudo acabará sendo igual. E é por isso que a Caravana, independentemente de qualquer coisa, é um ótimo projeto para todos aqueles que entram em contato com ele.

A Caravana, em seus mais de nove anos de estrada, viajou por boa parte da América Central, Chiapas (sul do México), Guatemala, São Salvador, Honduras, Nicarágua, Costa Rica, Panamá e nas ilhas Kuna. Daí, depois de muitas aventuras, conseguimos atravessar nosso ônibus, pela passagem Darién, de navio até a Colômbia. Uma vez em terra firme, passamos mais de um ano em cada um dos países a seguir: Venezuela, Colômbia, Equador, Peru e Chile; assim como vários meses na Amazônia, na Argentina, no Uruguai e, agora, no Brasil, onde estou escrevendo esta história.

Em nossa jornada, visitamos muitas comunidades indígenas. Este ano, visitaremos os povos Tucano, Xavante e os do Xingu, aqui no Brasil. Cada um desses povos detém um pedaço do quebra-cabeça singular que define a rica diversidade deste continente. Ter a oportunidade de passar algum tempo com os povos dessas nações me tornou mais rico do que qualquer trabalho poderia ter feito nesse meio-tempo. Também compartilhamos o melhor de nós mesmos e espero termos dado tanto quanto recebemos.

Visitamos dezenas de pequenas vilas rurais e passamos, algumas vezes, grandes temporadas no coração de algumas das maiores e mais populosas capitais da América do Sul. Em cada uma, deixamos vestígios de nossa caminhada. Em cada uma, apresentamos pelo menos uma peça, fizemos um *workshop* ou compartilhamos uma história audiovisual. Em muitas, realizamos cerimônias, círculos grandes ou pequenos, organizamos eventos, recitais, vilas de paz, encontros biorregionais e de cura, e até conselhos de visão internacionais – no Peru, em 2003, e no Brasil, em 2005. Em cada um desses países, temos agora amigos e família que continuam compartilhando conosco, nos enviando novidades sobre como as coisas que plantamos cresceram, como as sementes que deixamos em seu coração se tornaram novos projetos e como a esperança que oferecemos virou um jardim florido de beleza.

Quem vem à Caravana, por um período curto ou longo de tempo, não vai embora indiferente. Nem todos vão embora felizes. Muitos têm fortes críticas sobre coisas que não resolvemos e coisas que deixamos de dar atenção, mas sempre os ouvimos. Não podemos mudar sempre o que gostaríamos de mudar, mas a vida em si nos força, mais cedo ou mais tarde, a fazer as coisas que negligenciamos. Nem todos nós somos os ecologistas que gostaríamos de ser. Nem sempre somos impecáveis como gostaríamos de ser, mas isso é uma tarefa para uma vida inteira. O caminho é cheio de mudanças e, uma hora ou outra, confrontaremos as coisas que precisamos encarar para nos tornarmos seres humanos melhores.

Deixo vocês com este testemunho, esta crônica curta, mas espirituosa, desejando que seja inspiradora para alguns e que algumas ideias, visões e projetos novos possam também resultar dessa troca. Desejo o melhor para todos vocês e, como nos lembra um antigo ditado cigano: "Que possamos sempre vagar com fome".

Tenham uma boa e segura jornada, agora *y siempre...*

Alberto Ruz Buenfil nasceu na Cidade do México, em 1945. Os 40 anos dedicados ao estudo e serviço como *networker* internacional fazem dele um pioneiro, veterano e historiador de primeira linha dos movimentos de ecovilas e biorregionalistas. Foi um dos fundadores da ecovila Huehuecóyotl (1982), no México, e fundador de La Caravana por la Paz (1996). É focalizador itinerante para a Ecovillage Network of the Americas (ENA), na América do Sul, desde 2000. Foi membro da Ashoka (2002), conselheiro da Global Ecovillage Network (GEN) (2003) e parceiro do programa Cultura Viva do Ministério da Cultura do Brasil (2006-2007).

> Helena mostra como o Ocidente é retratado na mídia do Oriente como um paraíso de riqueza e opulência. O contato e a comunicação reais são necessários para levantar o véu da ilusão e mostrar aos países do Oriente e do hemisfério Sul o valor de suas próprias tradições.

Mostrando o Ocidente ao Oriente

Helena Norberg-Hodge

O culto ao Ocidente na mídia

No Ocidente, ficamos completamente acostumados à imagem distorcida apresentada pela mídia e publicidade. A maior parte do tempo, mal percebemos seus efeitos. Minhas experiências no Ladaque, no Butão e em outros lugares no mundo "em desenvolvimento" mostrou-me, no entanto, que o impacto é generalizado e extremamente perigoso.

Hoje em dia, o culto à conformidade consumista ocidental está atingindo as partes menos industrializadas do mundo como uma avalanche. O "desenvolvimento" leva turismo, filmes e produtos ocidentais e, mais recentemente, televisão via satélite aos pontos mais remotos da Terra. Todos oferecem percepções impressionantes de luxo e poder. A publicidade e os filmes de ação passam a impressão de que todos no Ocidente são ricos, bonitos e corajosos e levam uma vida excitante e glamorosa. Nos cantos mais remotos do planeta, a Barbie, a Madonna e o Homem Marlboro são ícones bem conhecidos.

Para milhares de jovens nas áreas rurais do mundo, a cultura ocidental moderna aparenta ser muito superior do que a deles. Todos os dias, presenciam novos turistas que gastam até mil dólares – o equivalente a um turista nos Estados Unidos gastar 50 mil dólares por dia. Apesar de darem a ilusão de que todos os ocidentais são multimilionários, o turismo e as imagens da mídia ocidental também perpetuam outro mito sobre a vida moderna: o de que nunca trabalhamos. Fazendo parecer que as tecnologias trabalham por nós. Nas sociedades industriais de hoje em dia, na verdade, passamos *mais* horas trabalhando do que as pessoas em economias agrárias e rurais. No entanto, não é essa a impressão que temos na televisão.

Na cultura de massa que alimenta essa ilusão, os publicitários deixam claro que os acessórios de moda ocidentalizados significam sofisticação e ser descolado. As pessoas são até mesmo encorajadas a rejeitar suas próprias características étnicas e raciais – a envergonharem-se de quem são. Ao redor do mundo, bonecas Barbies loiras e de olhos azuis e modelos magérrimas determinam o padrão para as mulheres. Não é raro, agora, encontrar mulheres da Ásia Oriental com olhos alterados por cirurgia plástica para parecerem europeias, mulheres de cabelos escuros de países do sul da Europa tingindo-os de loiro e africanas com lentes de contato verdes e azuis, tentando "consertar" os olhos escuros.

A visão fantasiosa e unidimensional da vida moderna promovida pela mídia e pelas empresas ocidentais vira uma bofetada na cara de jovens do "Terceiro Mundo". As pessoas que aprenderam a admirar e respeitar na televisão são todas moradoras "sofisticadas" de grandes cidades, que possuem carros velozes, roupas de grife, mãos impecavelmente limpas e dentes brancos e brilhantes. No entanto, seus pais pedem que escolham um modo de vida que implique trabalhar nos campos e sujar as mãos, por pouco ou nenhum dinheiro e certamente nenhum *glamour*. Não é de surpreender, então, que muitos escolham abandonar os modos de vida antigos de seus pais e seguir o canto das sereias do paraíso material do Ocidente.

As pessoas não estão conscientes dos aspectos sociais e psicológicos negativos da vida ocidental tão familiar a nós: o estresse, a solidão e o isolamento, o medo de envelhecer sozinho, o aumento da depressão clínica e outras "doenças industriais", como câncer, derrame, diabetes e problemas cardíacos. Também não percebem a degradação ambiental, o crescimento de crimes, a pobreza, os moradores de rua e o desemprego. Enquanto conhecem suas culturas muito bem, incluindo todas as suas limitações e imperfeições, enxergam somente o lado brilhante e exagerado da vida do Ocidente.

Removendo a ilusão: encarando a realidade

Nas últimas três décadas, trabalhei com os ladaques e os ocidentais para combater os danos infringidos pela imagem de *glamour* do Ocidente, que se percebe agora por todos os lados no Ladaque. Paradoxalmente, esses esforços envolvem uma conexão mais próxima entre eles e os ocidentais. Estabelecemos o Farm Project (Projeto Fazenda), em que ocidentais têm a chance de passar um mês vivendo e trabalhando com uma família fazendeira do Ladaque. O projeto ajuda os dois lados a ganhar uma visão mais precisa da cultura e da vida do outro. O interesse e envolvimento desses ocidentais na agricultura está ajudando a restaurar o autorrespeito dos ladaques.

Também demos início a um projeto chamado Reality Tours, que permite que líderes ladaques viajem para o Ocidente para vê-lo com seus próprios olhos. Expor as pessoas aos aspectos positivos e negativos do Ocidente ajuda a dissipar muitas das percepções errôneas sobre a vida "moderna" e deixa os participantes com uma melhor compreensão dos benefícios de sua própria cultura. O *tour* também os expõe às preocupações crescentes em relação ao meio ambiente ao redor do mundo, oferecendo, dessa forma, apoio e inspiração ao desenvolvimento ecologicamente sustentável no próprio Ladaque.

A diretora e a secretária da Women's Alliance of Ladakh (Aliança das Mulheres do Ladaque) viajaram recentemente para o Reino Unido em um *tour*, o que virou tema de um documentário teuto-francês. Durante o *tour*, elas viram vários aspectos da realidade ocidental, tanto positivos como negativos. Visitaram um asilo de idosos, um abrigo para pessoas em situação de rua e exploraram o lado menos visível da vida em Londres.

As mulheres visitaram uma clínica de saúde natural, um grupo de *cohousing*, uma loja de alimentos naturais e outra que vendia roupas orgânicas. Também fizeram um *tour* por uma fazenda urbana no coração de Londres, por uma grande fazenda orgânica em Berkshire e por um mercado de produtores. As duas são fazendeiras nos Himalaias e ficaram particularmente interessadas em notar o ressurgimento de métodos agrícolas orgânicos e sustentáveis no Reino Unido. Perceber tendências assim no Ocidente ajuda os ladaques a entender que há uma preocupação crescente, entre os ocidentais, com o meio ambiente, a saúde humana e a sociedade. Isso, por sua vez, os incentiva a compreender o valor do modo tradicional de vida da região onde vivem, muito do qual permanece ainda intacto.

Os *reality tours* são uma forma de ajudar as pessoas no Oriente a entender a realidade do Ocidente. Todos temos muito a aprender sobre o outro, para que possamos proteger a vasta diversidade cultural no planeta. Isso é essencial para um futuro harmonioso e sustentável.

Para ler a biografia da autora, veja a página 111.

> Wolfram Nolte expõe sua visão de como a vida em comunidades e ecovilas contribui para a consciência planetária necessária à prevenção do desastre ecológico.

Das comunidades locais à comunidade global: mais que um sonho?

Wolfram Nolte

É apenas um sonho que as ecovilas e os outros modos de vida de base comunitária possam mudar o mundo? São eles mais do que os últimos resquícios de uma nostalgia romântica? Têm boa intenção, mas não são adequados para uma nova configuração de mundo?

Temos que levar a sério perguntas como essas. Parece haver pouca ou nenhuma esperança quando nos concentramos no estado desequilibrado em que nosso planeta se encontra. Porém, se aprofundarmos nosso olhar para as forças evolutivas e espirituais subjacentes que nos movem, poderemos discernir um panorama promissor, no qual o pensamento, o sentimento e a atuação comunitários desempenham seu papel.

Quero descrever como a beleza de nossa pérola branco-azulada no espaço pode nos sensibilizar e encorajar as pessoas a pensar de uma maneira mais global e planetária. Como estou preocupado com o estado atual do mundo onde essa beleza está ameaçada, seguirei a visão de Pierre Teilhard de Chardin, que acreditava que uma humanidade unida pode evoluir. Questiono que tipos de condições internas e sociais temos de desenvolver e tento mostrar algumas perspectivas para uma política de paz planetária em que as ecovilas desempenham um papel fundamental.

A pérola branco-azulada no Universo

Em 1948, *sir* Fred Hoyle, um cosmólogo e escritor de ficção científica, disse: "No momento em que uma foto deste planeta for tirada no espaço, haverá uma transformação significativa dos processos de pensamento na história da humanidade".

Treze anos depois, o russo Iuri Gagárin deu uma volta completa ao redor da Terra e se tornou o primeiro homem a contemplar nosso planeta do espaço. Depois disso, mais de 200 astronautas e cosmonautas retornaram à Terra transformados. O cosmonauta Oleg Makarov relatou:

> As pessoas que foram para o espaço reconheceram que, apesar de suas diferenças, concordavam em uma coisa: sentiam fortemente que eram cidadãs do mundo e uma intensa responsabilidade em relação à preservação deste planeta único que compartilhamos. Elas haviam entendido que, com esse simples objetivo em mente, todas as dificuldades, diferenças de opiniões e todos os obstáculos devem e podem ser superados.

A foto da Terra no espaço se tornou o símbolo deste simples objetivo: a proteção e preservação da vida na Terra.

Talvez, tais visões de nosso planeta tenham contribuído para uma frase dita por um dos líderes mundiais na década de 1980: "O medo deve desaparecer deste planeta". As palavras de Gorbatchóv e sua política de dar um fim à Guerra Fria abriram, momentaneamente, novas possibilidades de viver juntos e em paz neste planeta. A consciência humana ainda não estava pronta para reagir a essa situação por meio da ampliação verdadeira de suas formas de pensar para o futuro. O medo e a desconfiança assumiram o controle, e o modo de pensar antigo – a busca pelo lucro, a mentalidade de ganhar ou perder e a dominação – ainda prevalece. Até agora, as características do novo milênio são, mais do que nunca, o medo e o fatalismo.

Porém, o olhar de fora para a pérola branco-azulada na escuridão do Universo e nossa experiência de que os muros podem desmoronar, de que cortinas de ferro podem se abrir e de que situações estagnadas podem se tornar mais fluidas ainda permanecem. Essas experiências também são o legado do século passado. A Assembleia Geral das Nações Unidas declarou o ano 2000 como o ano que apresentaria, mundialmente, uma cultura de paz e que convidaria todas as pessoas, os governos e as nações a trabalhar em prol desse objetivo. Hoje, há muita coisa em jogo: temos que desenvolver uma nova cultura de paz, solidariedade e sustentabilidade que abrace o mundo todo através da promoção de um estilo de vida em que todos os seres vivos tenham seu espaço. Como temos consciência das consequências destrutivas da globalização, devemos visualizar a tarefa mundialmente. O tempo para as soluções individuais acabou. Os níveis regional e nacional são muito restritivos e não podem mais existir separados do desenvolvimento global. Todos os projetos relativos a nosso futuro precisam ser compatíveis em uma escala mundial. Mas de onde virão o poder, o otimismo e o *know-how*?

O sonho de uma comunidade planetária

Felizmente, é possível ver o desenvolvimento da raça humana de um jeito diferente e mais esperançoso. Ele é proveniente de uma compreensão mais profunda dos processos evolutivos e leva em consideração períodos de tempo bem maiores. Pierre Teilhard de Chardin chamou esse processo de "planetarização". Ele via a evolução da raça humana como um processo de crescimento do desenvolvimento comunitário. Interessava-se mais pelo desenvolvimento da coesão entre as pessoas do que pelas formas externas de vida em conjunto, que são o objeto de estudo da maioria dos historiadores e sociólogos. Isso o levou a ver o mundo de forma distinta.

Teilhard de Chardin utilizou uma imagem vívida para descrever as diversas fases da evolução da humanidade na Terra. Ele as via como ondas movendo-se na superfície de um globo imaginário, de seu polo Sul até seu polo Norte. O polo Sul representa o ponto de partida da evolução humana; o polo Norte, seu destino final. A primeira fase é a construção de comunidades em expansão. Teilhard de Chardin descreveu isso como um movimento divergente, em que a humanidade se expande pelo globo e, assim, toma posse da Terra. Por meio de um processo contínuo de crescente diferenciação, culturas distintas surgiram e, dentro delas, indivíduos variados começaram a elaborar sua individualidade. Ao cruzar o equador, a humanidade não pode mais se expandir. Portanto, a construção de comunidades continua como um crescimento conjunto. Ele não ocorre mais no nível superficial do mundo, mas nas profundezas. A partir de agora, a humanidade tem a chance e, de fato, o dever de desenvolver uma consciência mais profunda de seus vínculos internos, evoluindo, então, mais e mais, em sua função verdadeira de observadora e de órgão condutor da criação. Peter Russell, um pesquisador da consciência humana, afirma que, "assim como as células nervosas do cérebro, que anseiam por acoplar-se ao fenômeno da consciência humana, os seres humanos podem construir o cérebro global de Gaia, o corpo coletivo de inteligência sábia de nosso planeta".

E em que ponto nos encontramos hoje? Para continuar com a visão de Teilhard de Chardin, nos últimos 100 anos, estivemos no processo de atravessar o equador. A mudança de hemisfério é um momento decisivo, já que a direção do movimento muda de divergente para convergente. O mesmo pode se aplicar a nosso modo de pensar: afastando-se do espaço externo, rumo ao espaço interno; afastando-se do confronto, rumo à cooperação. Com essa atitude de 2 milhões de anos de vontade de expandir, nos aventuramos nessa nova fase, que exige uma atitude de união e integração com a totalidade subjacente.

Não há garantia de sucesso. Com seu livre-arbítrio, a humanidade pode impedir o desenvolvimento e eliminar a si mesma. Teilhard de Chardin descreve a batalha da seguinte forma:

> O indivíduo é tomado por um medo mortal de perder seu próprio pequeno "eu". Isso acontece quando somos dominados pela imaginação de que podemos ser engolidos por uma totalidade aparentemente cega. Então, experimenta-se a planetarização como um processo totalitário. O indivíduo se rebela contra a ideia de fazer parte de uma entidade maior, pois quer usar a sociedade humana como um trampolim para encontrar sua própria solução independente e individualista para os problemas da vida.

Essa é uma descrição precisa e apocalíptica do processo atual de globalização. Na superfície, a integração da humanidade ocorre em uma velocidade incrível – através da telecomunicação, do fluxo de capital e de mercadorias, do turismo, das catástrofes e das guerras. Sentimo-nos pressionados, pois não temos a conexão interna – a comunicação "de coração para coração", como Teilhard de Chardin a chama –, que, por si só, torna possível nos conectarmos com os outros.

A relevância da vida em comunidade

Por anos, os movimentos ecológicos e pela paz têm tentado reforçar a disposição humana para a paz e a responsabilidade ecológica por meio de protestos e informação, às vezes com um sucesso considerável. Entretanto, os antigos padrões agressivos são reativados com a ascensão intensa da competição global. Como podemos incentivar as pessoas a apoiar um desenvolvimento pacífico e sustentável em tais circunstâncias?

Ocorreu uma situação semelhante durante a recessão nas décadas de 1920 e 1930. Durante esse período, houve uma troca interessante de correspondências entre Einstein e Freud, ambos pioneiros do pensamento do século XX. Enquanto o primeiro dedicou-se a explorar o mistério do Universo, o segundo dedicou-se à exploração da alma humana. O cientista perguntou ao psicólogo se ele enxergava uma solução para os problemas de rearmamento, agressão e guerra. Freud respondeu dizendo que os homens se dividem entre seus instintos de agressão e de amor, e que a paz só é possível quando as pessoas desenvolvem laços emocionais fortes entre si.

Em relação a essas correspondências, Robert Muller, ex-subsecretário da Organização das Nações Unidas (ONU), concluiu que "o patriotismo uniu a raça humana em um nível nacional. É nosso grande desafio histórico desenvolver o amor entre todos os habitantes do planeta e motivá-los a amar a própria Terra".

Imediatamente, surgem as dúvidas: como é possível amar todos os habitantes do mundo e, ainda por cima, o próprio planeta? Quem tem o coração tão grande assim? Estima, respeito, carinho... sim. Mas amor? Amar de verdade uma única pessoa já é difícil. Até amar a nós mesmos nem sempre é possível, e é comum só conseguirmos fazer isso de maneira narcisista, arrogante e egoísta.

Não podemos tomar como certo o amor universal que envolve a Terra e todos os seres que vivem nela. Ele é tão raro e fugaz em nossa vida quanto uma estrela cadente! Todos já tivemos experiências culminantes assim – momentos em que nos sentimos conectados a tudo –, nas quais a pergunta "por que estamos vivos?" torna-se redundante.

Tenho certeza de que é possível incentivar o crescimento do amor universal para que, aos poucos, se torne nosso sentimento habitual. Ele cresce quando, em nossa vida cotidiana, agimos de forma amorosa em relação à Terra e a nossos conterrâneos. É aqui que a importância de um estilo de vida comunitário se faz presente. Em um ambiente de vida cooperativa, podemos integrar a nós mesmos e à nossa família a um contexto mais amplo. Adaptamos nossas próprias necessidades às dos outros e aprendemos a confiar. Aqui, é possível desenvolver um modo de vida que proteja os recursos naturais, nos liberte do consumo sem propósito e nos deixe tempo para desenvolver e satisfazer nossas carências imateriais, como a necessidade de contato humano, de amor, de beleza na natureza e nas artes, de verdade e de revelação de nossa própria criatividade. Para serem bem-sucedidas nisso, as comunidades fazem experiências com novas formas de comunicação, de tomada de decisões e de resolução de conflitos.

Dieter Duhm, um pesquisador de comunidades e um dos fundadores da comunidade Tamera, em Portugal, enxerga a comunidade como um modo de vida universal necessário ao desenvolvimento saudável da vida:

> A comunidade foi e continua sendo o fertilizante natural para a confiança e a solidariedade. Sem ela, os homens desarraigados tornam-se violentos e adoecem... A comunidade é um nível intermediário na evolução da vida que não pode ser contornado. Ela conecta o indivíduo a uma ordem superior e aguça sua percepção da totalidade... As pessoas que vivem em um organismo assim não o fazem de acordo com os princípios de comparação e competição, mas satisfazem a necessidade vital de diversidade e concretização.

O que as ecovilas e as comunidades têm de mais especial é que, além de explorar conceitos teóricos de estilos de vida ecológicos, sociais e humanos, testam e desenvolvem sua viabilidade na vida real. Elas tornam-se áreas de pesquisa importantíssimas, as escolas da vida de que a sociedade precisa para sobreviver. Praticam a busca e a descoberta de respostas para o desafio mais grave de nossa época: como desenvolver uma atitude de amor universal pela Terra e por todas as suas criaturas, e como expressá-la no mundo.

Não faço de conta que as ecovilas e as comunidades sejam as únicas possibilidades capazes de estar à altura do desafio. As redes informais, como os bairros, os grupos de amigos e os círculos espirituais e culturais, também desenvolvem o espírito comunitário. Como o pesquisador sistêmico Fritjof Capra disse: "O maior desafio de nossa era é dar início a comunidades viáveis, orientadas para o futuro, e ajudá-las a crescer".

A Grande Virada

O desenvolvimento de comunidades sustentáveis e suas redes mundiais é a base de um novo tipo de política, oriundo de um espírito de cooperação. Porém, as comunidades por si só não são a solução; são apenas seu componente paradigmático. Dito isso, graças às suas experiências de vida, são capazes de proporcionar uma percepção perspicaz dos problemas, métodos apropriados e uma matriz de soluções. Esse processo deve aliar-se à disseminação de um modo de pensar comunitário e ecológico nas cidades e nos distritos. Aqui, as comunidades podem funcionar como catalisadoras e precursoras. Não há nada como um exemplo vivo para mudar o pensamento das pessoas. Graham Bell, especialista em permacultura, afirma: "Em minha opinião, o que muda o mundo é o diálogo que você estabelece com seu vizinho".

Entretanto, no início, as ecovilas e comunidades costumam ser vistas como corpos estranhos em seu ambiente. Ocupam-se com seus próprios problemas e têm pouca energia sobrando para construir boas relações e elaborar projetos em comum com seus vizinhos. Mas, à medida que o tempo passa, transformam-se em centros atrativos na região, oferecendo novas possibilidades econômicas, sociais e culturais à população. Por exemplo, a Federazione di Damanhur, no norte da Itália, a Findhorn Foundation, na Escócia, e a Zegg, na Alemanha, são modelos de vida comunitária em suas regiões. Helena Norberg-Hodge, crítica da globalização, enxerga "o desenvolvimento de biorregiões independentes baseadas em ecovilas como, talvez, o jeito mais radical de combater a dependência da economia mundial".

Para que esses esforços tenham êxito em longo prazo, é preciso que a política mude tanto nacional como internacionalmente. Temos que estar dispostos a dialogar com outros grupos e indivíduos com preocupações próprias (pobreza, desemprego, violência, medo do futuro etc.), e não apenas pregar os nossos ideais.

As comunidades precisam dar esse passo rumo à sociedade circundante para evitar a estagnação e o isolamento e para prevenir que sejam engolidas pelos desenvolvimentos social e político, que ameaçam não só a existência delas como também a de toda a vida neste planeta.

Do mesmo modo, se quiser encontrar novas soluções, a sociedade necessita da experiência das comunidades e, acima de tudo, do pensamento cooperativo. Existe um vácuo em nosso discurso político desde o colapso do socialismo estatal. Não há mais debates sérios sobre a consideração de alternativas sociais radicais como uma visão convincente de futuro viável para todos os habitantes da Terra.

Mais do que grupos alternativos e organizações não governamentais (ONGs), as comunidades têm de oferecer à sociedade a experiência viva de que um estilo de vida cooperativo e ecológico é possível. Podemos compartilhar nosso conhecimento em uma diversidade de assuntos. Como é possível juntar um modo de vida encorajador e comunitário, a solidariedade econômica, a consciência ecológica e o trabalho autônomo? Como podemos criar nossos filhos? Como nossa cultura e nossa arte podem ser produzidas pelas próprias pessoas? Como podemos promover o potencial criativo de todas as mulheres e de todos os homens? Como o amor e a amizade podem florescer entre homens e mulheres? Como a comunicação complacente é possível? Como podemos acabar com o conflito e alcançar a paz de uma forma não violenta? Nosso movimento pode compartilhar respostas e soluções para perguntas como essas.

Joanna Macy, especialista em ecologia profunda, disse que essa grande transformação também é um desafio. Ela acontece simultaneamente em três níveis: em primeiro lugar, mediante a crítica das circunstâncias dominantes, que são combatidas por ações de resistência cujo objetivo é frear o processo de destruição. Em segundo lugar, deve-se aumentar o número das propostas de alternativas fundamentais e de construção de estruturas alternativas e de novos experimentos. Em terceiro lugar, precisamos de uma mudança na consciência, uma ampliação de nossa capacidade de empatia, que nos conscientiza de nossa interdependência e de nossa conexão íntima com o corpo terrestre.

Despertar para a comunidade global

O planeta precisa de uma visão significativa que mostre como quase 7 bilhões de habitantes podem viver em paz, transformando-se em um órgão responsável, em vez de um tumor maligno. A nova direção da política tem que ser planetária, mas baseada em áreas fortes e independentes. Já existem algumas tarefas com soluções planetárias, como a restauração dos espaços naturais destruídos, as respostas às catástrofes, o trabalho em prol do desarmamento e da paz, a regulação justa da economia mundial e a realização dos direitos humanos sociais e políticos.

A pergunta básica "Quais são os principais objetivos da evolução dos humanos e da humanidade?" deve ser complementada por perguntas como: "O quê, como e quanto devemos produzir? (Afinal, o que está em jogo é a preservação do planeta)" ou "Como distribuiremos a riqueza? (A felicidade da humanidade está em jogo)". As respostas para essas questões não podem mais ficar a cargo dos especialistas econômicos. É do interesse da Terra e de todos os seus seres vivos que elas sejam respondidas por toda a comunidade humana.

As "Nações Unidas" precisam de uma rede global viva de "Pessoas Unidas", uma rede de homens e mulheres de todos os países, profissões, crenças, estilos de vida e organizações, de pessoas que possam planejar a resistência contra a globalização e cujo pensamento visionário se desenvolva além da limitação das posses e do poder, de gente que possa construir formas de vida sociais e sustentáveis por todo o mundo.

Meu sonho é que todas essas pessoas se comuniquem e cooperem umas com as outras para formar um movimento que, em algum momento, permitirá que todos levem uma vida de qualidade. Esse movimento está ancorado localmente e une os seres humanos para que um novo mundo de autorrealização e solidariedade possa se desenvolver. Ele constrói modos de vida ecológicos combinados com o que há de melhor em autossustentabilidade e autodeterminação regionais. Seu alicerce é um cuidado comum pela vida em geral. Essa forma de amor proporciona segurança em um mundo que está prestes a se afastar das estruturas provincianas e avançar em direção a novas formas de coesão até agora desconhecidas.

Mais do que qualquer organização nova, necessitamos de um novo tipo de conexão espiritual e emocional. Essa nova ligação funciona como uma fonte de orientação e força para todos os que se sentem inspirados a trabalhar pela mudança necessária, rumo a um modo de pensar e sentir que leve em consideração toda a humanidade. Por meio dessa nova solidariedade, nossa força coletiva aumentará até que a confiança cresça e o medo seja banido da Terra.

Muitos conhecem o que o indígena norte-americano Vine Deloria disse: "Somente as tribos sobreviverão".

Ouço a seguinte mensagem nessa verdade profunda: "A humanidade apenas sobreviverá se nos unirmos para formar uma tribo, uma comunidade global. Isso é um sonho e uma necessidade".

Wolfram Nolte, sociólogo e jornalista independente, viveu por 20 anos em comunidades diferentes na Grã-Bretanha, na Itália e na Alemanha. Nos últimos seis anos, morou e trabalhou na ecovila de Sieben Linden, Alemanha. É editor da Eurotopia, coluna dedicada à vida cooperativa, da revista *Kurskontakte*. Organiza e guia viagens a ecovilas e comunidades na Europa (Eurotopia Tours), e organiza seminários sobre ecologia profunda e construção de comunidades.

> Nesta entrevista, Vandana Shiva mostra como o colonialismo retornou com a insígnia de globalização e se aprofundou como uma colonização da vida em si. Ela nos inspira a voltar ao princípio feminino e incluir a espiritualidade em nossa busca por soluções locais para as questões globais que estamos enfrentando.

Soluções locais para um problema global[17]

Vandana Shiva

Vandana Shiva, você vem de um país de Terceiro Mundo, a Índia. Que crítica você faz ao sistema de crescimento industrial ocidental?

Acredito que a importância da crítica do Terceiro Mundo ao crescimento industrial ocidental é que, ao contrário do Ocidente, o Sul não pode se enganar quanto à origem do crescimento. Para o Ocidente, é muito possível dizer que o crescimento industrial da Inglaterra estava relacionado às suas tecnologias mágicas e seus recursos intelectuais. Para nós do Terceiro Mundo, é muito claro que estava ligado ao colonialismo, ao controle sobre nossas economias, à escravidão, à captura da população de um continente inteiro para forçá-la a trabalhar em campos de algodão na América. Assim, os custos sempre foram muito óbvios para nós: os custos monetários e os custos das pessoas, o custo social e o custo da destruição de outras economias.

O colonialismo é um capítulo na história da humanidade que já foi fechado?

O colonialismo não foi embora. Na verdade, ele retornou como recolonização, como globalização. Essa é ainda pior, porque, enquanto mantém todos os formatos antigos de dominação dos poderes ocidentais sobre nossas culturas não ocidentais, acrescenta um novo elemento: a colonização da vida em si. Algo que o antigo colonialismo não podia fazer! O que está sendo colonizado

---

17 Baseado em entrevistas realizadas por Geseko von Lüpke, compiladas por Kosha Anja Joubert.

agora é o espaço interno dos seres vivos, dos seres humanos, dos animais e das plantas. Aliado a todo o colonialismo tradicional, esse colonialismo é uma colonização do próprio futuro. Ele nos nega um futuro.

Como você sugere que mudemos nossa atitude quanto à economia da vida?

A restrição mais importante no conceito da economia, ciência e tecnologia ocidentais é a fragmentação do olhar voltado apenas para a pequena porção do todo. O que nós, na Índia, e em todo o movimento que critica a globalização rejeitamos é um crescimento que se baseia na destruição. Queremos um crescimento que seja honesto consigo mesmo sobre o que destrói. Se for um crescimento verdadeiro, destruirá o menos possível, porque construirá sobre o que existe, e não sobre as ruínas do que veio antes.

Isso significa que nosso conceito ocidental de crescimento se baseia em um erro em nossa forma de pensar?

Existem dois níveis na definição atual de crescimento em sistemas patriarcais. O primeiro nível destruiu nossas sociedades presumindo que, se você produz para si mesmo, você não está produzindo. Declarou que mulheres muito produtivas não são produtivas. Afirmou que camponeses subsistentes, que satisfazem suas necessidades e não dependem dos governos para seu bem-estar ou de corporações para trabalhar, são improdutivos. Com o progresso da globalização, essa definição se expandiu ainda mais. Somos levados a acreditar que sociedades cujas economias produzem basicamente para as necessidades de sua própria nação não são suficientemente produtivas. Seguindo esse segundo nível de definição, o crescimento acontece quando vendemos tudo que produzimos no mercado internacional e importamos tudo que precisamos de outras nações. Isso premia a regência do capital sobre a regência da vida.

Que intenção você vê por trás dessa visão de mundo da fragmentação e desse sistema econômico da globalização?

O desejo de controlar! O desejo de controlar tudo é o que é mais destrutivo. E é ainda mais absurdo porque, na realidade, esse controle é totalmente impossível. Não se pode controlar através da manipulação. Acredito que a ecologia nos ensinou que o único controle real vem por meio do autocontrole. O que significa que as sociedades precisam que lhes seja dada a capacidade de tomar suas próprias decisões quanto a seus estilos de vida. Um bom exemplo é o controle de natalidade. O autocontrole e a autodecisão na reprodução é a única solução. Mas só acontecem quando as pessoas têm controle sobre seu sustento, porque o que é reproduzido não é apenas a espécie biológica. Nas sociedades humanas, o que se reproduz é uma formação social, uma sociedade inteira. Quando uma grande parte da sociedade vive sob condições de insegurança, todos os tipos de problemas demográficos têm início. No Norte, não há crianças o suficiente para reproduzir a sociedade e, no Sul, existem crianças demais.

Não acredito que algo possa ser alcançado com o controle populacional praticado nos tempos atuais. Nem todos os milhões de dólares nem todos os milhões de anticoncepcionais enviados ao hemisfério Sul surtem efeito algum quanto à regulamentação dos números, porque não tratam da problemática básica, que é: liberdade aos organismos, às formações sociais e às sociedades para se organizarem.

Em que níveis essa mudança deve ocorrer?

Precisamos respeitar a natureza e tratá-la como nossa família, do jeito que nos ensinam em sociedades como a Índia. Precisamos entender que vivemos na família da Terra. Os humanos não são uma espécie privilegiada. Somos apenas mais uma espécie no planeta. Se acabarmos com a colonização da natureza, acabaremos com a crise ecológica.

Isso vale para a colonização das mulheres. Se os homens das sociedades industriais estabelecem os parâmetros e definem as mulheres como um gênero inativo e improdutivo, então as mulheres são chamadas de improdutivas mesmo que estejam trabalhando 20 horas por dia em sociedades rurais. As mulheres criativas começam a ser definidas como sexo secundário.

Precisamos acabar com a colonização de culturas inteiras, mediante o domínio de terras e de recursos naturais, inclusive de recursos biológicos e dos genes em suas plantas.

Isso significa que o esforço para a mudança precisa acontecer nos planos pessoal e político?

Só podemos construir o que já somos. O que cria o processo é a força e a energia, e um senso de poder. O que podemos reconhecer no movimento em prol da mudança é uma nova noção de poder. Chamo a noção antiga de poder de poder patriarcal. Não é uma forma masculina de poder no sentido de que todo homem biológico o carrega, essa não é a questão. Mas a sociedade ocidental se formou seguindo uma visão de mundo baseada na ideia de que certos homens são superiores a outros humanos, inclusive outros homens incapazes de dominar, intimidar, destruir e serem agressivos. Então, precisamos mudar o conceito cultural de poder. O verdadeiro poder vem de dentro. O poder verdadeiro se opõe firmemente a qualquer forma de opressão. O verdadeiro poder dá poder ao outro e a si mesmo, em vez de construir sobre a extinção do outro como base de seu poder. Na tradição indiana, temos o conceito de Shakti, uma metáfora para a força cooperativa que é a energia onipresente deste Universo. É essa Shakti que devemos sustentar para trazer à tona nessa transformação.

O que significa Shakti?

Em nossa cosmologia, Shakti é o princípio criativo e a natureza é reconhecida como a força criativa. As árvores crescem de suas sementes e se renovam. Todo ano, a grama se renova, os córregos se renovam, o ciclo da água segue sem nenhuma ajuda humana. Essa tremenda atividade é a força criativa da natureza. Ela foi identificada como o princípio feminino. Mas esse princípio não está apenas lá fora na natureza, porque a natureza não está lá. Somos uma parte integrante da natureza. O princípio criativo faz parte do homem tanto quanto da mulher. Muitas culturas modernas negam a existência dessa força criativa original. Porém, o reconhecimento da Shakti equivale a honrar o milagre da vida em si. Reconhecer esse poder nos faz humildes, nos faz reconhecer que não somos senhores da vida e da morte.

Qual é a conexão entre o conceito de Shakti e a globalização?

O princípio feminino desapareceu nas culturas ocidentais. Na raiz de cada cultura está seu mito da criação. Desde a Revolução Industrial, o que temos, basicamente, é um novo mito da criação. Esse mito nega que a criação ocorra na natureza e que as mulheres sejam geradoras de vida. Em vez disso, pretende definir atos destrutivos aos quais os homens vêm se dedicando como atos criativos: lançar bombas em outras sociedades, encontrar novos pesticidas e novos organismos geneticamente modificados que representam uma ameaça à biodiversidade de nossas fazendas. Esses atos de destruição são vistos como atos de criação.

Nesse mito, presume-se que o próprio capital cria. Supõe-se que, se você investe na indústria de sementes, você está criando novas sementes e, portanto, pode assumir a propriedade delas. Você pode, assim, obrigar os camponeses a pagar-lhe *royalties* por sementes e tratá-los como ladrões se guardarem sementes em suas fazendas, apesar de você ter obtido tais sementes da natureza. Esse mito vira as relações naturais entre os humanos e entre os humanos e a natureza de pernas para o ar. Ele premia os piratas e ladrões e pune os preservadores e cuidadores da natureza.

Como seria a visão de uma sociedade que vira as costas para o patriarcado para abraçar o princípio feminino?

Recuperar o princípio feminino restabeleceria um crescimento genuíno no mundo. Permitiria que nossas florestas voltassem a crescer e que a biodiversidade retornasse às nossas fazendas. Também permitiria que as pessoas, primeiramente, satisfizessem suas próprias necessidades e, então, oferecessem a sobra para o mercado. Permitiria a autossuficiência, a autonomia e a autodeterminação. Isso, sim, seria um crescimento de fato. Em conjunto com a natureza, pessoas e sociedades inteiras floresceriam. O crescimento não seria mais uma cifra fictícia nos relatórios de lucro de corporações multinacionais, que são capazes, hoje, de movimentar mais de 3 trilhões de dólares de pura ficção ao redor do mundo.

Em que código de ética se baseariam os sistemas econômico e cultural?

Inicialmente, qualquer nova ética deve estar relacionada à ética tradicional de forma saudável. Os sistemas antigos de organização humana podem nos mostrar o que garantirá a sobrevivência humana em longo prazo. Então, não precisamos criar essa ética começando do zero. Tudo que precisamos é reconhecer que a humanidade já teve muitas facetas e muitas histórias. A humanidade criou a beleza, a responsabilidade e a sustentabilidade. Também criou a destruição e a violência. É nossa responsabilidade escolher as partes do legado do espírito humano que desejamos herdar.

A segunda base para uma nova ética é o fato de que a teoria e a prática têm de evoluir juntas. Para mim, a esperança vem da continuidade da vida, a vida com toda a sua complexidade e em sua constante dinâmica mutável ao longo da evolução. A esperança não surge de uma teoria. Essa continuidade da vida e esses processos vitais criam para nós uma obrigação de defendê-los. Não acredito que a esperança cresça do pensamento em um futuro qualquer e a consequente tentativa de forçarmos sua concretização. Ao pensarmos no presente, sentimos a necessidade de defender sua riqueza. É assim que elevaremos os pensamentos positivos: valores de partilha, de doação e de proteção.

Esses valores foram transformados em deficiências entre os homens. É essa mudança radical que precisamos alcançar em nossa mente. Isso é o que quero dizer com recuperar o princípio feminino. Tudo foi tratado como produto de terceira categoria: o zelo, a avaliação lenta, a introdução às mudanças de forma responsável, a conexão da responsabilidade com os direitos, e assim por diante. Tudo isso é característico das boas sociedades. A esperança-chave que os jovens podem ter hoje é dizer: "Temos direito ao futuro! Digam às multinacionais que elas não têm o direito de colonizar nosso futuro. Nós o defenderemos, nos juntaremos em campanhas construtivas criativas que ampliem nosso espaço e deem continuidade à vida".

Como podemos mudar algo tão grande quanto a globalização?

Acredito que o processo de globalização nos oferece oportunidades enormes para mudar justamente por ser tão desestabilizador. A indignação com o fato de que cada porção de produção, em qualquer lugar do mundo, precisa se ajustar a um sistema econômico global para se tornar viável está aumentando. Esse sistema está deixando tanta gente desempregada, não apenas no Sul como também no Norte, que seremos forçados a encontrar uma alternativa na qual o controle local sobre nossa economia e nossa tomada de decisão seja possível novamente. O controle local sobre a tomada de decisão (sobre nossos empregos, sustento, recursos naturais) está se tornando indispensável à sobrevivência. Era assim apenas para o Sul, o que explica por que as pessoas estão preparadas para doar sua vida em nossos movimentos ambientalistas. Quando lutamos contra a construção de uma hidrelétrica, basicamente dizemos que preferimos morrer a deixar que a construam. Quando o movimento Chipko quis parar o desmatamento nos Himalaias, essas pessoas abraçaram a árvore e disseram: "Você terá que me matar se quiser derrubar esta aqui". No Sul, isso tem sido uma questão de sobrevivência por um bom tempo. Mas, agora, pela primeira vez, por causa da globalização e da falta de regulamentação do comércio, está se tornando um problema global.

As soluções locais podem resolver problemas globais?

O único meio de resolver o problema global é por meio de soluções locais em todo o mundo. Não acredito que haja qualquer coisa que seja puramente global. Tudo que é global tem raízes locais. A poluição global tem suas raízes na poluição local. O grupo que criou as instituições como o Banco Mundial e o GATT [do inglês, General Agreement on Tariffs and Trade] tem todas as características de uma cultura local pequena. É uma elite de homens poderosos descendentes de europeus. Se a definirmos no que diz respeito às tribos contemporâneas, é uma tribo muito pequena que se comporta como se fosse uma tribo global e trata todas as outras tribos como locais. É chegado o momento em que as pessoas percebam que esses gerentes poderosos também só formam uma tribo local, contando com o fato de que estão operando em uma escala muito grande. Eles possuem uma mentalidade burocrática, um interesse limitado e simplesmente não abraçam uma visão ampla o suficiente para dar vazão a um futuro para nosso planeta e sua população. As soluções devem, então, ser necessariamente locais. Isso não significa local em um lugar apenas. Local significa que as pessoas recobrem o controle sobre sua vida cotidiana, o que precisa acontecer em todo lugar. No momento em que isso acontecer amplamente, haverá uma solução global.

Esse processo de "regionalização" é essencialmente importante no Sul ou é um imperativo global para a sobrevivência?

Penso que, sob uma globalização econômica, a parte colonizada do mundo é mais duramente ameaçada pelo processo de recolonização. Mas, mesmo a parte privilegiada do Ocidente está ameaçando seu próprio futuro e suas gerações futuras com desemprego, falta de esperança e uma perspectiva mínima de vida além do dinheiro e dos lucros. As pessoas são dispensáveis e a maioria não encontra uma forma de viver uma vida significativa. As sociedades têm a obrigação de ajudar seus membros a encontrar o sentido de sua vida. Precisamos de uma mudança de consciência agora e, nesse sentido, o Norte pode aprender com o Sul! Não temos que esperar que corporações nos deem empregos. Precisamos recriar nosso próprio sustento, nossas próprias comunidades e nossas próprias redes de auxílio mútuo e autoajuda. Precisamos resistir a todas as leis que as corporações estão criando para tornar ilegal o ato de cuidarmos uns dos outros e de nós mesmos.

Que medidas importantes precisamos tomar?

Acho que muitas mudanças podem ser alcançadas mediante a transformação de nossa maneira de enxergar o conceito de crescimento. Se começarmos a reconhecer que o crescimento acontece quando as pessoas trabalham com a natureza para criar coisas reais, comida real, bons tecidos e boa moradia em toda a sua diversidade, reconheceremos que essas pessoas que foram consideradas pobres, na verdade, não são. Então, poderíamos parar de destruir seu jeito de viver e sua cultura, a fim de trazer-lhes o progresso. Vamos compreender que três quartos do mundo estão crescendo economicamente, enquanto um quarto está destruindo a si e aos outros. Isso nos encorajaria e nos fortaleceria. Três quartos da humanidade são capazes de cuidar de si mesmos, e o verdadeiro desafio de se transformar fica para o um quarto destrutivo. Essa mudança de consciência se faz necessária no Ocidente, que foi colonizado mais seriamente. Quinhentos anos de colonização estão descritos em nossos livros de história e em todo o nosso sistema educacional. Os jovens do Ocidente são criados para viver os mitos do patriarcado capitalista e continuá-los.

A mudança pode acontecer de forma evolucionária ou será preciso uma revolução?

Será evolucionária ou revolucionária? Acho que essa divisão é bem ocidental, em que a revolução significa uma mudança drástica, dramática e, muitas vezes, violenta, e a evolução significa uma mudança lenta, passo a passo. Mas isso demoraria muito. Precisamos de uma transformação radical; nesse aspecto, a mudança precisa ser revolucionária. Se formos muito vagarosos, a própria destruição será revolucionária. A destruição pode ser tão radical e tão rápida que qualquer contenção da destruição tem que ser igualmente rápida. Caso contrário, não funcionará. Porém, no que diz respeito à gentileza e à não violência, a transformação precisa ser dramática, mas também bastante pacífica, sem violência direta contra outros seres humanos.

Se falarmos da nova ética, dos novos valores e das novas visões de mundo, então isso também atingirá as camadas mais profundas da cultura humana. Essa mudança cultural implica uma nova forma de espiritualidade?

Penso que, se recuperarmos a noção de que na natureza e dentro de nós existe uma auto-organização interna que nos guia, começaremos a ter a capacidade de questionarmos a propaganda do sistema de crescimento econômico.

Aprenderemos a rir ou ignorar as campanhas publicitárias que acompanham o capitalismo global, em vez de permitir que nossa mente seja colonizada. Isso, sem dúvida, também é uma revolução espiritual. O que é espiritualidade? É basicamente ter a habilidade de tocar nossas fontes internas. Dessa forma, nos fortalecemos internamente contra os ataques de todo tipo de violência externa que, de outra forma, nos torna vítimas do medo. Para se livrar do medo, é preciso ser resiliente por dentro. Por meio da espiritualidade, as sociedades ajudaram seus membros a desenvolver sua resiliência interna.

A doutora Vandana Shiva é formada em física. Em 1991, fundou o Navdanya, um movimento para proteger a diversidade e a integridade dos recursos vivos, especialmente as sementes nativas, a promoção da agricultura orgânica e o comércio justo. Os esforços do Navdanya mostraram resultados na conservação de mais de 2 mil variedades de arroz por toda a Índia e estabeleceram 34 bancos de sementes em 13 estados por todo o país. Em 2001, lançou a Bija Vidyapeeth, uma universidade internacional para a vida sustentável, em Doon Valley, em colaboração com o Schumacher College, no Reino Unido. Por meio de seus livros *Biopiracy: The Plunder of Nature and Knowledge* (1995), *Stolen Harvest: The Hijacking of the Global Food Supply* (1999) e *Water Wars: Privatizazion, Pollution and Profit* (2002), a doutora Shiva tornou visível os custos econômicos e ecológicos da globalização liderada por corporações. A biotecnologia e a engenharia genética são outra dimensão de suas campanhas internacionais. Suas contribuições para as questões de gênero são nacional e internacionalmente reconhecidas. Seu livro *Staying Alive: Women, Ecology, and Development* (1988) mudou dramaticamente a percepção que se tem em relação às mulheres do Terceiro Mundo. Entre suas muitas premiações estão o Prêmio Nobel Alternativo (Right Livelihood Award 1993), o Order of the Golden Ark, o Prêmio Global 500 da Organização das Nações Unidas (ONU) e o Earth Day International Award.

Leitura complementar

Aberley, Doug (ed.). *Boundaries of Home: Mapping for Local Empowerment*. Gabriola Island: New Society Publishers, 1993.

Abraham, Ralph. *Chaos, Gaia, Eros: A Chaos Pioneers Uncovers the Three Great Streams of History*. São Francisco: Harper San Francisco, 1994.

Abram, David. *The Spell of the Sensuous: Perception and Language in a More-Than-Human World*. Nova York: Vintage Books, 1996.

Adams, Patch; Maylander, Maureen. *Gesundheit! Bringing Good Health to You, the Medical System, and Society through Physician Service, Complementary Therapies, Humor, and Joy*. Rochester: Healing Arts Press, 1998.

Andruss, Van *et al*. *Home! A Bioregional Reader*. Gabriola Island: New Society Publishers, 1990.

Anzaldua, Gloria; Moraga, Cherríe (eds.). *This Bridge Called My Back: Writings by Radical Women of Color*. Nova York: Kitchen Table, Women of Color Press, 1983.

Aung Sun Suu Kyi. *Freedom from Fear: And Other Writings*. Londres: Penguin, 1995.

Auvine, Brian *et al*. *A Manual for Group Facilitators*. Madison: Center for Conflict Resolution, 1977.

Avery, Michel *et al*. *Building United Judgment: A Handbook for Consensus Decision-Making*. Madison: Center for Conflict Resolution, 1981.

Bang, Jan Martin. *Ecovillages: A Practical Guide to Sustainable Communities*. Gabriola Island: New Society Publishers, 2005.

Beck, Don Edward; Cowan, Christopher. *Spiral Dynamics: Mastering Values, Leadership, and Change: Exploring the New Science of Memetics*. Malden: Blackwell Business, 1996. (Tradução portuguesa: *A Dinâmica da Espiral: Dominar Valores, Liderança e Mudança*. Lisboa: Instituto Piaget, 2001.)

Berg, Peter. *Discovering Your Life-Place: A First Bioregional Workbook*. São Francisco: Planet Drum Foundation, 1995.

Bohm, David. *On Dialogue*. Nova York: Routledge, 1996. (Tradução brasileira: *Diálogo: Comunicação e Redes de Convivência*. São Paulo: Palas Athena, 2008.)

_____. *Wholeness and the Implicate Order*. Nova York: Routledge, 1980. (Tradução brasileira: *Totalidade e a Ordem Implicada*. São Paulo: Madras, 2008.)

Bond, George D. *Buddhism at Work: Community Development, Social Empowerment and the Sarvodaya Movement*. Bloomfield: Kumarian Press, 2004.

Bornstein, David. *How to Change the World: Social Entrepreneurs and the Power of New Ideas*. Oxford; Nova York: Oxford University Press, 2004. (Tradução brasileira: *Como Mudar o Mundo: Os Empreendedores Sociais e o Poder das Novas Ideias*. Rio de Janeiro: Record, 2006.)

Bray, Magde. *Sexual Abuse: The Child's Voice: Poppies on the Rubbish Heap*. Londres; Bristol: Jessica Kingsley Publishers, 1997.

Brown, Juanita; Isaacs, David. *The World Café: Shaping Our Futures through Conversations that Matter*. São Francisco: Berret-Koehler, 2005. (Tradução brasileira: *O World Café: Dando Forma ao Nosso Futuro por meio de Conversações Significativas e Estratégicas*. São Paulo: Cultrix, 2007.)

Butler, Lawrence; Rothstein, Amy. *On Conflict and Consensus: A Handbook on Formal Consensus Decision-Making*. Cambridge (MA): Foods Not Bombs, 1998.

Buzan, Tony. *How to Mind Map: The Ultimate Thinking Tool that Will Change Your Life*. Londres: Thorsons; HarperCollins, 2002. (Tradução brasileira: *Mapas Mentais e Sua Elaboração: Um Sistema Definitivo de Pensamento que Transformará a Sua Vida*. São Paulo: Cultrix, 2005.)

Capra, Fritjof. *The Web of Life: A New Understanding of Living Systems*. Nova York: Anchor, 1996. (Tradução brasileira: *A Teia da Vida: Uma Nova Compreensão Científica dos Sistemas Vivos*. São Paulo: Cultrix, 2012.)

Chambers, Robert. *Participatory Workshops: A Sourcebook of 21 Sets of Ideas and Activities*. Londres; Nova York: Earthscan, 2002.

Chambers, Simone; Kymlicka, Will (eds.). *Alternative Conceptions of Civil Society*. Princeton: Princeton University Press, 2001.

Chappell, David W. (ed.). *Socially Engaged Spirituality: Essays in Honor of Sulak Sivaraksa on His 70th Birthday*. Bloomfield: Kumarian Press, 2003.

Chopra, Deepak. *Perfect Health: The Complete Mind/Body Guide*. Nova York: Harmony Books, 1991. (Tradução brasileira: *Saúde Perfeita: Um Guia para Integrar Corpo e Mente com o Poder da Cura Quântica*. Rio de Janeiro: BestSeller, 2003.)

Christian, Diana Leafe. *Creating a Life Together: Practical Tools to Grow Ecovillages and Intentional Communities*. Gabriola Island: New Society Publishers, 2003.

_____. *Finding Community: How to Join an Ecovillage or Intentional Community*. Gabriola Island: New Society Publishers, 2007.

Communities Directory: A Comprehensive Guide to Intentional Community. Rutledge: Fellowship of Intentional Community, 1972- . (Atualização regular.)

Creech, Heather; Willard, Terri. *Strategic Intentions: Managing Knowledge Networks for Sustainable Development*. Winnipeg: International Institute for Sustainable Development (IISD), 2001.

Dawkins, Peter. *Zoence: The Science of Life: Discovering the Sacred Spaces of Your Life*. York Beach: S. Weiser, 1998.

Dawson, Jonathan. *Ecovillages: New Frontiers for Sustainability*. Totnes: Green Books, 2006.

De Bono, Edward. *Six Thinking Hats*. Boston: Back Bay Books, 1999. (Tradução brasileira: *Os Seis Chapéus do Pensamento*. Rio de Janeiro: GMT, 2008.)

Diamond, John. *Holism and Beyond: The Essence of Holistic Medicine*. Bloomingdale: Enhancement Books, 2001.

Doyle, Michael; Straus, David. *How to Make Meetings Work! The New Interaction Method*. Nova York: Jove Books, 1993. (Tradução brasileira: *Reuniões Podem Funcionar: O Novo Método de Interação*. São Paulo: Summus, 1978.)

Duhm, Dieter. *Die Heilige Matrix: von der Matrix der Gewalt zur Matrix des Lebens: Grundlagen einer neuen Zivilisation*. Belzig: Synergie, 2001.

_____. *Towards a New Culture: From Refusal to Re-Creation Outline of an Ecological and Humaine Alternative*. Belzig: Meiga, 1993. (Tradução para o português: *Rumo a uma Nova Cultura: Da Recusa à Recriação: Esboços de uma Alternativa Ecológica e Humana*. Belzig: Meiga, 2012.)

Durrett, Charles. *Senior Cohousing: A Community Approach to Independent Living*. Berkeley: Ten Speed Press, 2005.

Earl, Sarah; Carden, Fred; Smutylo, Terry. *Outcome Mapping: Building Learning and Reflection into Development Programs*. Ottawa: International Development and Research Center (IDRC), 2002.

Eisler, Riane. *Tomorrow's Children: A Blueprint for Partnership Education in the 21st Century*. Carmel: Center for Partnership Studies, 2000.

Elgin, Duane. *Promise Ahead: A Vision of Hope and Action for Humanity's Future*. Nova York: Quill, 2000.

Elworthy, Scilla. *Power and Sex: A Book about Women*. Shaftesbury: Element, 1997.

Eppsteiner, Fred (ed.). *The Path of Compassion: Writings on Socially Engaged Buddhism*. Berkeley: Parallax Press, 1988.

Featherstone, Cornelia; Forsyth, Lori. *Medical Marriage: The New Partnership between Orthodox and Complementary Medicine*. Forres: Findhorn Press, 1997.

Feldenkrais, Moshe. *Body Awareness as Healing Therapy: The Case of Nora*. Berkeley: North Atlantic Books; Frog, 1994.

Fisher, Roger; Ury, William; Patton, Bruce. *Getting to Yes: Negotiating an Agreements without Giving in*. Nova York: Penguin, 1983. (Tradução brasileira: *Como Chegar ao Sim: Como Negociar Acordos sem Fazer Concessões*. Rio de Janeiro: Sextante, 1985.)

Foster, Steven; Little, Meredith. *The Book of the Vision Quest: Personal Transformation in the Wilderness*. Nova York: Prentice Hall, 1988. (Tradução brasileira: *Um Aprendizado Mágico: A Visão do Feiticeiro*. Rio de Janeiro: Campus, 1992.)

Gaskin, Ina May. *Spiritual Midwifery*. Summertown: Book Publishing Company, 2002.

Gleick, James. *Chaos: Making a New Science*. Nova York: Penguin, 1988. (Tradução brasileira: *Caos: A Criação de uma Nova Ciência*. Rio de Janeiro: Campus, 1991.)

Gordon, James S. *Manifesto for a New Medicine: Your Guide to Healing Partnerships and the Wise Use of Alternative Therapies*. Reading: Addison-Wesley, 1997. (Tradução brasileira: *Manifesto da Nova Medicina: A Cura através de Terapias Alternativas*. Rio de Janeiro: Campus, 1998.)

Heider, John. *The Tao of Leadership: Lao Tzu's Tao Te Ching Adapted for a New Age*. Atlanta: Humanics New Age, 1985.

Helmick, Raymond G.; Petersen, Rodney L. (eds.). *Forgiveness and Reconciliation: Religion, Public Policy, and Conflict Transformation*. Filadélfia: Templeton Foundation Press, 2002.

Holloway, John. *Change the World without Taking Power: The Meaning of Revolution Today*. Londres: Pluto, 2002. (Tradução brasileira: *Mudar o Mundo sem Tomar o Poder: O Significado da Revolução Hoje*. São Paulo: Viramundo, 2003.)

Jackson, Hildur (ed.). *Creating Harmony: Conflict Resolution in Community*. Holte: Gaia Trust; Hampshire: Permanent Publications, 2000.

Jackson, Hildur; Svensson, Karen (eds.). *Ecovillage Living: Restoring the Earth and Her People*. Totnes: Green Books, 2002.

Jaworski, Joseph. *Synchronicity: The Inner Path of Leadership*. São Francisco: Berret-Koehler, 1996. (Tradução brasileira: *Sincronicidade: O Caminho Interior para a Liderança*. Rio de Janeiro: BestSeller, 2000.)

Jensen, Derrick. *A Language Older than Words*. White River Junction: Chelsea Green, 2004.

Johnson, Don Hanlon. *Body: Recovering Our Sensual Wisdom*. Berkeley: North Atlantic Books, 1992.

_____. *Body, Spirit and Democracy*. Berkeley: North Atlantic Books, 1994.

Kaner, Sam *et al*. *Facilitator's Guide to Participatory Decision-Making*. Gabriola Island: New Society Publishers, 1996.

Kaufmann, Stuart. *At Home in the Universe: The Search for the Laws of Self-Organization and Complexity*. Nova York: Oxford University Press, 1995.

Kelsey, Dee. *Great Meetings! Great Results: A Practical Guide for Facilitating Successful, Productive Meetings*. Portland: Hanson Park Press, 2004.

Klein, Allen. *The Healing Power of Humor: Techniques for Getting through Loss, Setbacks, Upsets, Disappointments, Difficulties, Trials, Tribulations, and All that Not-So-Funny Stuff.* Los Angeles: J. P. Tarcher, 1989.

Kligler, Benjamin. *Integrative Medicine: Principles for Practice.* Nova York: McGraw-Hill Professional, 2004.

Koch-Weser, Sylvia; Von Lüpke, Geseko. *Vision Quest – Visionssuche: allein in der Wildnis auf dem Weg zu sich selbst.* Munique: Knaur, 2005.

König, Karl. *Man as a Social Being and the Mission of Conscience.* Botton Village: Camphill Press, 1990.

_____. *The Camphill Movement: Two Essays.* Botton Village: Camphill Press, 1993.

Lazslo, Erwin. *Evolution: The Grand Synthesis.* Boston: New Science Library, 1987.

Lewin, Robert. *Complexity: Life at the Edge of Chaos.* Chicago: University of Chicago Press, 2000. (Tradução brasileira: *Complexidade: A Vida no Limite do Caos.* Rio de Janeiro: Rocco, 1994.)

Lovelock, James E. *Gaia: A New Look at Life on Earth.* Oxford: Oxford University Press, 1979. (Tradução portuguesa: *Gaia: Um Novo Olhar sobre a Vida na Terra.* Lisboa: Edições 70, 2011.)

Macy, Joanna. *Despair and Personal Power in the Nuclear Age.* Gabriola Island: New Society, 1983.

Macy, Joanna; Brown, Molly Young. *Coming Back to Life: Practices to Reconnect Our Lives, Our World.* Gabriola Island: New Society Publishers, 1998.

Manitonquat. *Ending Violent Crime: A Report of a Prison Program that is Working and a Vision of a Society Free of Violence.* Greenville: Story Stone, 1996.

_____. *Return to Creation: A Survival Manual for Native and Natural People.* Spokane: Bear Tribe, 1991.

Mathews, Dylan. *War Prevention Works: 50 Stories of People Resolving Conflict.* Oxford: Oxford Research Group, 2001.

McCamant, Kathryn; Durett, Charles. *Cohousing: A Contemporary Approach to Housing Ourselves.* Berkeley: Ten Speed Press, 1994.

McLaughlin, Corinne; Davidson, Gordon. *Builders of the Dawn: Community Lifestyles in a Changing World.* Shutesbury: Sirius, 1986.

Meltzer, Graham. *Sustainable Community: Learning from the Cohousing Model.* Victoria: Trafford, 2005.

Merrifield, Jeff. *Damanhur: The Real Dream: The Story of the Extraordinary Italian Artistic and Spiritual Community.* Londres: Thorsons; HarperCollins, 1998.

Metcalf, Bill (ed.). *From Utopian Dreaming to Communal Reality: Co-Operative Lifestyles in Australia.* Sydney: University of New South Wales Press, 1995.

Mindell, Arnold. *River's Way: The Process Science of the Dreambody*. Nova York; Londres: Viking-Penguin-Arkana, 1986. (Tradução brasileira: *O Caminho do Rio: A Ciência dos Processos do Corpo Onírico*. São Paulo: Summus, 1991.)

_____. *Sitting in the Fire: Large Group Transformation Using Conflict and Diversity*. Florence (OR); São Francisco: Lao Tse Press, 1995.

_____. *The Deep Democracy of Open Forums: Practical Steps to Conflict Prevention and Resolution for the Family, Workplace, and World*. Charlottesville: Hampton Roads, 2002.

_____. *The Leader as Martial Artist: An Introduction to Deep Democracy; Techniques and Strategies for Resolving Conflict and Creating Community*. São Francisco: Harper San Francisco, 1992.

Morgan, Gareth. *Images of Organization*. Thousand Oaks: SAGE, 1986. (Tradução brasileira: *Imagens da Organização*. São Paulo: Atlas, 2002.)

Pearse, Innes. *The Quality of Life: The Peckham Approach to Human Ethology*. Edimburgo: Scottish Academic Press, 1979.

Pearse, Innes; Crooker, Lucy. *The Peckham Experiment: A Study of the Living Structure of Society*. Edimburgo: Scottish Academic Press, 1985.

Peat, David. *Synchronicity: The Bridge between Matter and Mind*. Toronto; Nova York: Bantam, 1987.

Peck, M. Scott. *The Different Drum: Community-Making and Peace*. Nova York; Londres: Touchstone, 1988.

Perlas, Nicanor. *Shaping Globalization: Civil Society, Cultural Power and Threefolding*. Gabriola Island: New Society Publishers, 2003.

Perry, Danaan. *Warriors of the Heart: A Handbook for Conflict Resolution*. Forres: Findhorn Press, 1995.

Plotkin, Bill. *Soulcraft: die Mysterien von Natur und Seele*. Uhlstädt-Kiechhasel: Arun, 2005.

Rosenberg, Marshall B. *Nonviolent Communication: A Language of Compassion*. Encinitas: PuddleDancer Press, 1999. (Tradução brasileira: *Comunicação Não Violenta: Técnicas para Aprimorar Relacionamentos Pessoais e Profissionais*. São Paulo: Ágora, 2006.)

_____. *Speak Peace in a World of Conflict: What You Say Next Will Change Your World*. Encinitas: PuddleDancer Press, 2005. (Tradução brasileira: *A Linguagem da Paz em um Mundo de Conflitos*. São Paulo: Palas Athena, 2019.)

Roszak, Theodore; Gomes, Mary E.; Kanner, Allen D. (eds.). *Ecopsychology: Restoring the Earth, Healing the Mind*. São Francisco: Sierra Club Books, 1995.

Sahtouris, Elisabet. *Gaia: The Human Journey from Chaos to Cosmos*. Nova York:

Pocket, 1989. (Tradução brasileira: *Gaia: Do Caos ao Cosmos*. São Paulo: Interação, 1991.)

Satprem. *The Mind of the Cells: Or Willed Mutation of Our Species*. Nova York: Institute for Evolutionary Research, 1982.

Schmookler, Andrew B. *The Parable of the Tribes: The Problem of Power in Social Evolution*. Berkeley: University of California Press, 1984.

Schultz, Beatrice G. *Communicating in the Small Group: Theory and Practice*. Nova York; Londres: Harper & Row, 1989.

Schuman, Sandy (ed.). *The IAF Handbook of Group Facilitation: Best Practices from the Leading Organization in Facilitation*. Hoboken: Wiley; International Association of Facilitators (IAF), 2005.

Schwarz, Roger. *The Skilled Facilitator: Practical Wisdom for Developing Effective Groups*. São Francisco: Jossey-Bass Wiley, 2002.

Seamon, David; Zajonc, Arthur (eds.). *Goethe's Way of Science: A Phenomenology of Nature*. Albany: State University of New York Press, 1998.

Senge, Peter M. *The Fifth Discipline Fieldbook: Strategies for Building a Learning Organization*. Nova York; Londres: Currency, 1994. (Tradução brasileira: *A Quinta Disciplina: Arte e Prática da Organização que Aprende*. Rio de Janeiro: BestSeller, 2013.)

Shaffer, Carolyn R.; Anundsen, Kristin. *Creating Community Anywhere: Finding Support and Connection in a Fragment World*. Los Angeles: Jeremy P. Tarcher, 1993.

Sheldrake, Rupert. *A New Science of Life: The Hypothesis of Morphic Resonance*. Rochester: Park Street Press, 1995 (Tradução brasileira: *Uma Nova Ciência da Vida: A Hipótese da Causação Formativa e os Problemas Não Resolvidos da Biologia*. São Paulo: Cultrix, 2013.)

Shields, Katrina. *In the Tiger's Mouth: An Empowerment Guide for Social Action*. Gabriola Island: New Society Publishers, 1994.

Shiva, Vandana. *Staying Alive: Women, Ecology, and Development*. Londres: Zed Books, 1994.

Somé, Malidoma Patrice. *Ritual: Power, Healing and Community*. Dublin: Gill & MacMillan, 1995.

Somé, Sobonfu. *The Spirit of Intimacy: Ancient African Teachings in the Ways of Relationships*. Nova York: Quill; HarperCollins, 1997.

_____. *Welcoming Spirit Home: Ancient African Teachings to Celebrate Children and Community*. Novato: New World Library, 1999. (Tradução brasileira: *O Espírito da Intimidade: Ensinamentos Ancestrais Africanos sobre Maneiras de se Relacionar*. São Paulo: Odysseus, 2007.)

Spangler, David. *Revelation: The Birth of a New Age*. São Francisco: The Rainbow Bridge, 1976.

Starhawk. *The Fifth Sacred Thing*. Nova York: Bantam, 1993. (Tradução brasileira: *A Quintessência Sagrada*. Rio de Janeiro: Nova Era, 1995.)

_____. *Truth or Dare: Encounters with Power, Authority, and Mystery*. São Francisco: Harper & Row, 1988.

_____. *Webs of Power: Notes from the Global Uprising*. Gabriola Island: New Society Publishers, 2002.

Stengl, Martin et al. (eds.). *Eurotopia: Directory of Intentional Communities and Ecovillages in Europe*. [S.l.]: Eurotopia Verlag, 2005.

Sulak Sivaraksa. *Conflict, Culture, Change: Engaged Buddhism in a Globalizing World*. Boston: Wisdom Publications, 2005.

_____. *Global Healing: Essays and Interviews on Structural Violence, Social Development and Spiritual Healing*. Bangkok: Thai Inter-Religious Commission for Development; Sathirakoses-Nagapradipa Foundation, 1999.

Swimme, Brian; Berry, Thomas. *The Universe Story: From the Primordial Flaring Forth to the Ecozoic Era: A Celebration of Unfolding of the Cosmos*. São Francisco: Harper San Francisco, 1992.

Thich Naht Hanh. *Creating True Peace: Ending Violence in Yourself, Your Family, Your Community, and the World*. Nova York: Free Press, 2003.

_____. *Para Viver em Paz: O Milagre da Mente Alerta*. Petrópolis: Vozes, 2008.

_____. *Paz é Cada Passo: O Caminho da Atenção Plena*. Petrópolis: Vozes, 2019.

_____. *The Art of Mindful Living: How to Bring Love, Compassion, and Inner Peace into Your Daily Life*. Louisville: Sounds True, 2000.

Travis, John W.; Ryan, Regina Sara. *The Wellness Workbook*. Berkeley: Ten Speed Press, 1988.

Tutu, Desmond. *No Future without Forgiveness*. Nova York: Image, 2000. (Tradução brasileira: *O Livro do Perdão*. Rio de Janeiro: Valentina, 2014.)

Van der Ryn, Sym; Calthorpe, Peter. *Sustainable Communities: A New Design Synthesis for Cities, Suburbs, and Towns*. São Francisco: Sierra Club Books, 1986.

Vasant Lad. *Textbook of Ayurveda*. Albuquerque: Ayurvedic Press, 2001. 3 v. (Tradução brasileira: *Ayurveda: A Ciência da Autocura: Um Guia Prático*. São Paulo: Ground, 2012.)

Von Lüpke, Geseko. *Politik des Herzens: Nachhaltige Konzepte für das 21. Jahrhundert: Gespräche mit den Weisen unserer Zeit*. Uhlstädt-Kirchhasel: Arun Verlag, 2006.

Walker, Liz. *Ecovillage at Ithaca: Pioneering a Sustainable Culture*. Gabriola Island: New Society, 2005.

Wheatley, Margaret J. *Leadership and the New Science: Discovering Order in a Chaotic World*. São Francisco: Berrett-Koehler, 1999. (Tradução brasileira: *Liderança e a Nova Ciência: Descobrindo Ordem num Mundo Caótico*. São Paulo: Cultrix, 2016.)

Wilber, Ken. *A Brief History of Everything*. Boston: Shambhala, 1996. (Tradução portuguesa: *Uma Breve História de Tudo*. Porto: Via Óptima, 2004.)

_____. *A Theory of Everything: An Integral Vision for Business, Politics, Science, and Spirituality*. Boston: Shambhala, 2001. (Tradução brasileira: *Uma Teoria de Tudo: Uma Visão Integral para os Negócios, a Política, a Ciência e a Espiritualidade*. São Paulo: Cultrix, 2007.)

_____. *Sex, Ecology, and Spirituality: The Spirit of Evolution*. Boston: Shambhala, 2001. (Tradução brasileira: *Sexo, Ecologia, Espiritualidade: O Espírito da Evolução*. Goiânia: Vida Integral, 2019.)

Wong Kiew Kit. *The Complete Book of Chinese Medicine: A Holistic Approach to Physical, Emotional and Mental Health*. Sungai Petani: Cosmos Publishers, 2002.

Zinn, Howard. *The Power of Nonviolence: Writings by Advocates of Peace*. Boston: Beacon Press, 2002.

Este livro foi composto nas famílias Alegreya e Flamenco e impresso em papel Pólen Soft 80 g/m² pela Gráfica Vozes em junho de 2020.